Henning Klüver

Der Pate
LETZTER AKT
Die sizilianische Mafia

GOLDMANN

FSC

Mix

Produktgruppe aus vorbildlich
bewirtschafteten Wäldern und
anderen kontrollierten Herkünften

Zert.-Nr. SGS-COC-1940
www.fsc.org
© 1996 Forest Stewardship Council

Verlagsgruppe Random House FSC-DEU-0100
Das für dieses Buch verwendete FSC-zertifizierte Papier
München Super liefert Mochenwangen.

1. Auflage
Taschenbuchausgabe November 2008
Wilhelm Goldmann Verlag, München,
in der Verlagsgruppe Random House GmbH
Copyright © der Originalausgabe 2007
by C. Bertelsmann Verlag, München,
in der Verlagsgruppe Random House GmbH
Umschlaggestaltung: Design Team München
Karten: Peter Parlar, Berlin
KF · Herstellung: Str.
Satz: Uhl + Massopust, Aalen
Druck und Bindung: GGP Media GmbH, Pößneck
Printed in Germany
ISBN: 978-3-442-15536-1

www.goldmann-verlag.de

»Warum müssen sich Menschen, die ganz offensichtlich über enorme intellektuelle Fähigkeiten verfügen,
eine kriminelle Welt aufbauen, um in Würde leben zu
können?«

Giovanni Falcone

Inhalt

Einleitung

Kann man Mafia sehen?

Sizilien und Palermo heute – Abgrenzung der Cosa Nostra zu anderen mafiösen Strukturen und deren Geschäften – Mythos Mafia

Renato Cortese, Leiter einer Spezialeinheit der Kripo Palermo, sitzt im ersten Fahrzeug der kleinen Wagenkolonne, die sich langsam in Richtung Corleone bewegt. Die Nerven des Commissarios sind zum Zerreißen gespannt. Am Rande des Ortes, am Hang einer Erhebung, die Montagna dei Cavalli genannt wird, soll sich der Gesuchte in einem kleinen Feldhaus versteckt halten. »Luchs«, ein Ermittler, der die Bilder einer Überwachungskamera kontrolliert, hat gemeldet: »Alles ruhig.«

Lediglich Giovanni Marino, ein kleiner, etwas schwerfällig wirkender Mann mittleren Alters, ist wie jeden Morgen zu seinem *casolare*, seinem Feldhaus, gekommen. Dort stellt er aus Schafsmilch Ricotta, eine Art Quark, und andere Käsesorten her, die in Corleone wegen ihrer Güte geschätzt werden. Vom gegenüber gelegenen Hügel aus, auf dem eine Statue des heiligen Bernardo über Corleone Wache hält, nähern sich die Zivilfahrzeuge der Polizeikolonne der Montagna dei Cavalli. Nach monatelangen Untersuchungen, stundenlangem Abhören von Telefonaten, schwierigen Überwachungen von Verdächtigen durch Videokameras sind die Ermittler sicher, dass sich außer Marino noch jemand anderer im Casolare befinden muss. Ist das der Mann, der sich seit 43 Jahren vor der Polizei versteckt? Den die Spezialeinheit von Renato Cortese seit acht Jahren sucht? In der langen

Zeit seiner Flucht hatte er sich jeder Verhaftung entzogen, war es ihm immer wieder gelungen, im letzten Augenblick zu entkommen. In der Öffentlichkeit waren bereits Gerüchte im Umlauf, er sei längst gestorben. Jagt Renato Cortese ein Phantom?

Bei einem letzten Briefing ein paar Kilometer vor dem Ziel gibt der Commissario die Anweisung: Er und zwei, drei andere werden sofort ins Feldhaus stürmen, die anderen Männer sollen das Gelände möglichst weit umstellen, um Ausgänge eventueller unterirdischer Fluchtwege zu blockieren. »Möglichst weit, ist das klar?«

Plötzlich, vier Kilometer vor dem Ziel, meldet sich »Luchs«: »Halt, ein Fahrzeug kommt.« Nervosität befällt die Männer des Commissario. Was zum Teufel macht dieses Auto da? Wer sitzt drin? Sollte der Gesuchte wieder einmal im letzten Moment entwischen? Renato Cortese gibt der Kolonne Anweisung, sich langsam, nur im Schritttempo weiterzubewegen. Sekunden verstreichen, die eine Ewigkeit dauern. Dann meldet sich »Luchs« wieder: Alles in Ordnung, eine Person habe ein paar Worte mit Marino gewechselt, sich Käse geben lassen und sei wieder weggefahren. Der Commissario atmet langsam durch. Und gibt das Kommando: »Los!«

Es ist der 11. April 2006, 11.21 Uhr.

Ankunft in Palermo

Wenn ich Palermo anfliege, habe ich oft das merkwürdige Gefühl, den Boden unter den Füßen zu verlieren – eine absurde Empfindung, weil doch in Wirklichkeit genau das Gegenteil geschieht. Das Flugzeug senkt sich aus 10 000 Meter Höhe ab, das tiefblaue, in der Sonne glitzernde Meer kommt näher, bald kann man die leichten Schaumkuppen auf dem Wellenmuster gut erkennen, das von der Fahrspur einer weißen Fähre durchschnitten wird. Und wenn dann die Konturen Siziliens sichtbar werden, schwenkt die Maschine auf eine Route parallel zur Küste ein. Links zieht die Stadt vorbei, auf den ersten Blick eine helle Stein- und Betonmasse, die sich einen Weg durch die sie umgebenden Vorgebirge gebahnt hat und sich dann zwischen Bäumen, Sträuchern und Felsen verliert. Jetzt fliegen wir dicht über dem Wasser, vorbei an bedrohlich nahen Felsformationen, die mit kleinen Strandabschnitten wechseln und mit Häusergruppen, die in Orangenhaine eingebettet sind. Und während man glaubt, in die leichten Wellen greifen zu können, die unter dem Flugzeug dem Ufer entgegenlaufen, verschwindet das Wasser, braunes Gras kommt immer näher, eine Schnellstraße verläuft plötzlich quer zu unserem Anflug, dann noch ein Schienenstrang, und unmittelbar danach setzt die Maschine auf der Landebahn des Flughafens an der Landspitze der Punta Raisi auf.

Das ist wie ein Absturz aus sicherer Höhe zu einer Küste, die für alles Mögliche geschaffen scheint, nur nicht für die Landung von Düsenmaschinen. »Aeroporto Internazionale Giovanni Falcone e Paolo Borsellino« steht heute in großen blauen Lettern auf dem Flughafengebäude geschrieben, an dem die Maschine vorbei zu ihrer Halteposition rollt. Giovanni Falcone wurde am 23. Mai 1992 zusammen mit seiner Frau und seinen Leibwächtern auf dem Weg vom Flughafen in die Stadt getötet, Paolo Borsellino und seine Bodyguards wenige Wochen später mitten in einem Wohngebiet von Palermo. Die beiden Justizbeamten waren Feinde der Mafia – der *Cosa Nostra*, wie sie hier auf Sizilien heißt. Ihre Todfeinde. Salvatore »Totò« Riina, damals Boss der Bosse, bevor ein Bernardo Provenzano an seine Stelle rücken und zum meistgesuchten Verbrecher Europas werden sollte, hatte ihre Ermordung befohlen. Ihnen zu Ehren, den Märtyrern im Kampf gegen das organisierte Verbrechen, wurde der Flughafen umbenannt.

Hinter dem Terminal wiegen sich erst vor wenigen Jahren angepflanzte Palmen im leichten Wind. Der Geruch der mediterranen Macchia steigt in die Nase, und ein warmer Tag umfängt den Ankommenden. Im Sommer 2006 sprang im Abfertigungsgebäude noch eine große Werbetafel ins Auge, auf der

»I love Corleone« stand – mit dem Untertitel: »Kultur – Legalität – Events«. Im September sollte eine Kulturwoche in der Heimatstadt Bernardo Provenzanos stattfinden. Von verschiedenen Seiten wurde der Kommunalverwaltung aber vorgeworfen, sie wolle sich mit der Maxime »Legalität« der Antimafia-Bewegung bedienen, um mit Musik-, Tanz- und Sportveranstaltungen das geschäftsschädigende Image einer Mafia-Stadt zu korrigieren.

Geschäftsschädigend fanden das Einwohner der besonderen Art. Die Tochter von Totò Riina, der seit dessen Verhaftung im Januar 1993 hinter Gittern sitzt, klagte gegen die Gemeinde. Natürlich nicht, weil sie durch die eher harmlose Kulturwoche ihre Ehre als Verwandte eines berühmt-berüchtigten Mafiosos in den Schmutz gezogen sah, sondern weil sie und ihr Mann das Logo »I love Corleone« bereits länger auf T-Shirts und *coppole* (die typisch sizilianischen Schirmmützen) drucken lassen und damit in ganz Europa glänzende Geschäfte machen. Das Logo, so die Familie Riina, gehöre ihr. Auf beiden Seiten sind jetzt Anwälte mit dem Vorgang beschäftigt.

Anwälte einer Mafia-Familie, die sich mittels Rechtsmitteln gegen den Staat wendet? Es scheint sich etwas radikal verändert zu haben seit den Zeiten, als Vater Riina mit mörderischer Gewalt den Staat bekämpfte, Giovanni Falcone und Paolo Borsellino umbringen ließ und Bomben nicht nur in Palermo, sondern auch in Rom, Florenz und Mailand explodierten. Vielleicht hat sich die Cosa Nostra in den vergangenen anderthalb Jahrzehnten schneller gewandelt als je zuvor in ihrer rund hundertfünfzigjährigen Geschichte.

Das Land, wo die Zitronen blühn

Die Orangen- und Zitrushaine, die man vom Bus aus auf der Fahrt vom Flughafen nach Palermo sieht, zeigen es deutlich an: Dies ist das Land, »wo die Zitronen blühn«. Das Meer leuchtet hier blauer als anderswo, was Reisende immer wieder zu euphorischen Tagebucheintragungen verführt hat: »Roter Wein beim Anblick des Meeres und wunschloses Behagen«, notierte beispielsweise Ernst Jünger 1977. Mehr oder weniger gebildete Besucher haben diese Insel seit dem 18. Jahrhundert immer wieder beschrieben. Die Reisenden der Aufklärung hatten dabei auch die Lebenswirklichkeit der Sizilianer im Auge. Das Erlebnis der Klassik war für sie Quelle der Kritik an der jeweiligen Moderne, etwa an der Verquickung der Kirche mit dem Feudalwesen und am Prunk einer ökonomisch langsam ausblutenden Oberschicht. »Der palermitanische Adel hat prächtige Ställe, aber sehr hässliche Bibliotheken«, bemerkte etwa der dänische Theologe Friedrich Münter. Eine der vielfach zitierten Erinnerungen ist der berühmte Satz eines deutschen Dichters: »Italien ohne Sizilien macht gar kein Bild in der Seele: hier ist der Schlüssel zu allem.«

Goethes Wort, dessen sich die lokalen Tourismusorganisationen stets gerne bedienen, bezieht sich allerdings auf das, was der Dichter in Italien suchte: Arkadien, die Antike. Keine Region Italiens prunkt mit so vielen sehenswerten Zeugen der griechischen Antike – Tempel, Theater und Ausgrabungen –, die hier zahlreicher zu finden sind als in Griechenland selbst. Wer wie Goethe das griechische – und das römische – Sizilien sucht, muss die Insel nur langsam im küstennahen Raum umrunden: der dorische Tempel von Segesta, dann die Akropolis von Selinunt, das Tal der Tempel in Agrigent, die Theater in Syrakus (wo laut Cicero jeden Tag die Sonne schien) und Taormina, die archäologischen Felder von Tyndaris westlich von Milazzo bis zu den Ruinen Himeras an der Nordküste zwischen Termini und Cefalù. Dabei wird man aber auch auf Hinterlassenschaften der Araber, Normannen und Staufer, der Anjou, der Aragonier und Bourbonen stoßen. Und ebenso auf die Architektur des umbertinischen und faschistischen Italien und auf einen überraschend wenig eklektischen Jugendstil in Palermo.

Wer sich nach Sizilien begibt, bewegt sich immer in mehreren Kulturen gleichzeitig. Sie sind Zeugen der unterschiedlichsten Fremdherrschaften, die wie die Naturgewalten, die Vulkanausbrüche und Erdbeben das Leben der Inselbewohner geprägt haben. Wie so viele Süditaliener erscheinen die Sizilianer auf den ersten Blick verschlossen, stolz und unnahbar. Die neapolitanische Unbekümmertheit ist ihnen fremd. Sie haben ein eher pessimistisches Naturell. Dennoch ist es immer wieder überwältigend zu erleben, wie Menschen ihre Häuser und Speisekammern öffnen, um dem Fremden ein möglichst angenehmes Bild von sich und ihrer Heimat zu vermitteln. Oder um eine Recherche wie diese, die sich überwiegend mit den Schattenseiten des Alltags beschäftigt, unterstützend zu begleiten. Ohne die vielen Hinweise, die freimütigen Interviews und die kleinen und großen Hilfestellungen vieler Bewohner Siziliens hätte ich diese Seiten nie schreiben können.

Rund fünf Millionen Menschen leben heute auf der Insel. Ihre Umrisse sind merkwürdig dreieckig. Aus dem Griechischen stammt der antike Name »Trinakría«, der auf diese Form Bezug nimmt. Mit seinen 25 710 Quadratkilometern Ausdehnung ist Sizilien flächenmäßig die größte Region Italiens und zugleich die größte Insel des Mittelmeers. Oft wird sie als kleiner, eigener Erdteil beschrieben, wo man hohe Berge wie flache Strände finden kann. Alpines Klima prägt den Ätna (3263 Meter). Subtropisch geht es dagegen an der Südküste zwischen Marsala und Capo Passero mit heißen Sommern und milden Wintern zu. Die Pelagischen Inseln, wie etwa Lampedusa, aber auch das zu den Ägadischen Inseln gehörende Pantelleria sind, geographisch gesehen, bereits ein Teil Afrikas, politisch werden sie den Provinzen Agrigent beziehungsweise Trapani zugeordnet. An der nördlichen Küste zum Tyrrhenischen Meer herrscht ein typisch mediterran mildes Klima, wobei es schon mal zu dem einen oder anderen Regenschauer kommen kann. Im Inneren wechseln Höhenzüge als geographische Fortsetzung des italienischen Apennins mit sanften Hügeln, fruchtbaren Tälern, kargen Hochebenen, zerklüfteten Tafelgebirgen und kahlen Pässen.

Fünf Millionen Menschen – das sind etwa ebenso viele Einwohner, wie in den norditalienischen Regionen Piemont und Ligurien zusammen leben. Doch finden auf Sizilien nur 1,3 Millionen Personen Arbeit, während es in den beiden norditalienischen Regionen doppelt so viele sind. Dieses Verhältnis von Arbeits- und Wohnbevölkerung – im Norden des Landes eins zu zwei, im Süden eins zu vier – zeigt drastisch das ökonomische Grundproblem des *mezzogiorno*, des Südens Italiens, und das von Sizilien ganz besonders: Es fehlt Arbeit. Genauer gesagt bezahlte Arbeit, denn wirklich untätig sind nur wenige. Ganz schlimm trifft es die Jugendlichen: 47 Prozent aller jungen Männer von 19 bis 25 Jahren sind ohne dauernde Beschäftigung, bei den Frauen der gleichen Altersgruppe sind es sogar 62 Prozent. Die Folge sind Armut (30 Prozent der Familien der Insel haben der Statistik nach ein monatliches Einkommen von weniger als 500 Euro) sowie Unterentwicklung und mangelhafte Bildung. Das ist ein ökonomisch-soziales Klima, in dem mafiöse Strukturen gedeihen können, die Arbeit und Unterstützung versprechen, wo die Sozialsysteme eines fernen und bürokratisch verkrusteten Staates nicht greifen. Die Bank gibt dir keinen Kredit, weil du keine Arbeit hast? Komm zu uns, wir fragen nicht nach Sicherheiten, und der Zinssatz ist nur ein wenig höher als am offiziellen Schalter nebenan. Und irgendwann wirst du uns einfach einen kleinen Gefallen erweisen, so wie wir ihn dir jetzt tun…

Ein wirksames Gegenmittel wäre wirtschaftlicher Aufbau unter dem Prinzip der Legalität – doch welcher Unternehmer will investieren, wo das organisierte Verbrechen nicht nur die Geschäfte, sondern auch ganze Gebiete kontrolliert, für Wasser- und Stromanschlüsse sorgt (oder nicht) und bestimmen kann, wer die nächste Gemeinderatswahl gewinnt? So ist auch ein gesellschaftlich-kulturelles Klima entstanden, in dem mafiöses Verhalten, wie beispielsweise Schutzgeldzahlungen, zum akzeptierten Alltag gehört. Ein teuflischer Kreislauf: Unterentwicklung, Bürokratie und fehlende Bildung begünstigen die Mafia, die wiederum dafür sorgt, dass sich an diesen Zuständen nichts ändert. In den vergangenen 150 Jahren ist Sizilien mehr als andere süditalienische Regionen ein Auswanderungsland gewesen. Manche Dörfer haben bis in die sechziger Jahre des 20. Jahrhunderts die Hälfte ihrer Einwohner verloren, die es auf der Suche nach Arbeit und Brot in Richtung Norditalien, Mitteleuropa und die USA trieb. Auch Simone, ein Bruder von Bernardo Provenzano, hat viele Jahre in Willich unweit von Düsseldorf gewohnt und bei Thyssen gearbeitet, bevor er nach Corleone zurückkehrte. Darüber, warum Bernardo Provenzanos Söhne, die selbst ebenfalls jahrelang im Untergrund leben mussten, so gut Deutsch sprechen, kann man nur spekulieren.

Sizilien ist seit 1948 eine autonome Region Italiens mit einem Sonderstatut, was bedeutet, dass bis auf die nationale Interessen berührenden Zuständigkeiten (wie Verteidigung, Justiz, Polizei, Finanzsystem etc.) viele andere politische Angelegenheiten vom Regionalparlament selbst geregelt werden können. Um das zu finanzieren, wird die Region von der Zentralregierung in Rom finanziell unterstützt, und zwar mit enormen Summen, auf die sich eine gierige politische Klasse stürzt. Eine Grauzone, an deren Rändern die Übergänge zum organisierten Verbrechen fließend sind.

Noch heute werden ganze Gemeinderäte Siziliens wegen mafiöser Durchsetzung auf Antrag des Innenministeriums vom Staatspräsidenten zwangsaufgelöst (zwischen 1991 und 2005 waren es insgesamt 44). Und sogar der Präsident der Region Sizilien, Salvatore (»Totò«) Cuffaro, musste zurücktreten, weil er im Januar 2008 in erster Instanz zu fünf Jahren Haft wegen Kontakten zu einzelnen Mafiosi verurteilt worden war. Wenn man Mitglieder von Cuffaros Christlicher Zentrumspartei, der UDC, darauf anspricht, erwidern diese nicht selten, das sei nur eine Kampagne der politisierten italienischen Justiz, die eine Insel wie Sizilien nicht verstehen könne und wolle. Überhaupt sei die Mafia – und dabei wiegt man dann gedankenschwer den Kopf – ein ernstes Problem, doch diene es dem hochnäsigen Norden vor allem dazu, seine rassistischen Vorurteile zu bestätigen, alle Sizilianer in einen Topf zu werfen und die Insel in Abhängigkeit vom italienischen Festland zu halten.

Diese Argumentation von sizilianischer Seite hatte man so oder ähnlich immer dann hören können, wenn das Thema Mafia – meist kurzfristig und nur bei spektakulären Mordanschlägen – auch auf dem Festland, »dem Kontinent«, diskutiert wurde. Ein »Anderssein« gehört zum Grundgefühl der Insel, das sich mitunter bis hin zu separatistischen Tendenzen, wie etwa in den ersten Jahren nach dem Zweiten Weltkrieg, steigern kann. Leonardo Sciascia (1921–1989), der bedeutendste Schriftsteller Siziliens des späten 20. Jahrhunderts und Autor der ersten Antimafia-Romane, hat versucht das Wesen seiner Landsleute mit dem Begriffspaar »Sizilianismus/Sizilianertum« (*sicilianità/sicilitudine*) zu erklären. In einem Gespräch sagte er: »Sizilianismus ist politisch und meint einen gewissen Separatismus, ein gewisses Für-sich-Bleiben, eine Ideologie Siziliens als Salz der Erde. Das Sizilianertum dagegen beinhaltet einen menschlichen Zustand, eine gefühlsmäßige Bindung, die nichts mit Ideologie, mit Sizilianismus zu tun hat. Sizilianismus ist im Großen und Ganzen die Mafia, Sizilianertum setzt auf einen eigenen Charakter. Ich halte nichts von Separatismus. So wenig Sizilien von Italien verstanden wird, ist doch Sizilien italienisch und der Sizilianer ein Italiener.«

Was auf den ersten Blick als Spitzfindigkeit erscheint, erweist sich als treffende Beschreibung der beiden Seelen Siziliens. Aber je länger ich mich mit der Insel beschäftige, desto mehr habe ich das Gefühl, dass mir das Verständnis für ihr Wesen entgleitet. Die brennende Sonne, die ausgetrockneten Hochebenen, der Ernst der Menschen kontrastieren mit ihrer Fähigkeit zur Ironie, der Heiterkeit eines Strandabends, dem fröhlichen Leben in den Straßen Palermos, der Geschäftigkeit der Märkte und den immergrünen Bäumen, die Siziliens Regionalhauptstadt auch im Winter einen Hauch von Frühling verleihen.

Die Hoffnung lässt sich nicht wegsprengen

Vor einem Wohnhaus in der vom Verkehr durchfluteten Via Notarbartolo steht ein Baum, ein Ficus. Genauer gesagt krümmt er sich vom Gebäude weg hin zu etwas mehr Licht und Luft. Auch wenn das Viertel nicht einer diskreten Eleganz entbehrt und die Auslagen der Geschäfte auf einen gewissen Wohlstand der Anwohner schließen lassen, gehört es doch zum neu gewachsenen Palermo, in dem die Jagd nach Grundrenditen nur wenig Platz für ein bisschen Grün gelassen hat. In diesem Haus haben Giovanni Falcone und seine Frau Francesca Morvillo, Richterin auch sie, gewohnt. Heute ist der Stamm des Ficus mit Botschaften gespickt, mit Erinnerungen an Falcone und Borsellino, mit kleinen Briefen und Fotos.

Einmal im Jahr, am 23. Mai, kurz vor 18 Uhr, versammeln sich hier Menschen zu einer kleinen Demonstration. Es sind Vertreter von unterschiedlichen Vereinigungen, die zur Antimafia-Bewegung gehören: zum Beispiel die »Solidaria«, die sich um die Angehörigen der Opfer von Mafia-Verbrechen kümmert. Junge Leute von der Gruppe »Addiopizzo« gehören dazu, die in einer Stadt, in der angeblich 80 Prozent aller Kaufleute und Händler an die Cosa Nostra Schutzgelder zahlen, Bewusstsein für eine kritische Käuferhaltung wecken wollen. Andere wiederum bieten Hilfe für Personen an, die in den Strudel von Wucherzinsen geraten sind. Aber auch Lehrer mit ihren Schulklassen kommen, und schließlich Familien und Einzelpersonen aus den unterschiedlichsten Schichten der Stadt.

Sie wollen an Giovanni Falcone erinnern, der ein Hoffnungsträger war für alle, die an ein Palermo, an ein Sizilien glaubten, in dem die Cosa Nostra und das organisierte Verbrechen immer weniger Macht und Einfluss haben. Sie wollen demonstrieren, dass diese Hoffnung nicht mit Bomben weggesprengt werden kann, wie um 17.58 Uhr im Jahr 1992 das Autobahnstück bei dem Badeort Capaci, wo Falcone, seine Frau und die Männer seiner Begleitmannschaft ums Leben kamen. Sie wollen nicht nur erinnern, sondern auch zeigen, dass die Stadt heute mehr denn je bereit ist, sich gegen das Übel zu wehren, das sie im Griff hält.

Wirklich heute mehr denn je? Seitdem die Cosa Nostra ihre Strategie des frontalen Zusammenstoßes mit dem Staat aufgegeben hat und lieber still im Untergrund ihre Geschäfte tätigt, als durch spektakuläre Verbrechen in den Fokus der Öffentlichkeit zu rücken, lässt auch der zivile Widerstand gegen das organisierte Verbrechen nach. Viele Menschen sind wieder zur Tagesordnung übergegangen, bei der es mehr um die Probleme des Alltags geht, um Arbeit, Familie und das kleine Glück. »Die Cosa Nostra will nicht, dass man über sie spricht«, sagt Pietro Grasso, der leitende Staatsanwalt der nationalen Antimafia-Behörde in Rom.

Eine Stadt voller Narben

In der Stadt Palermo leben heute rund 700 000 Menschen, im Großraum sind es etwas mehr als eine Million. Mit einer Bevölkerungsdichte von durchschnittlich 4251 Personen pro Quadratkilometer gehört Palermo damit nach Neapel und Mailand zu den Gegenden mit den größten Menschenansammlungen Italiens. Während es in der Stadt eng zugeht, bietet die restliche Insel viel Platz: Auf Sizilien verlieren sich im regionalen Durchschnitt nur 198 Personen auf einem Quadratkilometer. Palermo liegt, einer Muschel gleich, von den Armen eines Vorgebirges der Madonie geschützt an der nordwestlichen Küste Siziliens. Diese lichtdurchflutete *Conca d'oro* (»Goldene Muschel«) wurde von den Reisenden früherer Jahrhunderte immer wieder hymnisch beschrieben, Goethe nannte den Monte Pellegrino »das schönste Vorgebirge der Welt«.

Die ehemalige Gartenlandschaft mit ihren Zitrusplantagen und Adelsvillen, mit Maulbeerbäumen, Steineichen und Feigenkakteen ist inzwischen auf weiten Flächen unter Betonüberwucherungen verschwunden. In den fünfziger und sechziger Jahren

wuchs Palermo durch Zuzug aus der ganzen Insel unverhältnis-
mäßig schnell, und entsprechend groß war das Bedürfnis nach
Wohnraum. Zwischen 1959 und 1963 vergab das Stadtparlament
unter dem christdemokratischen Bürgermeister Salvo Lima und
seinem Baudezernenten Vito Ciancimino tausende Baugenehmigungen an immer dieselben fünf »Unternehmer«. Das waren fünf
Bauarbeiter [*sic!*], die bekannten Mafia-Firmen als Strohmänner
dienten. Diese Zeit ist als *sacco di Palermo* (»Plünderung Palermos«) in die Geschichte eingegangen. Herrliche Villen wurden
abgerissen oder von Betonklötzen umzingelt, und die schönsten
Gärten der Stadt verschwanden unwiederbringlich. Ciancimino,
Sohn eines Barbiers aus Corleone, der 1970 sogar Bürgermeister
der Stadt wurde, war ein Mann der Cosa Nostra.

Palermo ist eine Stadt voller Narben. Und wer sie sich von kun-
digen Einheimischen zeigen lässt, bekommt nicht nur die kultu-
rellen Höhepunkte zu sehen, normannische Paläste und barocke
Kirchen, sondern auch die Orte berühmter Verbrechen: So wurde
zum Beispiel hier auf dem Fußweg (Via Cavour) 1980 der Oberstaatsanwalt Gaetano Costa erschossen, da drüben (Via Carini)
1982 der Carabinieri-General Alberto Dalla Chiesa ermordet und
dort (Via Vittorio Alfieri) 1991 der Unternehmer Libero Grassi.
Die Liste der Namen und Schauplätze ist lang. Seit Bestehen der
Cosa Nostra schätzt man die Zahl ihrer Opfer auf mehr als 5000.
Ihnen allen wurde auf der Piazza XIII Vittime, einer Verkehrs-
drehscheibe am Hafen, ein Monument aus hohen, winklig versetz-
ten Eisenstelen errichtet mit der Inschrift: *Ai caduti nella lotta
contro la mafia* – »Den Gefallenen im Kampf gegen die Mafia«.
Die Piazza selber trägt ihren Namen nach 13 Opfern eines republikanischen Aufstands von 1860, kurz bevor Garibaldi in Palermo
einmarschieren und damit die erste große Stadt des Südens für
das neue, geeinte Italien gewinnen konnte.

Die Cosa Nostra und die anderen Mafien

Die Geschichte der sizilianischen Mafia lässt sich in vier Phasen gliedern: in die sogenannte Protomafia des Übergangs von feudalen zu bürgerlichen Wirtschaftsformen, die landwirtschaftliche Mafia, die städtisch-unternehmerische Mafia und schließlich die Finanzmafia. Die Entstehung der Organisation fällt in die Zeit der Bildung des italienischen Nationalstaats, der um 1861 in Süditalien die von Neapel aus regierenden Bourbonen verdrängte. Sie hat sich besonders in Westsizilien entwickelt, in den Provinzen Palermo, Caltanissetta, Agrigent und Trapani, wobei Stadt und Provinz Palermo eine herausragende Stellung einnehmen. Mafia-Gruppen gibt es aber heute auf der ganzen Insel.

Der Begriff »Mafia«, der vermutlich auf ein volkstümliches Theaterstück mit dem Titel »I mafiusi di la Vicaria« aus dem Jahr 1862 zurückgeht, war von Anfang an schillernd. Mal wurde mit *mafia* ein stolzer, aber gleichermaßen selbstherrlicher Mann, mal auch ein Straßenräuber oder Wehrdienstverweigerer, dann ein Nichtstuer bezeichnet. Später diente der Ausdruck als Metapher für alles, was unvereinbar war mit den Werten des Staates des 19. Jahrhunderts. Erst langsam wandelte er sich zu dem, was wir heute unter Mafia verstehen: das kriminelle Netz- und Wirtschaftsgefüge einer geheimen und mehr oder weniger hierarchisch strukturierten Organisation, die eine Art Parallelstaat zur legalen Ordnungsmacht aufgebaut hat.

Aber Mafia ist heute vieles. Man spricht in der Öffentlichkeit und in den Medien von »Mafia«, wenn man Lobbyisten beschreibt oder Korruptionssysteme meint, Untergrundorganisationen oder Netze von Klientelismus und Illegalität. Außerdem spricht man beispielsweise von einer türkischen, russischen, albanischen, kolumbianischen Mafia. Die Leichtfertigkeit, mit der heute der Begriff gebraucht wird, hatte bereits Giovanni Falcone kritisiert: »Während man früher davor zurückscheute, das Wort ›Mafia‹ auszusprechen, benutzt man es heute sogar zu häufig. Es gefällt mir nicht, dass man fortwährend von ›Mafia‹ spricht, um etwas sehr

Allgemeines zu beschreiben, denn dabei vermischt man nur Phänomene, die zwar in der Tat zum organisierten Verbrechen gehören, mit der eigentlichen Mafia aber wenig oder gar nichts zu tun haben.« Wenn alles Mafia ist, kann man Mafia nicht mehr erkennen.

In Italien bezeichnet heute »Mafia« oder »Cosa Nostra« die organisierte Kriminalität auf Sizilien, »Camorra« diejenige von Neapel und der Region Kampanien und »'Ndrangheta« die in Kalabrien, wobei der sizilianische Mafia-Zweig in den USA ebenfalls »Cosa Nostra« genannt wird. Außerdem spielt eine Camorra-Gründung in Bari und dem apulischen Raum unter dem Namen »Sacra Corona Unita« eine wichtige Rolle. Zudem ist auf Sizilien noch die »Stidda« aktiv, eine Gruppe von Mafia-Rebellen, welche die Vorherrschaft Palermos nicht anerkennt und eine Art föderales System fordert.

Während die sizilianische Mafia vor allem (aber nicht nur) auf dem Land entstand, war die neapolitanische Camorra eine rein städtische Gründung des frühen 19. Jahrhunderts mit dem Ziel, sich der Kontrolle der Märkte, Spielhöllen, Versteigerungen und dergleichen zu bemächtigen. Als Mafia, das heißt als kriminelle Vereinigung mit der Charakteristik einer parallelstaatlichen Ordnungsmacht, bildete sich die Camorra erst nach dem Zweiten Weltkrieg heraus. Dabei spielten sizilianische US-Emigranten, so etwa Lucky Luciano, eine gewisse Rolle. Der Boss der amerikanischen Cosa Nostra wurde von der Regierung der USA nach seiner vorzeitigen Haftentlassung ausgewiesen und nach Neapel gebracht. Luciano fand Gefallen an der Stadt, importierte das sizilianisch-amerikanische Modell und passte es den lokalen Gegebenheiten an. Zu denen gehört, dass die Camorra keine hierarchischen Strukturen entwickelt hat (wie sie etwa die Cosa Nostra mit ihrer »Kommission« als eine Art Provinzialregierung kennt), sondern aus mehr oder weniger gleichrangigen Clans besteht.

Als in den siebziger Jahren der Boss Raffaele Cutolo, genannt »O'Professore«, die Camorra als »Nuova Camorra Organizzata« (NCO) unter seiner Führung hierarchisieren wollte, kam es zu blutigen Kämpfen zwischen den Clans, die mehrere hundert Tote kosteten und mit der Niederlage der NCO endete. Ohne innere Ordnung führten und führen Konflikte zwischen den neapolitanischen Clans schneller zu gewalttätigen Auseinandersetzungen als etwa auf Sizilien. Zuletzt herrschten in den Jahren 2005/2006 in Neapel und Umgebung fast kriegsähnliche Zustände. Über den Zusammenhang von Camorraherrschaft im Hinterland von Neapel und den jüngsten Müllskandalen hat Roberto Saviano ein spannendes Buch (»Gomorrha«) geschrieben.

Laut Schätzungen der römischen Antimafia-Behörde DIA setzen die verschiedenen italienischen Mafia-Organisationen heute rund 100 Milliarden Euro pro Jahr um, was einem Anteil von 7,5 Prozent des italienischen Bruttoinlandsprodukts entsprechen würde – oder rund dem Doppelten vom Umsatz des Fiat-Konzerns. Davon entfallen rund 30 Milliarden Euro allein auf die sizilianische Mafia. Allerdings sind solche Zahlen nur grobe Richtwerte, denn weder die Cosa Nostra noch die Camorra führen Geschäftsbücher.

Wirtschaftsinstitute sprechen von einem Reingewinn der Cosa Nostra, der etwa 35 Prozent des Umsatzes ausmacht. Kostenfaktoren sind unter anderem die Garantiegehälter für »Ehrenmänner«, die sonst keine eigenen Einnahmen haben, die Unterstützungszahlungen für einsitzende Mafiosi und ihre Familien, die Investitionen in Waffentechnologien und Schutzeinrichtungen (kugelsichere Autos, abhörsichere Handys etc.) – und natürlich die Schmiergelder für Politik und Verwaltung. Die machen aber, wie Pietro Messina im *Limes*-Heft über die Mafia beschreibt, nicht mehr als drei Prozent der Kosten aus.

Der Leiter der Behörde, Staatsanwalt Pietro Grasso, hat einen Rückgang der Aktivitäten von Cosa Nostra im internationalen Drogenhandel beobachtet. Das ist vermutlich den Anstrengungen der Justizbehörden zu verdanken, die in den beiden letzten Jahrzehnten vor dem Millenniumswechsel besonders die sizilianische Mafia ins Visier genommen hatten. Totò Riina verfolgte damals die Strategie der offenen bewaffneten Konfrontation mit dem Staat – und der wehrte sich: Bessere Fahndungsmethoden führten zu mehr Festnahmen, Gesetze wurden verschärft, nach harten Urteilen in mehreren Großprozessen wanderte eine ganze Generation von Mafiosi hinter Gitter, und ihre Besitztümer (vor allem Immobilien und Bodenflächen) wurden eingezogen und teilweise Kooperativen von Jugendlichen zur neuen Nutzung überlassen.

Riinas Nachfolger, Bernardo Provenzano, war ab Mitte der neunziger Jahre bemüht, die Cosa Nostra aus den Schlagzeilen zu bringen. Provenzano ließ die Organisation – »das Spielzeug«, wie sie im inneren Mafia-Jargon genannt wird – abtauchen, um im (stillen) Untergrund ungestörter ihren Aktivitäten nachgehen zu können. Bei dieser Strategie des Schweigens, der »Pax mafiosa«, des angeblichen Friedens, verfolgte man Interessen, die sich wieder mehr dem ureigenen sizilianischen Terrain zuwandten und zum Beispiel in Bereichen wie Schutzgelderpressung, Wucher, Kontrolle öffentlicher Ausschreibungen, bei Bautätigkeiten und schließlich im Gesundheitssystem erhebliche Gewinne erzielten. Wobei die Mafia mittels Erpressung und Wuchermethoden gelegentlich Unternehmen ausbluten ließ, bis sie diese schließlich selbst übernehmen konnte, um damit – scheinbar – ganz legale Geschäfte zu machen. Dabei bedient sie sich in zunehmendem Maße bürgerlicher Kreise: Steuer- und Finanzberater, Bankangestellte, Verwaltungsbeamter, Ärzte, Politiker. Die Mafia trägt längst weiße Kragen. Und während die Korrumpierbarkeit der Gesellschaft durch die »Verbürgerlichung« der organisierten Kriminalität zunimmt, wird die Cosa Nostra immer »legaler«.

Das internationale Feld etwa des Drogenhandels hat man teilweise der 'Ndrangheta überlassen. Die kalabresische Mafia ist in den vergangenen Jahrzehnten weniger mit Anschlägen und Attentaten auf hochgestellte Persönlichkeiten in die Schlagzeilen geraten und folglich nicht so deutlich ins Blickfeld der Öffentlichkeit und der Justizbehörden gerückt. Was aber interne »Kriege« nicht ausgeschlossen hat (wie im Sommer 2007 die mörderische

Schießerei von Duisburg). Mit eisernem Griff und brutaler Gewalt kontrollieren die Familien der 'Ndrangheta große Teile der regionalen Wirtschaft Kalabriens. Der fremd anmutende Name geht vermutlich zurück auf das griechische *andragathía*, was sich mit »Männlichkeit« oder mit »Mut« übersetzen ließe.

Anders als die Cosa Nostra ist die 'Ndrangheta oft in reinen Blutsfamilien organisiert. Auch deshalb erweist es sich als schwieriger, in Kalabrien etwa sogenannte *pentiti* (wörtlich: »Reuige«) als eine Art Kronzeugen wie auf Sizilien zu finden, wo sich Mafiosi besonders während der Herrschaft Riinas von der »brutalen« Strategie der Organisation losgesagt und gegen Schutzgarantien und Zusagen finanzieller Unterstützung der Justiz als Mitarbeiter zur Verfügung gestellt haben. Trotz einiger spektakulärer Erfolge der Ermittlungsbehörden hat die 'Ndrangheta sich deshalb immer weiter ausbreiten können. Und im internationalen Geschäft ist die frühere »kleine Schwester« der Cosa Nostra sogar der sizilianischen Mafia über den Kopf gewachsen. Allerdings liegen der DIA Erkenntnisse vor, dass die Cosa Nostra über Joint Ventures an vielen internationalen Geschäften der 'Ndrangheta beteiligt ist und auch logistische Hilfestellung leistet.

Mythos Mafia

Mario Puzo lässt seinen berühmten Roman *»Der Pate«* mit einem Fest zur Hochzeit der Tochter des Padrino Don Vito Corleone beginnen. Die Figur dieses amerikanischen Mafia-Bosses sizilianischer Abstammung ist eine gelungene Erfindung. Schon sein Name bezieht sich spekulativ auf die Mafia-Hochburg Corleone, ein Städtchen in der Provinz Palermo. Das glänzende Fest in einem großen Haus auf Long Island mag wenig mit der Realität der sizilianischen Mafia zu tun haben. Die setzt zwar Milliarden von Euro um, sieht sich aber großenteils dazu gezwungen, im Untergrund zu agieren oder zumindest ihren Reichtum nicht zu auffällig zur Schau zu stellen. Dennoch feiern die Mafia-Familien in Palermo und Umgebung auch heute Feste, verheiraten ihre Kinder (in der Regel nur mit Kindern anderer Mafiosi) oder begehen die religiösen Festtage mit dem auf der Insel üblichen Aufwand. Und einige, wie etwa Luciano Liggio, der in den siebziger Jahren mit Sonnenbrille und Zigarre im Mundwinkel in der Öffentlichkeit auftrat, orientierte sich sogar in seinem Gehabe offensichtlich an Marlon Brandos filmischer Interpretation des Padrino in »Der Pate«.

Bei einer Großrazzia im Noce-Viertel von Palermo konnten im Januar 2007 einige untergetauchte Anführer des herrschenden Clans verhaftet werden. Dabei fielen den Ermittlern auch Unterlagen über Schutzgeldzahlungen in die Hände. Den *pizzo*, wie das Schutzgeld im Jargon heißt, zahlt man nicht nur in Heller und Pfennig, sondern manchmal auch in Naturalien. Zum Beispiel hatte sich die größte Bäckerei des Viertels bereit erklärt, alle Feste des Clans mit Torten und anderen Süßspeisen auszustatten. So finanzierte übrigens auch Mario Puzos Padrino in Übersee die Hochzeit seiner Tochter: »Der Barkeeper war ein alter Kamerad, dessen Hochzeitsgeschenk darin bestand, dass er den ganzen Alkohol spendierte und sich selbst mit seinen fachlichen Qualitäten für das Fest zur Verfügung stellte.«

Es ist abwegig, das Bild der Mafia, wie es Mario Puzo in seinem Roman zeichnet und Francis Ford Coppola in der Verfilmung noch ausmalt, auf die Gegenwart zu übertragen. Der Mythos ist ein Feld, auf dem sich die Mafia selber gerne bewegt, das Bild von der *onorata società*, der »ehrenwerten Gesellschaft«, führt ihr heute noch Anhänger aus den unteren Schichten der Bevölkerung zu. Dabei ist sie nichts anderes als eine gewalttätige und verachtenswerte Verbrecherorganisation. Doch werfen Puzo/Coppola durchaus Streiflichter auf die Beziehungen zwischen Amerika und Sizilien. Im Zuge der Emigrationswellen am Anfang des 20. Jahrhunderts wanderten auch Teile der Organisation, die damals auf Sizilien Namen trug wie *cosca* (»Clan«), *società* (»Gesellschaft«) oder einfach *fratellanza* (»Bruderschaft«), in die Neue Welt aus. Der Begriff »Mafia« ist innerhalb der Organisation ein Unwort. Kein Mafioso würde sich als solcher bezeichnen.

In Amerika bildete sich der Ausdruck »Familie« für den inneren Kern der Organisation heraus, was nicht mit einer Blutsverwandtschaft zu tun haben muss. Oft zerreißen Mafia-Familien die Blutsfamilien. Kinder ermorden ihre Eltern, Geschwister werden zu Todfeinden, oder der eine Bruder weiß überhaupt nicht, dass der andere zur Mafia gehört. Denn es handelt sich bei ihr um ein geheimes Syndikat des Verbrechens, das aus dem Untergrund heraus operiert – in New York gestern wie in Palermo heute. Der Aufbau »familiärer Bindungen« im *melting pot* von Brooklyn oder den Vorstädten Chicagos war Ausdruck einer Art landsmännischen Traditionalismus zum Schutz der Identität. Es war die Suche nach einer »heilen Welt«, die typisch für die italoamerikanische Mafia ist.

So ist vermutlich auch die Bezeichnung »Cosa Nostra« zunächst in Amerika entstanden, wo man sich gegen die Belange anderer Völkergruppen absetzen wollte und »unsere Sache« (*cosa nostra*) schützen musste. Erst als die Mafia nach der Landung der angloamerikanischen Truppen auf Sizilien im Sommer 1943 wieder aufblühte, setzte sich die Bezeichnung auch auf der Insel durch. Für den Historiker Salvatore Lupo ist das ein Anlass, »das übliche Schema, nach dem Sizilien Archaismen exportiert, umzudrehen, und zu fragen, wie viele Archaismen in Amerika geschaffen werden, um in die Alte Welt zurückgetragen zu werden«.

Kann man die Mafia sehen?

Die Mafiosi tragen keine Uniformen, ihre Autos haben keine besonderen Kennzeichen, und auf ihren Häusern wehen keine schwarzen Piratenfahnen. Wenn man etwa mit Deutschen spricht, die in Palermo leben, heißt es, man habe keine Angst, man wisse zwar um die Mafia, lese auch hier und da in den Zeitungen etwas über sie, aber man sei noch nie in Berührung mit ihr gekommen, sie spiele im Alltag der Stadt keine spürbare Rolle. In den Straßen werde auch nicht (mehr) geschossen. Keine Frage – es lässt sich in Palermo, einer der schönsten, aber auch widersprüchlichsten Städte Südeuropas, wunderbar leben, ohne dass man von der organisierten Kriminalität behelligt wird. Cosa Nostra – das ist eine andere Welt, eine andere Stadt.

Ist sie das wirklich? Natürlich kann man der Baustelle nicht ansehen, ob auf ihr mafiöse Unternehmen tätig sind. Man bemerkt nur Menschen, die arbeiten. Und der Bäcker, bei dem wir unser Brot kaufen, zahlt er den Pizzo? Wenn man in die Via Libertà, die lange und elegante Ausfallstraße von der Piazza Politeama Richtung Westen einbiegt (dort, wo die Stadtpläne der meisten Reiseführer aufhören), blickt man in die Vitrinen von Luxusgeschäften, passiert eine Bankfiliale nach der anderen, liest auf blank geputzten Messingschildern die Namen von Rechtsanwälten und Ärzten und sieht hoch zu gepflegten Fassaden. Das geht nicht nur wenige hundert Meter so, das sind mehrere Kilometer, die eher nach Mailand gehören als nach Palermo. Und das soll eine Stadt sein, die dem Anteil am Bruttoinlandsprodukt nach auf Platz 95 von 103 Provinzen steht und damit offiziell zu den ärmsten Orten Italiens gehört?

In Palermo kann man bei einem Spaziergang neben der Luxusstraße die heruntergekommene Gasse finden, das elegante Wohnhaus neben der Abrissbude, die gepflegte Parkanlage neben dem verdreckten Platz, exotische Vögel in den Gärten des Palazzo D'Orleans neben streunenden Hunden im Altstadtviertel Kalsa. Erste und Dritte Welt wohnen hier gleichsam Tür an Tür. Es wäre anmaßend, in den wohlhabenden Winkeln der Stadt immer gleich ihre verbrecherischen Seiten zu vermuten. Aber man fragt sich schon, warum es in einer statistisch armen Stadt so viele Bankfilialen gibt.

Der Schriftsteller Roberto Alajmo wohnt in einer kleinen Villa direkt an der Strandstraße von Mondello, einem eleganten Vorort von Palermo und gleichsam der Strand der Stadt. Roberto Alajmo erachtet es als wichtig, einen kleinen Abstand zur Stadt zu haben, die zum Resonanzboden seiner Geschichten, Beobachtungen, Reflexionen geworden ist. Kann man Mafia sehen? Für Alajmo ist sie vor allem ein Geruch, »besser: ein Gestank«. Als würde man in sein lange Zeit ungelüftetes Landhaus kommen und diesen Gestank von Verwesung wahrnehmen. Irgendwo muss sich ein Tier, eine Maus, zum Sterben verkrochen haben. Unter dem Schrank oder sonst wo. »Du weißt nicht genau, wo, aber der Gestank sagt dir, dass irgendwo eine tote Maus liegt. Das ist für mich Mafia: der Gestank einer versteckten toten Maus.«

Ist die Cosa Nostra am Ende?

Die sizilianische Mafia ist oft totgesagt worden, stand manchmal kurz vor der Auflösung – und hat sich doch stets neu zu organisieren vermocht. Kann ihr das auch diesmal wieder gelingen, nachdem Bernardo Provenzano, der letzte Padrino der Corleonesen, im April 2006 verhaftet wurde? Oder bedeutet sein Ende vielleicht nicht auch das Ende der Cosa Nostra?

Diese Fragen sind das Leitmotiv der folgenden Untersuchung. Sie versucht, für eine nicht spezialisierte Leserschicht zu beschreiben, was denn die mythenumrankte sizilianische Mafia überhaupt ist. Und in welchem Umfeld sie sich bewegt. Ausgangspunkt sind der Heimatort des letzten Paten, Corleone, und die Rolle des Ortes in der Geschichte des organisierten Verbrechens. In Corleone war die Spezialeinheit unter der Leitung des Commissario Renato Cortese schließlich auf die banale und zugleich entscheidende Spur gestoßen, die zu Provenzanos Festnahme führte: die Spur der Wäsche. Es folgt ein kleiner historischer Überblick über die Entstehung und die Entwicklung der Mafia, der die Grundlagen zum Verständnis der folgenden Kapitel legt. In diesen werden vor allem die Entwicklungen und Verwicklungen innerhalb der Cosa Nostra durch die Biographie ihres letzten Paten gespiegelt. Nach einem Blick ins Innere der Mafia (soweit das bei einer Geheimorganisation überhaupt möglich ist) wird es um das

Verhältnis und die Symbiose von Mafia, Politik und Gesellschaft gehen – ein wirklich dornenreiches Kapitel. Abschließend folgen zwei Arten der »Antimafia«: die »professionelle« der Ermittlungs- und Justizbehörden und die »freiwillige« einiger (aber leider immer noch zu weniger) Gruppen der Zivilgesellschaft. Die Mafia ist ein vielschichtiges und verzweigtes Unternehmen. Der Übersichtlichkeit halber beschränkt sich diese Untersuchung auf Palermo und den Raum um die sizilianische Regionalhauptstadt, wo die Mafia entstanden ist und wo sich heute noch ihr Zentrum findet.

Das ist eine journalistische Untersuchung, keine wissenschaftliche. Das heißt, der Autor hat Personen besucht und befragt, die es besser wissen als er. Oder er hat ihre Veröffentlichungen gelesen und in seine Erzählung ebenso eingebaut wie die Berichte und Analysen italienischer Kollegen der Tages- und Wochenpresse. Wobei im Text auch journalistisch-literarische Mittel wie Reportage, Interview oder »historische Nachstellungen« auftauchen. Bei größtmöglicher Genauigkeit sollte zugleich eine breite Verständlichkeit erreicht werden. Auf Anmerkungen wurde verzichtet. Die Belege ergeben sich aus den jeweiligen Zusammenhängen und sind im Literaturverzeichnis am Ende des Textes getrennt angegeben. Ein Glossar der im Text erwähnten Hauptakteure soll die verwirrende Vielfalt der handelnden Personen überschaubar machen.

HK, im Sommer 2008

Erstes Kapitel

Die Spur der Wäsche:
Jagdszenen aus Corleone

Corleone, Hochburg der Mafia und der Antimafia –
Familie Provenzano taucht auf – Wie man einen Paten fängt

Mit dem Abend des 10. März 1948 neigte sich ein frühlings-warmer Tag seinem Ende entgegen. Ein kräftiger Mond schien vom wolkenlosen Himmel über Corleone. Man traf sich in den erleuchteten Straßen um die zentrale Piazza Garibaldi, redete, flanierte müßig auf und ab. Placido Rizzotto hatte einen Bekannten nach Hause begleitet und wollte gerade zu seinem El-ternhaus gehen, als ihn sein Nachbar Pasquale Criscione, der Feld-aufseher des ehemaligen Feudalbesitzes »Drago«, überredete, zusammen noch *quattro passi*, ein paar Schritte, zu machen.

Gleichsam aus dem Nichts tauchte Luciano (»Lucianeddu«) Liggio neben ihnen auf. Placido erkannte den jungen Mafioso sofort, obgleich der eine tief ins Gesicht gezogene Kapuze über dem Kopf trug. »Was willst du?«, fragte der Gewerkschafter und versuchte Ruhe zu bewahren. Klar, Criscione hatte ihn nicht zu-fällig zu diesem Spaziergang eingeladen. »Beweg dich!«, herrschte ihn Lucianeddu an. »Wir müssen nachdenken.« Und unter sei-nem Umhang drückte er den Lauf einer Pistole in die Hüfte von Placido Rizzotto. »Gehen wir dorthin, wo es ruhiger ist.«

Ragionare, nachdenken, abwägen, gehörte zum Alltag in den von der Mafia beherrschten Orten. Man dachte über alles nach: über die Dinge, die man zu tun hatte oder die man besser lassen

31

sollte, über die Dinge, die den *amici*, den »Freunden«, gefielen oder auch nicht. Und vielleicht erwartete Placido Rizzotto wirklich einen Hinweis, eine Warnung der Cosa Nostra. Der Gewerkschafter hatte unter anderem erreicht, dass das ehemalige »Drago«-Land aufgrund des neuen Landwirtschaftsgesetzes, dem zufolge unbebaute oder schlecht genutzte Anwesen der allgemeinen Nutzung anheimfallen sollten, den Kleinbauern von Corleone übereignet werden sollte. Jemand wie Michele Navarra, ein ortsbekannter Arzt und Direktor des Krankenhauses, der hinter der Maske des Gutbürgers die des Mafia-Capos und mächtigsten Mannes des ganzen Landstrichs verbarg, konnte nicht mit ansehen, wie hier Land ohne seine Einwilligung verteilt wurde. Einige Leute in Corleone hatten offensichtlich nicht gründlich nachgedacht. Lucianeddu war der Richtige, es ihnen beizubringen.

Placido Rizzotto stolperte zusammen mit seinen Begleitern dem Ortsausgang zu. Wo sie vorbeikamen, verschwanden plötzlich die Leute von der Straße, Fensterläden wurden zugeschlagen, in den Schlössern der Türen drehten sich hastig die Schlüssel. Placido begriff, riss sich los und floh in eine Seitengasse – nur um dort anderen Männern in die Arme zu laufen. Er schrie um Hilfe, doch sie warfen ihm Decken über den Kopf, schlugen auf ihn ein und zerrten ihn zu einem Auto, das bereits in der Nähe der Kirche San Lorenzo mit laufendem Motor wartete. Ohne Licht verschwand der Wagen dann Richtung Norden, wo sich unterhalb des 1600 Meter hohen Gipfels des Rocca Busambra eine Hochebene erstreckt…

Corleone, ein ganz normales Städtchen?

Corleone, das knapp 12 000 Einwohner zählt, liegt rund 60 Kilometer von Palermo entfernt im gebirgigen Hinterland Westsiziliens an der alten Verbindungsstraße SS *(Strada Statale)* 118 von Palermo nach Agrigent. Dieser strategisch günstigen Lage verdankt das Gebiet um Corleone seine Besiedlung, die bereits zu vorgeschichtlichen Zeiten einsetzte und deren Spuren in einem kleinen Heimatmuseum zu besichtigen sind: Hier stößt der Besucher auf interessante Funde, die bis in die Bronze- und Eisenzeit zurückreichen. Zu sehen ist außerdem ein Meilenstein aus dem Jahr 252 v. Chr., der belegt, wie wichtig die Straßenverbindung bereits in der Antike war. Inzwischen wurde deren Rolle von einer Schnellstraße übernommen, die weiter östlich verläuft und Corleone etwas ins Abseits gedrängt hat.

Umgeben von einer streckenweise wildromantisch anmutenden Landschaft mit kleinen Wäldern, ausgedehnten Hochebenen, mächtigen Felsvorsprüngen und rauschenden Wasserfällen, wird der muschelartig zwischen den Hängen der umgebenden Berge angelegte Ort von einem Sarazenenturm sowie von einer mittelalterlichen Burg beherrscht, in der heute Franziskaner leben. Aus der arabischen Besiedlung Siziliens ab 800 n. Chr. hat sich das filigrane Straßen- und Gassennetz des Ortskerns erhalten. Die vielen Kirchen belegen die religiöse Bedeutung Corleones seit der Normannenzeit – allen voran die Chiesa Madre, die Hauptkirche an der Piazza Garibaldi neben dem Rathaus, die aus einem Bau im arabischen Stil hervorgegangen ist. Die mehrfach umgebaute Kirche erhielt ihre endgültige Prägung im Spätbarock des 18. Jahrhunderts, als ihr eine große Kuppel aufgesetzt wurde. In ihrem Inneren birgt sie zahlreiche Kunstwerke, die aus anderen, inzwischen aufgelösten religiösen Einrichtungen stammen, zum Beispiel eine schöne frühbarocke Holzstatue des heiligen Sebastian.

Der Heilige, der in Corleone neben dem Ortspatron San Leoluca am meisten verehrt wird, ist San Bernardo, ein Kapuziner, geboren 1605 in Corleone, der 1768 selig- und von Papst Johannes Paul II. im Jahr 2001 heiliggesprochen wurde. Sein Bildnis findet man überall und besonders in der Chiesa Madre. Am Rande des Zentrums, unweit des Rathauses, stößt man auf die *Villa Comunale*, eine kleine, botanisch interessante Parkanlage voller Dattelpalmen. Corleone ist von ausgedehnten landwirtschaftlich genutzten Flächen umgeben, auf denen vor allem Getreide, Wein und Öl angebaut werden. Dazu kommt Weideland für Schafe. Spitzen- und Klöppelarbeiten gehören wie anderswo in der Provinz Palermo zur handwerklichen Tradition, spielen aber im lokalen Wirtschaftsgefüge keine große Rolle.

Corleone könnte also ein ganz normales Städtchen sein: etwas verschlafen, teilweise verarmt und wie die meisten Ortschaften Siziliens an den Rändern des historischen Zentrums hässlich ausfransend. Ein kulturell interessantes Städtchen, von herrlicher Landschaft umgeben, mit seinen Menschen und ihren alltäglichen Sorgen und Freuden. Aber der Ort ist in der ganzen Welt als eine Hochburg der Mafia bekannt. Er war es bereits im 19. Jahrhundert und wurde es ganz besonders in der zweiten Hälfte des 20. Jahrhunderts. In den wenigen Jahren zwischen 1943 und 1961 gab es 52 Mordfälle und 22 versuchte Morde – von den Personen, die auf Nimmerwiedersehen verschwanden, ganz zu schweigen. *Lupara bianca* nennt man im Mafia-Jargon diese Todesart. Die Lupara ist ein Gewehr mit kurzem Lauf, das lange Zeit auf dem Land als typische Waffe von Banditen und auch Mafiosi im Gebrauch war. Corleone hat in den vergangenen 50 Jahren berüchtigte Mafia-Bosse wie Michele Navarra, Luciano Liggio, Salvatore Riina und Bernardo Provenzano hervorgebracht – oder mafiöse Politiker wie Vito Ciancimino, der es als Sohn eines Barbiers von Corleone bis zum Bürgermeister von Palermo brachte.

Aber es gibt auch ein anderes Corleone. Wenn man mit Dino Paternostro spricht, der am örtlichen Krankenhaus angestellt ist, die *Camera del Lavoro* (das Gewerkschaftshaus) leitet und eine Online-Zeitung (www.cittanuove-corleone.it) herausgibt, kann man vom Stolz der Corleonesen hören, vom Stolz auf die Antimafia des Ortes. Einer ihrer Vorkämpfer war zum Beispiel Bernardino Varro, Anführer der *Fasci siciliani*, der sizilianischen Bauernbewegung im ausgehenden 19. Jahrhundert. Später, 1914, wurde er zum ersten sozialistischen Bürgermeister der Stadt gewählt – und ein Jahr darauf von der Mafia ermordet.

Eine andere Märtyrerfigur ist der Gewerkschafter und antifaschistische Widerstandskämpfer Placido Rizzotto, der bei den Auseinandersetzungen um die Agrarreform gleich nach Ende des Zweiten Weltkriegs die Bauern im Kampf um Arbeit und Boden anführte – auch er ein Opfer der Mafia. Bernardo Provenzano war damals gerade 15 Jahre alt und schuftete zusammen mit seinem Vater auf dem Acker für ein karges Einkommen. Leute wie Lucianeddu Liggio zeigten ihm, wie man es auf andere Art zu Ansehen und Ehre bringen konnte.

Auf der Suche nach Placido Rizzotto

Als ihr Sohn nicht nach Hause kam, begannen Placido Rizzottos Eltern sich Sorgen zu machen. Es passierte zwar häufiger, dass der Vierunddreißigjährige abends lange ausblieb, sich auf Versammlungen aufhielt oder sich mit Genossen traf. Aber die Nächte hatte er noch immer zu Hause verbracht. Am nächsten Morgen machte sich der Vater auf, um seinen Sohn zu suchen. Er lief zu allen möglichen Bekannten, fragte Nachbarn wie Arbeitskollegen, doch keiner wusste, wo Placido geblieben war. Und wer etwas wusste, der schwieg. Als der Vater dann hörte, dass sein Sohn zuletzt mit Pasquale Criscione, dem ehemaligen Verwalter, einem *gabelotto* des »Drago«-Anwesens, zusammen gesehen worden war, muss ihm das Herz im Hals geschlagen haben. Der kleine alte Mann, der in den zwanziger Jahren unter dem Faschismus wegen angeblicher Verbindung zur Mafia ein paar Monate im Gefängnis gesessen hatte, tat etwas, was er wohl nie von sich selbst erwartet hätte. Er stieg am Abend die Stufen zum neuen Carabinieri-Posten hoch, der erst Mitte der dreißiger Jahre errichtet worden war, meldete das Verschwinden seines Sohnes – und erzählte dem diensttuenden Beamten alles, was er über die Mafia in Corleone wusste.

Er war einer der Ersten im Ort, der die *omertà* brach – jenes Gebot des Schweigens, das tief in die sizilianische Seele eingebrannt war: *Cu è orbu, surdu e taci, campa cent'anni 'mpaci*, lautet ein Sprichwort: »Wer blind ist, taub, und schweigt, der wird in Frieden hundert Jahre alt.« Der alte Mann gab den Beamten vor allem eine detaillierte Beschreibung seines Sohnes, die ein paar Monate später eine große Rolle spielen sollte. An diesem Abend, so steht in den Akten, trug Placido eine blaue Hose, eine helle Jacke, eine graue Mütze und amerikanische Stiefel.

Ein paar Monate später übernahm ein junger Hauptmann die Carabinieri-Station von Corleone: der aus dem norditalienischen Piemont stammende Carlo Alberto Dalla Chiesa. Der Offizier, der es bis zum General bringen sollte und sogar zum Präfekten von Palermo, rief den Vater von Placido Rizzotto zu sich, nachdem er die Akte über das mysteriöse Verschwinden des Gewerkschafters studiert hatte. Und er versprach ihm, alles zu tun, um den Fall aufzuklären.

Dalla Chiesa hielt Wort. Gut ein Jahr später gelang es ihm, Pasquale Criscione und andere festzunehmen. Die gestanden schließlich, bei der Entführung dabei gewesen zu sein. Aber mit dem Mord wollten sie nichts zu tun gehabt haben. Das sei die Tat von Luciano Liggio gewesen, der die Leiche dann in eine Felsspalte der Hochebene von Rocca Busambra geworfen habe. Und es hatte einen Augenzeugen der Ermordung gegeben: den dreizehnjährigen Sohn eines Hirten, der zufällig in der Nähe gewesen war. Doch dieser Junge kam uns Leben, nachdem seine Eltern ihn, der sich noch im Schockzustand über des Erlebte befand, zu einer Untersuchung ins Krankenhaus von Corleone gebracht hatten. Wie es heißt, habe ihm der Chefarzt und Direktor, Michele Navarra, selbst die tödliche Spritze verabreicht.

Dalla Chiesa und seine Leute ließen das ganze Gebiet der Hochebene durchkämmen – und sie entdeckten schließlich eine 50 Meter tiefe *foibe*, eine Felsspalte, auf deren Grund die Überreste von mehreren Leichen lagen. Eine davon identifizierten Placido Rizzottos Familienangehörige anhand der Kleidungsstücke als die des im März 1948 entführten Gewerkschafters. Als es zum Prozess kam, zogen Criscione und andere ihre Aussagen zurück. Sie warfen den Carabinieri vor, diese mit Foltermethoden erzwungen zu haben. Die Richter wiederum hielten die Identifizierung der Leiche allein durch die Kleidungsstücke für nicht ausreichend. So endete der Prozess mit einem Freispruch für alle Angeklagten, von Criscione bis Liggio. Die Akten der polizeilichen Untersuchung des Falles Placido Rizzotto, die schließlich unter »unbekannte Täterschaft« abgelegt wurden, sind 60 Jahre danach von den Carabinieri dem von Dino Paternostro eingerichteten historischen Archiv der Camera del Lavoro übergeben worden.

Wer heute den Friedhof von Corleone betritt, wird kein Grab von Placido Rizzotto finden. Aufgrund richterlicher Verfügung galt jener Körper, den die Carabinieri in der Felsspalte von Rocca Busambra fanden und der die Kleidung des Gewerkschafters trug, als der eines Unbekannten. Seine Reste werden heute in irgendeinem schaurigen Knochenlager der Justizbehörden von Palermo aufbewahrt – wenn sie nicht vollends verschwunden sind wie so viele Beweisstücke in der sizilianischen Justizgeschichte. Dino Paternostro hat Placido Rizzotto zu Ehren einen kleinen »weltlichen Altar« an der Stelle errichten lassen, wo seine sterblichen Überreste gefunden wurden.

Auf dem Friedhof von Corleone stößt man dagegen unweigerlich auf die pompöse Grabkapelle des Michele Navarra, der die Mafia des Ortes in den Nachkriegsjahren befehligt und als Arzt wie als Padrino über Leben und Tod der Einwohner befunden hatte. Er starb 1958 im Kugelhagel der neuen Cosa Nostra des Ortes, die unter seinem ehemaligen Vertrauten Luciano Liggio zuerst gegen die alte Führung der »ehrenwerten Gesellschaft« von Corleone und dann gegen die der ganzen Provinz von Palermo revoltiert hatte.

Luciano Liggio, der mehrfach von den ihm zu Last gelegten Taten freigesprochen worden war, musste nach dem Mord an dem Oberstaatsanwalt von Palermo im Mai 1971 untertauchen. Von Norditalien aus organisierte er mehrere spektakuläre Entführungen, darunter jene von Paul Getty III. Er wurde schließlich 1974 in Mailand festgenommen und verbrachte den Rest seiner Tage im Hochsicherheitsgefängnis Badu e Carros auf Sardinien, wo er 1993 an einem Herzinfarkt starb. Sein Leichnam wurde nach Corleone überführt und im Grab seines Bruders und seiner Schwägerin beigesetzt. Auf dem Grabstein aber wird man vergeblich nach einem Namen und einem Foto von ihm suchen. Kurz nach den Attentaten auf Falcone und Borsellino schlugen auf Sizilien die Wellen der Empörung hoch, und die Angehörigen Liggios hielten es für klüger, das Grab des berüchtigten Mörders und Bosses weder dem Volkszorn noch der Medienneugier auszusetzen.

Die Familie Provenzano taucht auf

Am 5. April 1992, einem Sonntag, hatten in Corleone gerade die Wahllokale für die anstehende Parlamentswahl ihre Türen geöffnet, und bei den Carabinieri des Ortes herrschte nervöse Spannung. Wenige Wochen zuvor war in Palermo der Politiker Salvo Lima erschossen worden. Der Europaabgeordnete galt als Verbindungsmann der Christdemokratischen Partei (Democrazia Cristiana) zum organisierten Verbrechen auf der Insel. Was war in diesem Verhältnis zerbrochen, dass Lima sterben musste? Wenige Stunden vor dem Beginn der Wahl hatte sich außerdem ein weiterer Mordanschlag ereignet, dem ein Maresciallo der Carabinieri zum Opfer gefallen war, einer der besten Ermittler gegen die Cosa Nostra. Die Welle der Gewalt auf Sizilien steigerte sich langsam zur Flut.

Aber etwas ganz anderes sorgte für richtige Unruhe in der Kaserne der Carabinieri von Corleone: Der Rechtsanwalt von Saveria Benedetta Palazzolo hatte angerufen. Die Lebensgefährtin von Bernardo Provenzano, die bis dahin wie ihr Partner im Untergrund gelebt hatte, wollte heimkehren – eine verzwickte Geschichte, schwierig bereits in den privaten Verhältnissen. Vor dem Gesetz haben Bernardo Provenzano und Saveria Palazzolo nie die Ehe geschlossen. Der seit Jahren flüchtige Mafioso aus Corleone hatte sich jedoch zu der Vaterschaft seiner beiden Söhne, den 1976 geborenen Angelo und den sieben Jahre jüngeren Francesco Paolo, bekannt. Saveria Palazzolo wurde seit November 1983 gesucht, als die Behörden einen Haftbefehl wegen Mitgliedschaft in einer kriminellen Vereinigung und Beihilfe zum Mord erließen. Doch die Frau war damals längst untergetaucht. Sie blieb es bis zu diesem 5. April 1992.

In der Zwischenzeit hatten die Gerichte die Anklage gegen sie in den milderen Tatbestand der Mithilfe von außen zugunsten einer verbrecherischen Organisation umgewandelt und sie in Abwesenheit zu zwei Jahren Haft verurteilt. Eine allgemeine Amnestie löschte auch diese Strafe, und das Fahndungsersuchen wurde zurückgezogen. So erklärte sie also den Carabinieri, bei denen sie sich an diesem Sonntag meldete, dass sie keine offene Rechnungen mehr mit der Justiz habe und mit ihren Kindern bei ihrem »Schwager« Salvatore Provenzano in Corleone leben wolle. Die Beamten erledigten die Formalitäten ihrer Rückmeldung, untersuchten sorgfältig ihr Gepäck und fuhren dann Frau und Kinder zur Wohnung Salvatore Provenzanos. Saveria Palazzolo wusste genau, dass man sie von jetzt ab nicht mehr aus den Augen lassen würde.

Ein paar Tage später klopfte die Polizei an ihre Tür. Die Existenz zweier parallel tätiger Polizeikorps in Italien – auf der einen Seite die Carabinieri (CC), die als Streitkräfte dem Verteidigungsministerium unterstellt sind, auf der anderen Seite die Polizia di Stato (PS), die zum Justizministerium gehört – hat zu einer denkwürdigen Konkurrenz der beiden Organe geführt, die sich in vielen Geschichten, Erzählungen, Filmen und Fernsehsendungen ausdrückt. Jetzt musste jedenfalls auch der Commissario vor Ort seine bürokratische Pflicht erledigen und die Rückkehr der Lebensgefährtin des lang gesuchten Bernardo Provenzano vermerken. »Ich komme nur, wenn die Carabinieri dabei sind«, soll Saveria Palazzolo dem zuständigen leitenden Polizeibeamten gesagt haben. Und so holte ein CC-Streifenwagen die Familie ab und brachte sie zum Kommissariat der PS, wo der Offizier der Carabinieri stumm die Aufnahmeformalitäten der Kollegen von der Polizia di Stato verfolgte. »Noch heute hält diese Episode das natürliche Misstrauen zwischen Polizei und Carabinieri in Corleone am Leben«, kommentieren Ernesto Oliva und Salvo Palazzolo, zwei Journalisten aus Palermo, in ihrem Buch über Bernardo Provenzano.

Fotoshooting mit Mafia-Kulisse

Als an einem milden Septembertag das Schuljahr 1993/94 begann, hatte sich herumgesprochen, dass die Kinder von Bernardo Provenzano, die zusammen mit ihrer Mutter ein Jahr zuvor gleichsam aus dem Nichts aufgetaucht waren, ihren ersten Unterrichtstag in einer öffentlichen Schule in Bisacquino, einem Ort 20 Kilometer südlich von Corleone, verbringen würden. Folglich belagerten Journalisten, Fotoreporter, Kameraleute die Schule, um im Auftrag ihrer Medien über den ersten Schultag der »Kinder des Bosses« zu berichten. Bernardo Provenzano galt damals noch als der ewige zweite Mann hinter Totò Riina. Doch Riina war ein paar Monate zuvor, im Januar 1993, unter mysteriösen Umständen (wurde sein Versteck von den eigenen Leuten verraten?) verhaftet worden. Saverio Lodato, der sich für die Tageszeitung *L'Unità*, das frühere Parteiorgan der italienischen Kommunisten, seit vielen Jahren mit dem Thema Mafia befasst, beschrieb in einem Beitrag die teilweise absurden Szenen, die sich vor dem Schulgebäude abgespielt hatten.

Es war zu langwierigen Verhandlungen gekommen zwischen Lehrern, die der ungewohnten Situation nicht gewachsen waren, Schülern, die ihre neuen Klassenkameraden schützen wollten, und sensationslüsternen Journalisten. Schließlich einigte man sich darauf, dass Angelo Provenzano, der ältere der beiden Jungen, nach Schulende kurz ein paar Fragen beantworten sollte. Angelo aber, verschreckt durch den Medienrummel, kletterte aus dem Fenster und floh übers Feld – im Gefolge die Meute der Reporter. Einige von ihnen wurden sich des unwürdigen Spektakels bewusst. Die Fotografen, denen nur ein paar Schnappschüsse von dem wie ein

Hase über den Acker davonjagenden Jungen gelang, sprachen sich ab, die Negative dieser Fotos nicht weiterzugeben. Und wirklich erschien weder in der Tages- noch in der Wochenpresse je ein Bild von der Flucht Angelo Provenzanos.

In den neunziger Jahren kam der Fotograf und damalige Werbechef von Benetton, Oliviero Toscani, nach Corleone. Er suchte nach »Models« für den Produktkatalog Frühjahr/Sommer 1997. 50 Jugendliche wählte er aus, um sie in den Straßen der Mafia-Hochburg zu fotografieren – natürlich um auf die Produkte seiner Firma aufmerksam zu machen, aber auch, um auf die neue »Normalität« der Stadt hinzuweisen. Das war jene Zeit, in welcher man von einem »Frühling von Corleone« sprach. Zum ersten Mal seit vielen Jahren galt die Kommunalregierung, eine Mitte-links-Koalition, als mafiafrei. Der Bürgermeister, Giuseppe Cipriani, unterstützte aktiv die Antimafia.

Es gab eine Fülle von Veranstaltungen zum Thema »Legalität«, und es entstand eine Gedenkstätte mit einem Forschungszentrum. Ländereien aus Mafia-Besitz, die durch Gerichtsbeschluss konfisziert worden waren, wurden einer Jugendkooperative mit dem Titel *Lavoro e non solo* – »Nicht nur Arbeit« – zur landwirtschaftlichen Nutzung übergeben (siehe achtes Kapitel, Seite 228). Cipriani unterstützte Toscani bei seinem Vorhaben, der Bürgermeister erhoffte sich ein neues Bild der Stadt. Doch so leicht ist es nicht, sich von einem mehr als ein Jahrhundert gewachsenen Image zu befreien. Die Mythen der öffentlichen Phantasie sind zäh. Und im Fall Corleone überdecken sich die von Luciano Liggio, Bernardo Provenzano und Marlon Brando: Immer noch fragen amerikanische Touristen, welche die Stadt besuchen, wo sich das Haus von Vito Corleone befinde ...

Die Jugendlichen, die damals für Oliviero Toscani als Modell posiert haben, werden manchmal noch heute auf die Fotos angesprochen – und sei es von Journalisten. Beim Bäcker in der Via San Leonardo kann man zum Beispiel Salvatore Giacopello treffen, der, kaum 18 Jahre alt, auf dem Titelbild des Benetton-Katalogs zu sehen war. Eine Karriere als männliches Model blieb ihm versagt. Zunächst legte er in Palermo auf dem Konservatorium (Musikgymnasium) seine Reifeprüfung ab. Zu einem regelrechten Musikstudium reichte dann das Geld jedoch nicht, weil sein Vater krank und arbeitsunfähig wurde. So erlernte Salvatore den Beruf des Bäckers. Er steht heute um ein Uhr nachts auf und geht um fünf Uhr nachmittags ins Bett. Über die Mafia redet er nur widerwillig. In Corleone sagt man: »Geh deinen Weg, und du wirst keinen Ärger haben.« Er weiß, dass es die Mafia gibt, »aber ich sehe und erlebe sie nicht. Für mich ist es so, als ob sie nicht existiert.« Provenzano? »Angelo und Paolo Provenzano, die Söhne von Bernardo, sind meine Kunden. Sie verhalten sich unaufdringlich, sind gesellig, gut erzogen …«

Die Strategie der verbrannten Erde

Bernardo Provenzano ging bereits im September 1963 in den Untergrund. Die Polizei hatte ihn damals wegen dreifachen Mordes in der Auseinandersetzung mit der alten Mafia-Fraktion von Michele Navarra gesucht. Lange wurde seine Rolle in der Cosa Nostra unterschätzt – auch in den eigenen Reihen: »Provenzano schießt zwar wie ein Gott, doch leider hat er das Gehirn eines Huhns«, soll Luciano Liggio über den Mann geurteilt haben, der sich ihm zusammen mit Totò Riina angeschlossen hatte. Riina, Spitzname »der Kurze«, galt in jenen Jahren als Stellvertreter Liggios. Provenzano blieb über Jahre hinweg nur ein Exponent des militärischen Flügels der Corleonesen. 'U tratturi wurde er genannt, »der Traktor«, wegen seines brutalen Vorgehens. Wo er hinlangte, wuchs kein Gras mehr. 35 Jahre später, im Herbst 1998, war allen Beteiligten klar, dass dieser Bernardo Provenzano als »Don Binnu« (eine dialektale Kurzform von Bernardo) sich längst zur absoluten Nummer eins hochgearbeitet hatte. Die Polizei bildete unter Hauptkommissar Renato Cortese eine Spezialeinheit von rund 30 Leuten, der »Gruppo Duomo«. Aufseiten der Staatsanwaltschaft leiteten Michele Prestipino und Marzia Sabella die Ermittlungen. Ihr oberstes Ziel: die Festnahme von Don Binnu.

Terra bruciata, »verbrannte Erde«, wird im Polizeijargon die Methode genannt, einen Flüchtigen in die Enge zu treiben. Im Fall Provenzano war das eine Doppelstrategie. Die Ermittler versuchten einerseits die Spuren der Handlanger und Komplizen ausfindig zu machen, die von der logistischen Seite als Schutznetz für das Leben im Untergrund fungierten. Dieses weitläufige Geflecht garantierte außerdem die Kommunikation des Paten mit den anderen Segmenten und Verzweigungen der Organisation. Durch das Zerreißen des Netzes wollte man den Chef der Cosa Nostra zwingen, irgendwo aufzutauchen und sich zu verraten. Zudem versuchte die Taktik »der verbrannten Erde«, die finanziellen Ressourcen zu kappen, die dieses Netz hielten – die Einnahmen aus illegalen Unternehmen also, mit denen Don Binnu sein Leben im Untergrund finanzierte. Mit der Konfiszierung von Liegenschaften, Ländereien, Firmenanteilen – im Fall Provenzanos im Wert von rund 50 Millionen Euro in nur wenigen Jahren – wollte man das Herz des Paten treffen: seine Geschäfte.

Jahr für Jahr zogen Commissario Cortese und die Duomo-Gruppe die Schlinge enger um den inzwischen meistgesuchten Verbrecher Italiens, wenn nicht Europas. Es gelang ihnen, die ersten *pizzini* abzufangen: Briefe, Botschaften, Befehle, mit denen Provenzano von seinem jeweiligen Versteck aus die Verbindung zu den einzelnen Teilen der Organisation aufrechterhielt, wobei er weder Telefon noch Handy nutzte und schon gar keine Faxe oder E-Mails verschickte. Er beschrieb simple Zettel, manchmal nur Papierfetzen, mit einer elektrischen Schreibmaschine, faltete sie zu wenige Quadratzentimeter kleinen Papierpäckchen und umwickelte sie mit Tesafilm. Sie hatten Platz unter einem Uhrarmband, konnten unauffällig von Hand zu Hand wandern, in Brusttaschen verschwinden oder wurden in den Saum einer Hose eingenäht. Und sie erreichten ihre Empfänger nicht auf direktem Weg, sondern über viele Stationen, Umwege, »Schleusen«. Mit diesem zwar archaisch anmutenden, jedoch abhörsicheren System befehligte Bernardo Provenzano vom Untergrund aus sein Imperium. Den Ermittlern war klar: Wenn es ihnen gelänge, den Weg der Pizzini zu rekonstruieren, würden diese sie auch zu Provenzano selbst führen.

Einer der Orte, auf den sich die Ermittlungen der Männer des Commissarios konzentrierten, war Corleone, die Heimatstadt des Paten, in der seine Familie lebte. Telefonate wurden aufgezeichnet, mit einer versteckten Kamera überwachte man das bescheidene Haus in der Via Verdi 16, das Saveria Palazzolo mit ihren Kindern inzwischen bezogen hatte. Jahrelang konnten die Beamten nichts Auffälliges feststellen. Die Frau verließ nur selten ihre Wohnung für Einkäufe und Verwandtenbesuche. Angelo, der ältere Sohn, arbeitete zusammen mit seinem Cousin Giuseppe Lo Bue als Vertreter einer Firma, die Staubsauger vertreibt. Paolo absolvierte seine Reifeprüfung und studierte danach an der Universität Palermo Linguistik – Hauptfach Deutsch.

Der Polizei war bekannt, dass ein Bruder von Bernardo, Simone Provenzano, damals im rheinischen Ort Willich im Regierungsbezirk Düsseldorf lebte und arbeitete. Als sich zum Jahreswechsel 1999/2000 auch Saveria Palazzolo und ihre Kinder beim »Schwager« zu Besuch ansagten, hofften die Ermittler, dass sogar der Pate selbst auftauchen würde. Renato Cortese und seine Männer fuhren nach Deutschland, um den Gesuchten eventuell dort zu schnappen. Aber vergeblich, Bernardo Provenzano ließ sich nicht blicken. Die Männer verbrachten die letzte Neujahrsnacht des vergangenen Jahrtausends in einer Turnhalle von Willich vor ihren Überwachungsgeräten – und kehrten dann unverrichteter Dinge nach Palermo zurück.

Die Fahndungsaktivitäten waren von einer teilweise entnervenden Routine geprägt: Überwachung der Telefonate, Beobachtung des Hauses mit der Kamera, 24 Stunden am Tag, sieben Tage in der Woche, 30 Tage im Monat, 365 Tage im Jahr – und nichts passierte. Saveria Palazzolo traf sich mit Verwandten, Angelo ging zur Arbeit, Paolo studierte. Erfolgreicher war man im

Umfeld. Bei mehreren Großrazzien gingen den Fahndern etliche Hintermänner ins Netz.

Und der Pate hinterließ immer mehr Spuren. Er war krank: Ein Prostataleiden zwang ihn, häufiger Ärzte aufzusuchen. Wie man später erfuhr, reiste er sogar ins Ausland nach Marseille, um sich dort operieren zu lassen – übrigens auf Staatskosten (siehe viertes Kapitel, Seite 125). Und manches Mal glaubten die Männer der »Gruppo Duomo«, ganz kurz vor der Festnahme des Padrino zu stehen. Renato Cortese erzählt: »Im Januar 2001 kommen wir zu einem Aufenthaltsort in Mezzojuso in der Nähe von Palermo. Nach unseren Abhörergebnissen lässt alles darauf schließen, dass es sich um Bernardo Provenzano handelt, der sich dort verbirgt. Doch als wir eingreifen, stellen wir fest, dass es sich um einen anderen Mann handelt, der etwa so alt ist wie er, seit Jahren flüchtig ist wie er und der ebenfalls an der Prostata erkrankt ist. Es ist jedoch nicht Bernardo Provenzano, sondern einer seiner Stellvertreter, Bernardo Spera.« Ein wichtiger Fang, und doch machte sich Enttäuschung unter den Ermittlern breit: »Danach dauert es eine gewisse Zeit, bis die Stimmung in der Gruppe wieder steigt und die Jagd mit neuem Elan weitergeht.«

Plötzlich taucht das Händchen auf ...

Die Augen der Fahnder bleiben auf Corleone gerichtet: angezapfte Telefone, Videoüberwachung – aber alles scheint wie immer. Angelo Provenzano telefoniert mit seinem Cousin. Ein Name fällt: Nino Primavera. Wer ist dieser Nino Primavera? Nach einem Datenabgleich ist klar: Es gibt keinen Nino Primavera, die beiden benutzen einen Code.

Hinzu gesellt sich schnell ein anderer Verdacht. Wieder wird ein Gespräch zwischen Giuseppe und Angelo aufgezeichnet. Angelo hält sich in dem Augenblick der Unterhaltung außerhalb von Corleone auf. Doch Giuseppe besucht kurz nach dem Telefonat seine Tante Saveria: einmal, zweimal, dreimal im Monat –

allein. Was ist daran ungewöhnlich? Die Männer von Renato Cortese sind Sizilianer. Sie verstehen nicht nur den Dialekt der Personen, die sie überwachen, sondern sie kennen auch ihre Mentalität und ihre Sitten und Gebräuche. Zu den traditionellen sizilianischen Umgangsformen gehört es, dass man nicht in das Haus eines Freundes oder Verwandten geht, wenn dieser nicht anwesend und wenn eine Frau allein zu Hause ist. Was macht Giuseppe Lo Bue dort im Haus Provenzano? Und warum verstaut er einen weißen Plastikbeutel, offensichtlich ein Müllsack, in seinem Auto, statt ihn in die Mülltonne zu werfen, die schräg gegenüber vom Haus steht?

Im Januar 2006 machen sich Renato Cortese und seine Männer daran, den Weg dieses Beutels zu verfolgen. Sie setzen weitere Videokameras ein, versuchen vorsichtig, die verschiedenen Personen zu beschatten, die mit dem Beutel in Berührung kommen. Aber die kleinste Unvorsichtigkeit könnte die Aktion gefährden und den Gesuchten warnen, der sich schon so oft dem Zugriff der Polizei entzogen hatte – offensichtlich auch deshalb, weil es innerhalb der Justizbehörden jemanden gibt, der Provenzano rechtzeitig verständigt. Folglich ist Staatsanwalt Michele Prestipino gezwungen, Ermittlungen auch in der eigenen Behörde zu führen.

Die Männer des Commissarios beobachten also, wie der Beutel zum Haus von Giuseppe Lo Bue gebracht wird und von dort aus weiterwandert, bis sich seine Spur verliert. Dann taucht der Beutel nach kurzer Zeit wieder auf, diesmal auf dem Rückweg, passiert das Haus Lo Bues, bis er schließlich wieder im Haus Provenzano verschwindet. Was enthält dieser Beutel: zuerst saubere Wäsche, die das Haus Provenzano verlässt, dann schmutzige, die dahin zurückkehrt? Wohin führt die Spur? Könnte sie beim Versteck von Bernardo Provenzano enden? Wenn ja, dann müsste es sich ganz in der Nähe befinden, wenn die Beutel so zügig hin- und herwandern können. Die Männer sind wie elektrisiert. Fieberhaft setzen sie ihre Suche fort.

Dann, Anfang April 2006, gelingt es schließlich, den Weg des

Beutels über weitere Stationen zu verfolgen. Diesmal haben sich die Polizisten aus ihrem Versteck gewagt und observieren die verdächtigen Personen auch in den Straßen von Corleone. Mehrfach müssen sie die Beschattung abbrechen, um nicht aufzufallen. Doch dann sind sie sicher: Die Spur der Wäsche endet am Ortsrand von Corleone, bei der Contrada der Montagna dei Cavalli, wo der Schäfer Giovanni Marino ein kleines Grundstück mit einem Stall und einem Feldhaus besitzt. Dieses Gebäude wurde durch einen neueren Anbau erweitert, der offensichtlich unbewohnt ist und den Marino nie benutzt. Doch die Überprüfung des Stromzählers ergibt, dass im Anbau elektrische Energie verbraucht wird. Hält sich dort jemand auf, oder stehen da nur Elektrogeräte wie beispielsweise ein Gefrierschrank? Um sicherzugehen, wartet Renato Cortese eine neue Lieferung des Beutels ab.

Der Commissario berichtet: »Am 9. April, einem Sonntagabend, beginnt erneut der Weg des Beutels vom Haus der Familie Provenzano aus. Wir setzen eine weitere Videokamera mit einem starken Teleobjektiv ein, die auf das Feldhaus von Marino gerichtet ist. Inzwischen geht der Beutel in Corleone auf seinem bekannten Weg über drei, vier Stationen von Hand zu Hand und ist bereits in der Nacht beim vorletzten Glied der Kette angekommen. Das ist ein gewisser Bernardo Riina, bislang nicht vorbestraft – und auch nicht verwandt mit Totò Riina –, der den Beutel wie gewöhnlich zum Feldhaus befördern soll. Am Montagmorgen sind wir zum Zugriff bereit. Doch an diesem 10. April passiert nichts. Man kann sich vorstellen, was in dem Augenblick in uns vorgeht. Zweifel machen sich breit, ob wir den richtigen Weg eingeschlagen haben.«

Sollte alles Einbildung sein? Geboren aus einer achtjährigen, zermürbenden Jagd? Dann, am nächsten Tag, Dienstagmorgen um acht Uhr, beobachten die Ermittler mit ihrer Videokamera Marino bei der Arbeit am Feldhaus unterhalb der Montagna dei Cavalli. Plötzlich wird aus der Tür des Anbaus eine Hand sichtbar, die nach etwas greift, das Marino ihr reicht. In einem Feldhaus, in das nie jemand hineingegangen und aus dem niemand je herausgekommen ist, taucht plötzlich dieses »Händchen« auf, wie der Commissario sagt. »Das war für uns der Beweis, dass sich darin wirklich jemand befand. Wer, das konnten wir nur ahnen. Dann, nach etwas über einer Stunde, gegen halb zehn, erscheint Bernardo Riina mit dem ominösen Beutel, tauscht ihn aus und fährt nach fünf Minuten wieder. Der Kreis hat sich geschlossen.«

Renato Cortese bespricht sich mit Staatsanwaltschaft und Polizeipräsidium – man beschließt den sofortigen Einsatz.

»Er ist es!«

Giovanni Marino ist es gewöhnt, dass die Leute aus Corleone zu ihm kommen, um frischen Ricotta oder festen Käse zu kaufen. Doch was will der Mann, der aus dem Auto springt und auf das Casolare zuläuft? Dann begreift Marino und versucht sich ihm in den Weg zu stellen. Doch er hat keine Chance, der Commissario ist durchtrainiert, über zehn Jahre jünger und stößt ihn einfach zur Seite. Renato Cortese, die Waffe in der Hand, ist mit einem Sprung an der einen Spaltbreit geöffneten Eisentür des Feldhauses. Jemand versucht sie von innen zuzudrücken. »Wenn er die Tür zuschlägt, brauchen wir mindestens zehn Minuten, um sie aufzusprengen. Und wer weiß, ob der da drinnen nicht durch einen geheimen Gang entwischen kann.« Ein Gedankenblitz, ein erneuter Adrenalinschub, der Commissario kann die Tür aufdrücken und sieht sich einer weiteren Tür gegenüber, diesmal aus Glas, die zufällt. Cortese schlägt sie mit den Fäusten ein, wobei er sich leicht an der Hand verletzt.

Schwer atmend steht er jetzt in dem halbdunklen Raum. Vor ihm kauert ein alter Mann mit Brille, klein, schlank, er trägt Jeans und ein dunkles T-Shirt. Der Polizist greift ihn, dreht ihm die Hände auf den Rücken. Auf seinem Nacken bemerkt er eine Narbe, so wie sie von Zeugen beschrieben worden ist. Andere Männer der Spezialeinheit dringen in den kleinen Raum ein. Der Alte leistet keinen Widerstand, um seine Lippen spielt ein Lächeln, halb zynisch, halb ironisch. »Wollen Sie uns sagen, ob Sie Bernardo Provenzano sind?« Der Alte schweigt. »Worauf warten Sie?« Dann flüstert er kaum vernehmlich: »Warum muss ich es euch sagen, wenn ihr es doch schon wisst!« Und dann sagt er noch: »Ihr wisst nicht, was ihr tut.«

Renato Cortese hält es nicht mehr aus, er läuft nach draußen, wo seine Leute in mehreren Kreisen das Haus und das Grundstück umstellt haben. Er brüllt mit aller Kraft: »Wir haben ihn! *E' lui* – Er ist es!«

Das ist der letzte Akt im langen Fluchtdrama des Paten aus Corleone, der sich 43 Jahre lang allen Zugriffen entziehen konnte. Bis zu diesem 11. April.

Die Musik des Paten

Bei der Durchsuchung des Feldhauses, einem Anwesen von wenigen Quadratmetern Wohnfläche, bestehend aus einer kleinen Küche, Badnische mit WC sowie einem Schlaf- und Aufenthaltsraum, konnte der Erkennungsdienst unter anderem sicherstellen: ein Buch über Kriminaltechnik der Polizei, ein Ernährungslexikon, zwei Tischkalender, eine elektrische Schreibmaschine des Typs Brother AX 410 auf dem Fußboden, eine Schreibmaschine des Typs Olivetti lettera 35 auf dem Tisch, darin der Bogen des letzten Pizzinos eingespannt (der mit den Worten beginnt: »*Carissimo amore mio* ...« und offensichtlich an Saveria Palazzolo gerichtet war), ein großes Grundig-Fernsehgerät mit handschriftlicher Gebrauchsanweisung, ein tragbares Fernsehgerät Marke Geloso, ein Sony-Transistorradio, mehrere Kopfhörer, hunderte Pizzini, geordnet nach Eingang und Ausgang, ein Vergrößerungsglas, mehrere zehntausend Euro in Banknoten (einen Packen Geldscheine trug Provenzano bei seiner Verhaftung in der Unterhose versteckt), zwei Bibeln, eine davon mit Unterstreichungen und Kommentaren versehen, hunderte Madonnen- und Heiligenbildchen, Ketten mit religiösen Motiven, einen Rosenkranz, ein Fläschchen mit geweihtem Wasser, an der Wand unter anderem ein Poster des »Abendmahls« von Leonardo da Vinci, in den Schränken Seidenhemden und Kaschmirpullover, zwei Jeans der Marke Levi's, 14 Schlafanzüge, Armani-Rasierwasser, vier Beauty-Köfferchen, drei Schirmmützen, davon eine mit der Aufschrift *Clan Bassotti* (»die Dackelbande«), in der Küche eine Schachtel Baci Perugina, zwei Tafeln zuckerfreie Schokolade, drei Tafeln Milchschokolade »Alpenvollmilch«, mehrere Packungen mit Bonbons, frisch geschnittene Zichorienblätter, 27 Rollen Klopapier Marke Tenderly und außerdem auf dem Tisch ein Kassettenrekorder, Musikkassetten mit Songs italienischer Liedermacher und Schlagersänger wie Bruno Lauzi, Claudio Villa, Mina und vor allem des neapolitanischen Lokalbarden Mario Merula. Und: die Filmmusik von »Der Pate«, Teil zwei. Noblesse oblige.

Zweites Kapitel

Leichen pflastern ihren Weg:
Eine ganz aktuelle Geschichte

Kleine Geschichte von der Entstehung der Mafia
Mitte des 19. Jahrhunderts bis zum ersten
Mafia-Krieg in den sechziger Jahren des 20. Jahrhunderts
und bis zu Tommaso Buscetta

Im Frühjahr 2007 konnte die Polizei in Palermo 24 Mitglieder einer Mafia-Bande verhaften, die sich auf die »Ribordo-Technik« spezialisiert hatte. *Ribordo* (wörtlich: »wieder an Bord gehen«) bedeutet, dass ein Teil der Bande Güter stiehlt – in diesem Fall Mofas, Motorroller und Motorräder – und ein anderer Teil sie gegen Bezahlung wiederbeschafft. Zugleich wurden 20 Personen angeklagt, weil sie den Verlust ihrer Fahrzeuge nicht der Polizei angezeigt und sich zur Wiederbeschaffung an die Cosa Nostra gewandt hatten.

Für durchschnittlich 1500 Euro konnte der Geschädigte innerhalb von ein paar Stunden wieder in Besitz seines Motorrads gelangen – der Preis für die Wiederbeschaffung eines Mofas war niedriger. Wenn er sich an die Polizei gewandt und Strafanzeige gestellt hätte, hätte er vermutlich sein Eigentum nie oder unter glücklichen Umständen nur nach Monaten und meist noch halb zerstört zurückerhalten. Motorräder, die auf dem Ribordo-Weg nicht zum Eigentümer zurückkamen, wurden von der Bande ausgeschlachtet und ihre Einzelteile über hehlerische Händler als

Ersatzteile weiterverkauft. Wie ein Schlaglicht leuchtet diese Gegebenheit eines der Grundprinzipien der Mafia aus, das bis zu ihren Wurzeln in der Geschichte reicht. Die Mafia vermittelt und verkauft Sicherheit, Schutz des Eigentums, indem sie selbst die Sicherheit bedroht und das Eigentum stiehlt oder mit denjenigen zusammenarbeitet, die dieses tun. Die Illegalität (die Diebesbande) ist von ihr ebenso abhängig (wenn sie dieses Geschäft nicht gleich selbst übernimmt) wie die Legalität (die Geschädigten).

Die Mafia steht im Zentrum eines klassischen Beziehungssystems: Den einen verschafft sie Arbeit und Gewinn, den anderen eine Art Gerechtigkeit, indem sie ihnen ihr geraubtes Gut zurückgibt. Und wenn es sein muss, so wendet sie Gewalt an, um sich Respekt zu verschaffen und um die jeweilige Seite davon zu überzeugen, sie allein sei in der Lage, Regeln aufzustellen und für Ordnung zu sorgen. Wobei sie auch vor Mord und Totschlag nicht zurückschreckt. Doch war die Mafia immer dann am stärksten, wenn sie nicht zu Mitteln physischer Gewalt zu greifen brauchte. Allein die Androhung genügte. Das Bewusstsein, dass sie notfalls über Leichen ginge, brachte ihr »Respekt« ein.

Die Idealsituation für die Mafia hat der Schriftsteller Luigi Malerba in einer seiner Glossen über *»Die nachdenklichen Hühner«* wundervoll ausgedrückt: »Ein kalabresisches Huhn beschloss, Mitglied der Mafia zu werden. Es ging zu einem Mafia-Minister, um ein Empfehlungsschreiben zu bekommen, aber dieser sagte ihm, die Mafia existiere nicht. Es ging zu einem Mafia-Richter, aber auch dieser sagte ihm, die Mafia existiere nicht. Schließlich ging es zu einem Mafia-Bürgermeister, und auch dieser sagte ihm, die Mafia existiere nicht. So kehrte das Huhn in den Hühnerhof zurück, und auf die Fragen seiner Mithühner antwortete es, die Mafia existiere nicht. Da dachten alle Hühner, es sei Mitglied der Mafia geworden, und fürchteten sich vor ihm.«

Sekten und Bruderschaften

An einem Abend im Juli 1863 bestieg der Baron Nicolò Turrisi Colonna eine Kutsche, die ihn von seinen Ländereien zurück nach Palermo bringen sollte. Unterwegs wurden plötzlich Schüsse auf die Pferde abgegeben, die im Kugelhagel zusammenbrachen. Nach einer gespenstischen Feuerpause nahmen die Heckenschützen dann Turrisi und seinen Kutscher ins Visier. Doch sie hatten nicht mit der erbitterten Gegenwehr der beiden gerechnet, die hinter dem Gefährt Deckung suchten, das Feuer erwiderten und die Angreifer so lange hinhalten konnten, bis Hilfe kam.

Als Großgrundbesitzer musste Baron Turrisi alle Mittel aufwenden, um sich und seine Güter im Hinterland von Palermo zu schützen. Und notfalls eben selbst zur Waffe greifen. Es waren, kurz nach der Landung Garibaldis auf Sizilien, unruhige Jahre, geprägt von Überfällen durch Banditen, Mordanschläge, revolutionäre Umtriebe, Landbesetzungen und Selbstjustiz. Und obgleich sich Turrisi später als liberaler Abgeordneter und als Bürgermeister von Palermo einen Namen machte, konnte er in dieser Zeit nicht umhin, mit Verbrechern zu verhandeln und ihren Forderungen nach »Zollzahlungen« nachzugeben. Auf seinen Ländereien ließ er zudem Männer zweifelhaften Rufes arbeiten, die ihm »empfohlen« worden waren. Und noch 1876 stellte er einem bekannten Verbrecher Bescheinigungen seiner früheren Verdienste in der von Garibaldi eingerichteten Nationalgarde aus, die um 1860 in Palermo gegen anarchistische Gruppen vorgegangen war. Der Kommandant dieser »Nationalgarde« war niemand anderer als Turrisi Colonna selbst gewesen.

Baron Turrisi kannte also aus eigener Anschauung, was er in einem Bericht über die »öffentliche Sicherheit in Sizilien« schrieb: »Überall auf Sizilien gibt es eine Sekte von Dieben, die Verbindungen über die ganze Insel besitzt.« Das Problem dabei sei, dass diese »Sekte« neue Anhänger »unter den besten Jugendlichen der Landbevölkerung sowie bei den Landaufsehern der Güter Palermos und in immenser Zahl bei den Schmugglern« finde. »Die

Sekte gibt Schutz und erhält Unterstützung von Handels- und Kaufleuten. Sie fürchtet nicht die öffentliche Gewalt, weil sie glaubt, sich ihr ohne Weiteres entziehen zu können.« Sie fürchte sich noch weniger vor der Justiz, schrieb Turrisi. Sie brüste sich geradezu damit, dass man keine Beweise gegen sie finden würde und sie in der Lage sei, auf jeden Zeugen Druck auszuüben. Sie agierte, während sich um sie herum Stille ausbreiten würde.

Hier stoßen wir zum ersten Mal auf das berühmt-berüchtigte Prinzip der *omertà*. Nach Auffassung des Historikers Salvatore Lupo hat das Prinzip des Schweigens über alle Vorgänge innerhalb solcher Bruderschaften oder Sekten von Anfang an zu ihren Grundregeln gehört. Wobei sich das Wort »Omertà« sprachlich wie inhaltlich aus dem italienischen Begriff *umiltà* (»Demut«) ableiten ließe. Was der Turrisi-Bericht bestätigt: »Umiltà bedeutet Respekt und Ergebenheit gegenüber der Sekte und die Verpflichtung, alles zu unterlassen, was direkt oder indirekt den Mitgliedern schaden kann.«

Und noch etwas liest sich in dem Bericht des Barons aus dem Jahr 1864 wie die Beschreibung ganz moderner Verhältnisse: »Wer einige Zeit auf dem Land um Palermo gelebt hat, weiß, wie die Sekte oft große Versammlungen abhält, um über das Verhalten einzelner Mitglieder zu diskutieren. ...Alle Mitglieder der Versammlung entscheiden danach zusammen.« Keine Frage: Diese »Sekte« ist eine frühe Form von Mafia, die sich in dieser Zeit – und in den Jahrzehnten zuvor – entwickelt hatte.

Offene Komplizenschaften und Respektspersonen

»Das Meer von Palermo, dicht, ölig, unbeweglich, weitete sich vor ihm unwahrscheinlich reglos, und flach hingestreckt wie ein Hund, der bestrebt ist, sich vor den Drohungen des Herren unsichtbar zu machen; aber die Sonne, unverrückbar, senkrecht, stand breitbeinig darüber und peitschte es ohne Erbarmen.« Giuseppe Tomasi di Lampedusa greift in seinem Roman

»*Der Leopard*« immer wieder zu Naturbildern, um das Sizilien des 19. Jahrhunderts und den Niedergang des sizilianischen Adels auf dem Hintergrund der Einigung Italiens zu beschreiben.

Mit dem Ende des Feudalismus war bereits die Lehnsherrschaft in der ersten Hälfte des 19. Jahrhunderts abgeschafft worden. Damals hatte sich die Rechtslage im süditalienischen Bourbonenreich fundamental geändert – jedenfalls auf dem Papier. Dabei war die Rechtsgewalt, die der jeweilige Lehnsherr ausgeübt hatte, auf den bourbonischen Staat übergegangen.

Doch faktisch kümmerte sich die neapolitanische Monarchie nicht um ihre ländlichen Gebiete und noch weniger um das ferne Sizilien. Die neuen Rechtsorgane (Richter, Polizei) bildeten sich deshalb in der Regel im lokalen Umfeld heraus und blieben finanziell und personell schlecht ausgestattet. Die Männer, die in ihnen ihren Dienst versahen, fühlten sich den Machtverhältnissen an Ort und Stelle mehr verbunden als einer fernen Regierung und einem unbekannten, abstrakten Staatsbegriff im Königreich beider Sizilien.

Das änderte sich auch wenig, als kurze revolutionäre Stürme über das Land zogen – so etwa im Jahr 1860. Giuseppe Garibaldi und 1000 Freischärlern aus Norditalien gelang es mit Glück und Chuzpe, den Widerstand der Soldaten des schwächlichen Bourbonenstaats zu brechen und sich die Unterstützung der Landbevölkerung zu sichern. Sie versprachen den Arbeitern auf den Latifundien und in den Schwefelminen die Freiheit und verhießen dem liberalen Bürgertum eine goldene Zukunft. Doch auch der »Held zweier Welten«, der zuvor als Freiheitskämpfer in Lateinamerika Ansehen errungen hatte, vermochte nicht binnen weniger Monate eine Ordnung umzukrempeln, die den Menschen hier gleichsam von der Sonne eingebrannt schien. Stattdessen ließ Garibaldi ein paar Revolutionäre erschießen, die die Verhältnisse wirklich auf den Kopf stellen wollten, und verschwand nach einer kurzen Diktatur bald wieder von der Insel. Er hatte zwar einen Prozess in Gang gesetzt, der zur Einigung Italiens führte. Aber für Sizilien brachte das kaum Veränderungen mit sich. Statt vom fernen Neapel aus wurde die Insel jetzt von dem noch ferneren Rom regiert. Und statt der bourbonischen Miliz trat eine Handvoll Carabinieri ihren Dienst an, deren Hauptsorge es war, sich selber zu schützen. Es gab jedoch gesellschaftliche Veränderungen. Eine bunte Klasse von Neureichen, Kriegsprofiteuren oder aufstrebenden Kleinbürgern schickte sich an, die Privilegien der traditionellen Oberschicht in Frage zu stellen.

Dem alten Adel Siziliens blieb nichts anders übrig, als seinen Frieden mit den Emporkömmlingen zu schließen. So hoffte er wenigstens seine Besitztürmer zu retten, wenn ihm schon die politische Macht abhanden gekommen war. In *Der »Leopard«* muss der Fürst Salina mit ansehen, wie sein Neffe Tancredi erzwungenermaßen die Tochter eines skrupellosen Neureichen heiratet, um der Familie einen Teil ihrer Ländereien zu bewahren. Tancredi beschreibt ganz realistisch die neue Lage: »Alles muss sich ändern, damit es bleibt, wie es ist.«

Und es kam zu einer »Landreform«, die kein Gesetz vorgesehen hatte. Die alten adligen und neuen bürgerlichen Großgrundbesitzer verpachteten ihr Land an parasitäre Agrarunternehmer, die *gabellotti* (das Wort leitet sich von *gabella* – »Steuer«, »Kaution« – ab). Die ließen es parzellieren und gaben diese kleinen Einheiten den landlosen Bauern zur Pacht. Weil der Pachtvertrag mit einem Gabellotto meist nur auf zwei, drei Jahre geschlossen wurde, versuchte dieser in der kurzen Zeit, so viel Gewinn wie möglich aus den Bauern zu pressen. Die wiederum mussten, um überhaupt überleben zu können, sich bei den Gabellotti verschulden.

Die Landpächter unterhielten zur sozialen Kontrolle des Territoriums eine bewaffnete Einheit von Feldhütern, die *campieri*. Das war eine Truppe rabiater und gewaltbereiter Männer, die sich aus den *bravi*, ehemaligen Handlangern der Aristokraten, aber auch aus allerlei Gesindel zusammensetzte. Die Truppe sollte nicht nur die Bauern beaufsichtigen und Abgaben eintreiben, sondern außerdem Briganten (Diebesbanden) in Schach halten. Diese Art

Privatpolizei – heute würde man sie vielleicht als »Werkschutz« bezeichnen – wurde ebenfalls gegen revolutionäre Bauerneinheiten eingesetzt, als die in mehreren Wellen 1848, 1860 und 1866 versuchten, die traditionellen Macht- und Gewaltverhältnisse zu ändern – oder wenigstens einen Flecken eigenen Landes zu erstreiten.

Nicht immer war klar, wer auf welcher Seite stand. Die Beziehungen zwischen den Revolutionären und den Briganten waren ebenso »offen« wie jene zwischen den Campieri und den Briganten. Einige Gabellotti heuerten Briganten als Campieri an, während Campieri sich wiederum »selbstständig« machten und zu Briganten wurden. Im Unterschied zum neapolitanischen und kontinentalen Banditentum steht das sizilianische Banditentum nicht für sich allein da, »sondern lebt notwendigerweise in einem dichten Netz zwischen Verbrechern und Bevölkerung, das man interpretieren kann als offene Komplizenschaft, als klientelische Beziehung oder ›gute Nachbarschaft‹, als Symptom der Vorsicht oder der Angst« (Salvatore Lupo).

Eine vom römischen Parlament beschlossene Landreform sollte in den 1860er-Jahren dazu dienen, den Bauern Brachland und andere zu bewirtschaftende Gebiete (Gemeindeeigentum, Kirchengüter, Staatsdomänen) zum Kauf anzubieten. Doch die Parzellen wurden so groß gehalten und dermaßen teuer abgegeben, dass es den Bauern unmöglich war, sie zu erwerben. Dagegen konnten Gabellotti, die durch ihre Knebelverträge schnell zu Reichtum gelangt waren, Land aufkaufen und so in die Schicht der Grundeigentümer aufsteigen.

In dieser Situation vielfacher Unsicherheit – wirtschaftlich aufgrund kurzfristiger Pachtverträge, politisch infolge schwacher Staatsorgane, rechtlich durch die Bedrohung durch Banditen – waren Leute willkommen, die vermitteln konnten. Teils waren es Gabellotti selbst, teils Anführer der Campieri, oder es waren Männer, die aus anderen Gründen »Respekt« genossen. Sie waren zum Beispiel in der Lage, mit den Briganten zu verhandeln. Sie konnten sie ruhig halten, ihnen Unterkunft und Verpflegung verschaffen und vor den – allerdings seltenen – Nachforschungen der Carabinieri schützen. Wichtig war unter anderem, dass diese Respektspersonen gestohlenes Gut, häufig Vieh, wiederbeschaffen konnten. Was heute Motorräder sind, waren damals Lämmer.

Ohne Vermittlung ließ sich die Diebesware nicht weiterverhökern. Da war es häufig besser, die Tiere – gegen Gewinn, versteht sich – den rechtmäßigen Besitzern zurückzugeben. Die mal als Hehler, mal als Anwälte vermittelnden »Respektspersonen« machten sich bald allen Gruppen unentbehrlich. So konnten sie innerhalb der lokalen Gemeinschaft überall ihren Einfluss geltend machen, hier ein gutes Wort einlegen, dort Widerspenstige bestrafen, eine Heirat vermitteln oder einen Ehebruch (der Frau) ahnden. Ihr Netzwerk bildete ein willkürliches, gewalttätiges, juristisch nicht einklagbares, aber funktionierendes Ordnungssystem.

Bereits im Jahr 1838 hatte der oberste Staatsanwalt von Palermo, Pietro Calà Ulloa, beklagt, dass »das Volk zu einer stillschweigenden Übereinkunft mit Verbrechern gekommen ist«, und zwar über »Vereinigungen und Bruderschaften«, die, angeführt von Besitzenden und Erzpriestern, »kleine Regierungen« für die lokalen Einheiten bildeten, womit den legalen Ordnungskräften die Macht entzogen werde, Verbrechen zu ahnden. Friederike Hausmann, Autorin einer Garibaldi-Biographie, kommentiert: »Unschwer lässt sich aus dieser Beschreibung das Grundmuster jener gesellschaftlichen Zustände ablesen, die schon wenig später mit dem Begriff ›Mafia‹ umschrieben wurden.«

Antistaatliches Netzwerk und Ordnungsfaktor

Bei Wahlen dirigierten diese Vereinigungen und Bruderschaften Stimmenpakete und brachten umgekehrt die Belange des Ortes bei den so gewählten Politikern in Erinnerung. Sie arbeiteten mit einem Staat zusammen, dessen Regeln sie nicht anerkannten, die sie aber jederzeit zu nutzen wussten, wenn sie daraus Gewinn ziehen konnten. Denn vor allem vertraten sie ihre eigenen Interessen. Die bestanden in einer kontinuierlichen Ausweitung ihres Einflusses und ihrer Macht, die sich nicht zuletzt in wirtschaftlicher Unabhängigkeit ausdrückte. Dabei scheuten sie vor keiner Brutalität zurück – auch wenn sie nach außen häufig die Fassade der Anständigkeit pflegten. Ihre Anführer waren oft nicht vorbestraft, und wenn sie sich dennoch vor Gericht zu verantworten hatten, musste man sie in der Regel aus Mangel an Beweisen freisprechen. Und nicht zu unterschätzen: In den Augen der Geistlichkeit waren sie die Einzigen, die traditionell christliche Werte und klerikale Machtstrukturen in einer Zeit zu garantieren vermochten, die von Revolutionen und Brüchen gekennzeichnet war.

Jeder große Mafioso, schreibt Salvatore Lupo, lege Wert darauf, sich im Gewand des Vermittlers und Schlichters von Streitigkeiten darzustellen. Wenigstens einmal in seiner »Karriere« brüste er sich mit einer schnellen und exemplarischen »Sühne« an hinterhältigen Handtaschendieben, brutalen Vergewaltigern und Kindesentführern. »Die Mafia-Gruppen verwenden diese Ideologie, um nach außen den Konsens zu schaffen und nach innen Geschlossenheit. Es steckt darin eine gewisse Selbstüberschätzung, viel Anmaßung und noch mehr Propaganda, die in der großen Mehrzahl der Fälle den Fakten und der Wirklichkeit widersprechen.« Propaganda, also Öffentlichkeitsarbeit, gehört von Anfang an zu den Mitteln der Mafia.

Solche Figuren und Netzwerke machten Mitte des 19. Jahrhunderts nicht nur im ländlichen Bereich, sondern auch im Umfeld der Schwefelminen, etwa um Agrigent oder Trapani, von sich reden. Und ebenfalls in Palermo selbst, wo es darum ging, latent revolutionäre Neigungen einer verarmten proletarischen Bevölkerung im Zaum zu halten und eine merkwürdige Mischung aus kriminellen Banden und revolutionären Gruppen zu disziplinieren, begannen sich mafiöse Strukturen abzuzeichnen. Das Konzept der Ehre, das von der aristokratischen Kultur übernommen wurde, eignete sich dabei bestens, den Stolz der Zugehörigkeit zu einer, wenn auch kriminellen, Elite auszudrücken.

Zu dieser Gemengelage, die jeder staatlichen Ordnung kritisch, wenn nicht feindlich gegenüberstand, gesellten sich noch Geheimbünde wie die *carbonari* – freimaurerähnliche, aber für breite Volksschichten zugängliche Gruppierungen – sowie die Freimaurer selbst. Ein Bürgertum, aus dessen Reihen sich Richter, Politiker oder Verwaltungsbeamte rekrutierten, organisierte sich so in Gruppen, die ebenfalls von einer antistaatlichen Haltung geprägt waren. Dabei waren oder wurden die wenigsten der Bürger Mafiosi, aber ihre Kreise überlappten sich mit denen der langsam im Entstehen begriffenen »ehrenwerten Gesellschaft« und griffen immer häufiger auf deren Ordnungsstrukturen zurück.

Der Sonnino-Franchetti-Bericht

»Man kann fünf oder sechs Stunden reiten, von einer Stadt zur anderen, ohne einen Baum, ohne einen Strauch zu sehen. Überall das Gleiche: überall eine Einsamkeit und eine Trostlosigkeit, die das Herz beengen. Kein einziges Bauernhaus. In weiten Abständen, Stunden voneinander entfernt, stehen zuweilen große Gehöfte von altertümlichem und verwahrlostem Aussehen, von einer Architektur, die gleichermaßen an eine Festung wie an eine Scheune erinnert. Das ist die Verwaltung eines Großgrundbesitzers beziehungsweise eines ehemaligen Feudalbesitzes, die eher als Magazin denn als Wohnung dient. Auf dem Wege begegnet man zuweilen Bauern, die von der Arbeit kommen, zu Fuß oder zu zweien und dreien auf dem Rücken eines armseligen Esels oder Maultieres, auf das sie außerdem noch die landwirtschaftlichen Werkzeuge luden, Pflug und Hacke. Auf einmal taucht am Horizont eine Gruppe von Reitern auf, die im Tal euren Weg kreuzt. Ihr seht das Blitzen der Waffen. Vorsicht. Prüft euren Karabiner, reitet langsam weiter. Aber es ist nichts – es sind zwei oder drei Grundeigentümer mit ihren Feldwächtern, die vielleicht zur nächsten Stadt reiten.«

So beschrieb der neunundzwanzigjährige Baron Sidney Sonnino im Jahr 1876 einen Ritt über die Latifundien Westsiziliens. Der rechtsliberale Mann aus Pisa, dem später eine politische Karriere bis in höchste Regierungsämter beschieden sein sollte, durchstreifte mit seinem gleichaltrigen Begleiter Leopoldo Franchetti aus Florenz monatelang die Insel, um die Ursachen für die Unterentwicklung des Südens und das Entstehen der organisierten Kriminalität zu erforschen.

Die beiden liberalkonservativ geprägten Intellektuellen wollten nicht wahrhaben, was eine erste große Untersuchungskommission der römischen Regierung kurz zuvor in ihren Akten festgehalten hatte: »In Sizilien gibt es weder eine politische noch eine soziale Frage. Es gibt eine schleichende Unzufriedenheit, die viele Ursachen hat, vor allem lokaler Natur, manche berechtigt, andere irrational und übertrieben.« Die Mafia erachtete die Kommission als eine unbedeutende lokale Angelegenheit. Dabei hatten sich, wie aus späteren Untersuchungen ersichtlich wurde, unter den Notizen des Kommissionsvorsitzenden Bonfadini genügend Belege gefunden, die ein anderes Bild der Lage ergaben. Die Unterschlagung dieses Materials hatte politische Gründe. »Mafia und reaktionäres Bürgertum«, schreibt Peter Kammerer, »waren bereits so stark, dass auch die römische Regierung und eine Parlamentskommission nicht mehr die Wahrheit sagen wollten, denn ihre Macht gründete sich nicht zuletzt auf die Unterstützung durch ebendieses Bürgertum.«

Erst die privaten Nachforschungen von Sonnino und Franchetti machten die wahren Verhältnisse auf der Insel deutlich. Ihr Bericht wurde zur Grundlage der Debatte um die »Südfrage«, die bis heute anhält. Eine entscheidende Rolle spielten dabei die in die Kriminalität verstrickten regionalen Eliten. Die römische Regierung und ihre Minister, so Franchetti, würden »jene lokalen Kräfte anerkennen, die sie im Grunde bekriegen müssen«. Und wenn sich ein Minister deshalb rühme, das Land nach dem Willen der gewählten Klasse Siziliens zu regieren, »desto mehr wird er Sizilien nach den Interessen einer winzigen Minderheit regieren, mit der er schließlich in jeder Hinsicht seine Kompromisse schließen wird«. Hier liegt auch die Wurzel für die Durchdringung von Politik und Verbrechen, die bis zum Fall Andreotti und die gegenwärtige Problemlage in der Region Sizilien reicht.

Sonnino und Franchetti gehörten zu den Ersten, die das Phänomen Mafia nicht nur auf die Latifundienwirtschaft zurückführten. Auch Palermo und seine gartenstadtähnliche Peripherie, eine Art »Eden an Schönheit und Fruchtbarkeit«, blieben davon nicht verschont. »Aufgepasst«, schrieb Sonnino, »lassen wir uns nicht von zu viel Enthusiasmus hinreißen und diese Wunder nicht aus zu großer Nähe unter die Lupe nehmen, denn sonst könnte uns bei einem schönen Spaziergang plötzlich aus Versehen, trotz der vielen Carabinieri-Stationen und der vielen Patrouillen, ein Gewehrschuss treffen, ein Rache- oder Warnschuss, den der unschuldige Bauer aus dem sicheren Versteck hinter der Umfassungsmauer dieser schattigen Plantagen auf seinen Herrn abfeuert. Denn dies ist das Reich der Mafia, die ihre Nester in den Städten und Vororten hat, die um Palermo herum liegen im Gebiet der Hügel, in Monreale, Misilmeri und Bagheria.«

Der Mord an Notarbartolo

Sie sollten recht behalten. Andere dachten jedoch, die Mafia werde verschwinden, sobald man in den Dörfern des rückständigen sizilianischen Binnenlandes das Pfeifen der Lokomotiven hören würde. Doch das Gegenteil geschah. Die Mafia-Gruppen, das heißt die verschiedenen, locker miteinander verbundenen Clans, Bruderschaften, Gesellschaften oder wie immer sie sich nannten – denn es gab vermutlich (noch) keine einheitlich strukturierte und hierarchisch organisierte Gesamtorganisation –, reagierten äußerst flexibel auf die veränderten Verhältnisse. Der erste (und für viele Jahrzehnte einzige) Mord an einem hochgestellten Vertreter staatlicher Einrichtungen fand nicht in einer Kutsche, sondern im Abteil eines Eisenbahnwaggons statt.

Emanuele Notarbartolo, Marchese di San Giovanni, entstammte einer alteingesessenen Familie. Als Bürgermeister von Palermo zog er sich den Hass der Stadtmafia zu, weil er die Korruption in verschiedenen Ämtern bekämpfte. Als Präsident des Banco di Sicilia, der halbstaatlichen größten sizilianischen Bank, widersetzte er sich allen dunklen Finanztransaktionen, bei denen die Gewinne zwar immer von Privatleuten eingestrichen, die Risiken jedoch vom Staat – also der Bank – getragen wurden. Und als Agrarunternehmer schuf er den landwirtschaftlichen Musterbetrieb Mendolilla, auf dem er »seinen« Bauern einen menschenwürdigen Lebensstandard garantierte. Nach seinem aufgrund politischer Intrigen erzwungenen Rücktritt von der Leitung des Banco di Sicilia kam es bald wieder zu betrügerischen Operationen, in die sowohl die Mafia als auch lokale Politgrößen verstrickt waren. Daraufhin wurde in der Öffentlichkeit eine Rückkehr des Marchese an die Spitze der Bank erwogen. Vermutlich besiegelten diese Überlegungen sein Todesurteil.

Am 1. Februar 1893 bestieg Notarbartolo in Sciara, einer Bahnstation unweit seines Mendolilla-Gutes, den Zug nach Palermo. An der nächsten Haltestelle, Termini Imerese, sah man zwei dunkle Gestalten, die in den Wagen der ersten Klasse zustiegen. Anschließend muss es zu einem grausamen Kampf gekommen sein. Das Abteil wurde blutverschmiert aufgefunden. Aufgeschlitzte Polster lassen vermuten, dass Notarbartolo versucht hatte, seinen wie besessen zustechenden Angreifern immer wieder auszuweichen. An seine Waffe, ein Gewehr, das im Gepäcknetz lag, hatte er aber nicht mehr kommen können. Die Mörder warfen seinen Körper, der 27 Stichwunden aufwies, bei der Brücke von Curreri aus dem Zug. Zuvor hatten sie noch kaltblütig einen kurzen Halt am Bahnhof Trabia im Abteil abgewartet. Doch statt in die Schlucht zu fallen und darin zu verschwinden, prallte der Leichnam gegen einen Brückenpfeiler und blieb auf den Gleisen liegen.

Viele Leichen hatten den Weg der Mafia bis zu diesem Jahr 1893 gesäumt. Doch der böse zugerichtete Körper, den die Polizei auf den Eisenbahnschienen fand, war das erste »berühmte«

Opfer. Sebastiano Vassalli verarbeitete den Mord an Notarbartolo und die sich anschließende verwickelte Prozessgeschichte zu einem spannenden Tatsachenroman. In dessen Mittelpunkt steht ein einflussreicher Abgeordneter Palermos. Dieser Raffaele Palizzolo, genannt »der Schwan«, zählte zu den erbittertsten Feinden Emanuele Notarbartolos. Palizzolo war unter anderem Mitglied des Aufsichtsrats des Banco di Sicilia und unterhielt Kontakte zur Mafia. Nach mehreren Prozessen auf dem Festland, die auf Sizilien zu einer Massenbewegung pro Palizzolo geführt hatten, wurde der Politiker schließlich mangels Beweisen freigesprochen. Einen Freispruch gab es ebenfalls für den Mafioso, der vermutlich die Tat begangen hatte. Als im Juli 1904 das Urteil in Palermo bekannt wurde, war dies der Anlass zu einem Jubelfest, das mehrere Tage anhalten sollte.

Für Ermanno Sangiorgi bedeutete es eine große Niederlage. Der vierschrötige Polizeibeamte aus der Emilia-Romagna, der Ende des 19. Jahrhunderts als Kommissar die Mafia und mit ihr Palizzolo bekämpft hatte, wurde 1898 zum Questore, zum Polizeipräsidenten von Palermo, ernannt. Mehrere Jahre lang schickte er Berichte nach Rom ans Innenministerium. Auf insgesamt 485 Seiten zeichnete er das Bild einer großen Organisation, ihrer Hierarchien und ihrer Verbrechen. Es war eine Struktur, die erstaunlich jener ähnelte, die Tommaso Buscetta (siehe Seite 73, 76 ff.) gegenüber Giovanni Falcone beschrieb. Sangiorgi schilderte den Initiationsritus zur Aufnahme in die Organisation und erläuterte, wie die Familienchefs von den Mitgliedern der Organisation auf Versammlungen gewählt wurden. Außerdem stellte er fest: »Die Anführer der Mafia stehen unter dem Schutz von Senatoren, Abgeordneten und anderen einflussreichen Persönlichkeiten, die sie schützen und verteidigen, um dann selbst, wenn ihre Zeit gekommen ist, von ihnen beschützt und verteidigt zu werden.«

Diese einflussreichen Persönlichkeiten verhinderten auch, dass die Berichte von Ermanno Sangiorgi, in denen er ebenfalls Strategien zur Bekämpfung der Mafia entwarf, Konsequenzen hatten oder gar in die Öffentlichkeit gelangten. Sie vergilbten in den

Archiven des Ministeriums und wurden erst über achtzig Jahre später von Historikern wie Salvatore Lupo wieder aufgegriffen und in ihrer Bedeutung erkannt. Die Brisanz seiner Schlussfolgerungen war auch der römischen Regierung zur Zeit der Wende vom 19. zum 20. Jahrhundert nicht entgangen. Noch vor dem Freispruch von Palizzolo hatte sie den weitsichtigen Questore aufs Altenteil versetzt.

Die Fasci Siciliani gegen die Mafia

Einige liberale Politiker Italiens, unter ihnen Sidney Sonnino, verschlossen die Augen nicht vor dem Dilemma, in das die Vermischung von Politik und Verbrechen die Insel gestürzt hatte. Sie setzten auf die Stärkung eines autoritären und aufgeklärten Staates. Doch die wechselnden römischen Regierungen verhielten sich widersprüchlich: Mal pumpten sie Gelder nach Sizilien mit der Absicht, die Unterentwicklung zu bremsen (womit sie den Reichtum der Oberschicht und der mir ihr verbündeten kriminellen Gruppen nur noch mehrten). Mal schickten sie ganze Heereseinheiten zur Eindämmung des Bandenunwesens und der Kriminalität. Das Verbrechen sollte an der Wurzel bekämpft werden. Und die steckte nach Ansicht der Behörden tief in den unteren Volksschichten.

Das Militär – meistens Soldaten aus dem Norden, die weder die Mentalität der Sizilianer noch ihre Sprache verstanden – ging dabei brutal gegen die Bevölkerung vor, bei der man, wie bereits geschildert, nicht so leicht zwischen Gut und Böse, zwischen dem einfachen Mann und dem Briganten, unterscheiden konnte. Die Einführung der allgemeinen Wehrpflicht, die unter den Bourbonen auf Sizilien unbekannt war, entzog zudem den ärmsten Familien die kräftigsten Männer und besten Arbeitskräfte. Die Folge war eine besonders hohe Zahl von Wehrdienstverweigerern, die wiederum von den Carabinieri gesucht und gerichtlich abgeurteilt wurden. Die Sympathien für Mafia-Gruppen, bei denen die jungen Armen Zuflucht fanden, wuchsen ebenso unaufhörlich wie die Hassgefühle auf den feindlichen Staat.

Eine Alternative zur Mafia entwickelte sich Ende des 19. Jahrhunderts mit den genossenschaftlichen Selbstorganisationen von landlosen Bauern: den *Fasci Siciliani* (nicht zu verwechseln mit den späteren Faschisten Mussolinis). In Corleone gründete Bernardino Verro sogar eine eigene Genossenschaftsbank, um den Wucherzinsen der lokalen Mafia Paroli zu bieten. Wo eine Sektion des *fascio* entstand, gerieten die Mafia-Strukturen in Gefahr, verdrängt zu werden. Die Mafia wiederum setzte ihre bewaffneten Gruppen gegen rebellische Bauern ein, die nach einer erneuten Agrarreform ihrem Anspruch auf Land Geltung verschaffen wollten. Das Militär, das schlichtend eingreifen sollte, unterdrückte die Fasci mit Gewalt und stellte bald die alten Machtverhältnisse wieder her. Unterstützt wurden die Soldaten dabei nicht nur von den Großgrundbesitzern, sondern ebenfalls vom örtlichen Klerus. Denn auch die Kirche fürchtete eine sozialistische Änderung der Verhältnisse wie der Teufel das Weihwasser.

Mafia und Faschismus

Nach dem Ende des Ersten Weltkriegs hielt mit Mussolinis Marsch auf Rom 1922 der Faschismus seinen Einzug. Zunächst schien sich das alte Spiel zu wiederholen. Weil der »ferne« Staat Verbündete auf dem Territorium der ihm »fremden« Insel benötigte, um seine Macht in allen Gesellschaftsschichten durchzusetzen, bot sich die Mafia als Partner an. Doch zugleich widersprach das parallelstaatliche Eigenleben der Mafia-Gruppen der Ideologie des Faschismus. Vermutlich durch das Verhalten mehrerer Mafiosi während eines Sizilienbesuchs 1924 gekränkt, erklärte Benito Mussolini den Clans den totalen Krieg: »Es darf nicht länger toleriert werden, dass ein paar hundert Übeltäter ein so wunderbares Volk wie das eure überwältigen, ins Elend stürzen, ihm Schaden zufügen.« Er schickte Cesare Mori, einen der fähigsten und zugleich skrupellosesten Polizisten, als Präfekten nach Palermo.

Mori war zwar Norditaliener, doch hatte er bereits vor dem Krieg mehrere Dienstjahre in Westsizilien, in Trapani, verbracht. Dabei hatte er schon mal den einen oder anderen Verbrecher kurzerhand erschießen lassen, ohne ihn der Gerichtsbarkeit zuzuführen. Als Präfekt von Palermo entfesselte er mit Razzien durch alle Mafia-Dörfer wahre Feldzüge gegen jegliche Form von Banditentum, um das nach dem Krieg durch heimkehrende Veteranen wieder aufgeflammte Brigantenunwesen zu unterdrücken. Gegen mafiöse Netzwerke ging er vor, ohne sich sonderlich um gesetzliche Vorschriften zu kümmern. Innerhalb von vier Jahren gelang es ihm, die Kriminalität weitgehend zu unterbinden. Hunderte Personen wurden eingesperrt oder in die Verbannung geschickt.

Mori wollte die Mafia mit ihren eigenen Mitteln schlagen und sich »Respekt« verschaffen. Doch er hatte wohl nur den Teufel mit dem Beelzebub ausgetrieben. Rund 500 Mafiosi suchten den Weg in die USA, »um dem unerträglichen politischen Klima zu entkommen«, wie Joseph (»Joe«) Bonanno es in seinem Buch *A Man of Honour* (»Ein Ehrenmann«) ausdrückt. Neben Bonanno waren das die großen Namen der späteren amerikanischen Cosa Nostra wie Joe Masseria, Carlo Gambino, Joe Profaci, Stefano Magaddino sowie Frank (»Drei Finger«) Coppola, einer der berüchtigsten Drogenhändler der Geschichte. Als Mori jedoch 1929 damit begann, auch die oberen Kreise der sizilianischen Gesellschaft ins Visier zu nehmen, die sich bereits mit dem Faschismus arrangiert hatten, wurde er kurzerhand abberufen und das Mafia-Problem für gelöst erklärt. Moris Nachfolger behielten zwar nach außen den harten Kurs bei, doch in den Dörfern und in den kleinen Städten Westsiziliens konnten die Ehrenmänner von einst langsam wieder verlorenes Prestige wettmachen. Und ab und zu erinnerten mysteriöse Morde, von denen die Presse möglichst keine Notiz zu nehmen versuchte, wie ein entferntes Wetterleuchten an andere Machtkonstellationen.

Don Calò und das schwarze »L«

Ein Mann wie Calogero Vizzini kam da gerade recht. 1937 kehrte Don Calò aus der Verbannung, mit der ihn die faschistische Rechtsprechung wegen mafiöser Umtriebe belegt hatte, in seinen Heimatort Villalba zurück. Dank seiner Brüder, die beide in den Priesterstand traten, erfreute er sich bester Beziehungen zur katholischen Kirche. Seine freundschaftlichen Kontakte reichten bis nach Übersee. Und so soll eines Tages im Juli 1943 kurz nach der Landung der ersten Vorhut der alliierten Truppen auf Sizilien ein amerikanisches Flugzeug ein Paket für Don Calò über Villalba abgeworfen haben. Der Erzählung nach befand sich darin ein gelbes Tuch, auf das ein schwarzes »L« genäht war: »L« wie für Lucky – Lucky Luciano. Das, so heißt es weiter, sei das verabredete Zeichen zu einer allgemeinen Mobilmachung der alten mafiösen Gruppen gegen die zusammenbrechenden faschistischen Machtstrukturen und die deutschen Besatzer gewesen – organisiert von Don Calò, dem Paten von Villalba.

Im Ablauf der Ereignisse zwischen 1943 und 1949 vermischen sich bis zu den Streifzügen des Banditen Salvatore Giuliano und dessen gewaltsamem Tod Legende und Wirklichkeit. Die Historiker sind sich heute relativ einig, dass die Mafia keine aktive Rolle beim Vorstoß der alliierten Truppen gespielt hat. Ebenso wenig hat der amerikanische Mafia-Boss Lucky Luciano (der aus einem kleinen Ort südlich von Corleone stammte) mit seinen Beziehungen zur alten Heimat die Landung der Alliierten auf Sizilien »vorbereitet«. Doch gibt es Hinweise auf Kontakte zwischen der CIA und amerikanischen Mafia-Bossen sizilianischer Herkunft. Und Tatsache bleibt, dass AMGOT (Allied Military Government of Occupied Territory), die alliierte Militärverwaltung, in vielen Orten »Respektspersonen« als Bürgermeister einsetzte, denn diese erwiesen sich als ideale Partner: Sie konnten für Ordnung garantieren, waren nicht faschistisch vorbelastet und waren vor allem Antikommunisten.

Die neuen lokalen Machthaber wie Don Calò, der Bürgermeister von Villalba wurde, nutzten als Erstes ihre Stellung, um verräterische Beweisstücke und Akten über vergangene Straftaten aus den Archiven der lokalen Behörden und Polizeidienststellen verschwinden zu lassen. Im Schatten von AMGOT und der nachfolgenden italienischen provisorischen Regierung stieg Don Calò bald zum ungekrönten König des Schwarzmarkts in der Provinz Palermo auf. Zusammen mit Lucky Luciano, der allerdings den Schwerpunkt seiner Aktivitäten nach Neapel verlegt hatte, baute er in Palermo eine Fabrik für Süßwaren mit einem breit gespannten Verteilernetz auf.

Dennoch dauerte es Jahre, bis sich in einer explosiven Mischung aus Separatistenbewegung, Geheimdienstaktivitäten, Banditentum, revolutionären Umtrieben, Anhängern des Faschismus, einem reaktionären Klerus und den Interessen der Grundbesitzer die beiden wichtigsten Organisationsmodelle vorfaschistischer Zeiten herauskristallisierten: die legale, aber nicht verankerte Macht des parlamentarischen Staates und die illegale, dafür jedoch funktionierende Parallelstruktur der Mafia.

Jahrelang war der Schwarzmarkt der wichtigste Handelsplatz. Und Hunger wie Armut bildeten den Humus, auf dem das organisierte Verbrechen prächtig gedieh. Ob die Alliierten dabei wissentlich oder unwissentlich die Dienste einzelner Mafiosi beansprucht und diese unterstützt haben, ist unklar: Eine aktive Rolle beim Wiederaufbau der Mafia dürften sie jedenfalls nicht gespielt haben. Es waren die amerikanischen Freunde und Verwandten selber, unter deren Einfluss sich die sizilianische Mafia zur Cosa Nostra entwickelte.

Als Erstes veränderte sich Ende der vierziger Jahre die Art der Aktivitäten. Vom Viehdiebstahl führte der Weg hin zur Kontrolle von Großschlächtereien. Projekte der Urbarmachung, etwa des Belice-Tals, ergaben die Möglichkeit, sich an öffentlichen Ausschreibungen zu beteiligen und sie schließlich zu kontrollieren. In Corleone gründete der lokale Pate Michele Navarra, der damals noch seine Hand schützend über Emporkömmlinge wie Luciano Liggio hielt, ein Transportunternehmen, indem er Fahrzeuge von der angloamerikanischen Verwaltung übernahm. Wer sich in seine Geschäfte einmischen wollte, wie etwa der Amerikarückkehrer Vincent Colluras, wurde mit einer Ladung Blei aus dem Weg geräumt. Und schließlich öffnete in den fünfziger Jahren der Zigarettenschmuggel langsam die Tore zum Rauschgifthandel.

»Unsere Gina Lollobrigida«

Wie Don Calò in Villalba war auch Giuseppe Genco Russo in Mussomeli, einem Ort an der östlichen Peripherie Palermos, von den Alliierten zum Bürgermeister berufen worden. Diesem ungehobelten Halbanalphabeten waren in den Jahren nach dem Ersten Weltkrieg, als er sich große Ländereien aneignen konnte, etliche Mordfälle zur Last gelegt worden. Beide Männer, die Lucky Luciano gegenüber dem amerikanischen Statthalter auf Sizilien, Charles Poletti, als »unsere engsten Freunde« gelobt hatte, unterstützten zunächst die Separatistenbewegung für ein unabhängiges Sizilien, bevor sie zu Parteigängern der Democrazia Cristiana wurden. Die neue christliche Volkspartei Italiens sollte von 1948 an für Jahrzehnte allein oder in wechselnden Koalitionen die italienische Politik bestimmen. Sie bildete ein großes politisches Haus, unter dessen Dach auch konträre Parteiströmungen, von denen der eine oder andere dunkle Kanal abzweigte, Platz fanden.

Als der Pate Don Calò 1954 starb, trug Giuseppe Genco Russo den Sarg des großen Mafioso an der vordersten rechten Seite – ein deutliches Signal, dass er zum Nachfolger in der Rolle eines Bosses der Bosse ausersehen war, obschon es eine entsprechende Funktion innerhalb der Cosa Nostra auf Sizilien (noch) gar nicht gab. Es war wohl eher eine Art symbolische »Präsidentschaft«, die weniger auf faktischer Macht denn auf Ausstrahlungskraft beruhte.

Nach außen pflegte Genco Russo das Bild des großzügigen Padre-Padrone, eines Herrn über ausgedehnte Ländereien und

Vaterfigur ihm ergebener einfacher Menschen, denen er »keinen Wunsch abschlagen konnte«, wie er in einem Interview mit Danilo Dolci versicherte. Diese einfachen Leute kämen dann aus Dankbarkeit zu ihm, und weil sie sich in den schwierigen Fragen der Politik nicht zurechtfänden, würden sie »um einen Rat bitten, wem sie ihre Stimme geben könnten«.

Genco Russos Auftritte in den Medien, seine Bereitschaft, sich fotografieren zu lassen, die in krassem Widerspruch zu seiner eher hässlichen Erscheinung stand, brachte ihm innerhalb der Organisation auch den Spitznamen »Unsere Gina Lollobrigida« ein. Den Umbruch der Wirtschaftsaktivitäten innerhalb der Cosa Nostra, der mit dem Drogengeschäft riesige Gewinnspannen ermöglichte, machte er nicht mehr mit. Und auch am Bauboom von Palermo, als sich große Teile der Gartenstadt in eine Betonsiedlung verwandelten, blieb er unbeteiligt. Er starb als »Pate vom Land« 1976 im Alter von 83 Jahren friedlich in seinem Bett.

Im Herbst 1957 war Genco Russo allerdings dabei, als es in Palermo zu einem folgenreichen Gipfeltreffen der Cosa Nostra kam. Zwischen dem 12. und dem 16. Oktober versammelte der amerikanische Boss Joseph Bonanno (»Joe Bananas«) in seiner Suite im »Grand Hotel Des Palmes« Spitzenvertreter der amerikanischen und der sizilianischen Cosa Nostra um sich. Das elegante Hotel Des Palmes, ein Bau aus dem 19. Jahrhundert und ehemaliger Wohnsitz der Unternehmerfamilie Florio, in dem Richard Wagner im Winter 1881/82 am »Parsifal« gearbeitet hatte, liegt mitten in Palermo an der Via Roma. Aber weder die Öffentlichkeit noch die Ermittlungsbehörden interessierten sich damals für diesen Mafia-Gipfel, an dem Vertreter der führenden Familien der Provinz Palermo und auf amerikanischer Seite neben Joseph Bonanno auch Lucky Luciano und Gaetano Badalamenti, der 1947 in die USA emigriert war, teilnahmen.

Bonnano war nach Palermo gekommen, um den Heroinhandel, der in den USA aufgrund der dortigen Gegenmaßnahmen des von Robert Kennedy geleiteten Antiracket-Komitees starkem Druck ausgesetzt war, über seine sizilianischen Freunde neu zu organisieren. Und besonders die Familien La Barbera und Greco, die bereits über einschlägige Erfahrungen verfügten, griffen zu, ebenso die Badalamenti, die Verwandte in der Cosa Nostra von New York hatten.

Warum aber sollte der Heroinhandel über Sizilien abgewickelt werden, wenn die Ware in Form von Opium aus dem Orient nach Frankreich kam, wo sie (durch die »French Connection«) weiterverarbeitet wurde, um dann schließlich in den USA ihre Abnehmer zu finden? Das hing einerseits mit der großen Auswanderungswelle von Sizilien in die USA in den fünfziger Jahren zusammen. Es war einfach praktisch, die Ware in den Koffern der Auswanderer zu verstecken. Französische Drogenhändler verbündeten sich einem Bericht der Finanzpolizei zufolge aber vor allem deshalb mit den Mafiosi, weil diese sich darum kümmerten, »Kunden zu finden und mit ihnen zu verhandeln«. Die sizilianischen Drogendealer verfügten über eine strategische Ressource – die vertraulichen Beziehungen, die sie mit den Zwischenhändlern und Käufern verbanden: »Sie sind die Vertrauten der Käufer«, wie Salvatore Lupo schreibt.

Doch ergab sich bei dieser Art von Geschäften ein Problem, das bereits in früheren Jahren zu Konflikten innerhalb der Mafia geführt hatte. Während die Familien gleichsam politisch über ein bestimmtes Territorium herrschten, verliefen die Wirtschaftsaktivitäten oft kreuz und quer auch durch Einflussgebiete verschiedener Clans. Früher war es um das Verschieben von Diebesgut oder Schmuggelware gegangen, inzwischen hatte das Drogengeschäft oberste Priorität. Was bis dahin durch informelle Treffen, multilaterale Übereinkünfte oder notfalls durch blutige Fehden geregelt worden war, sollte jetzt eine »politische« Struktur bekommen. Auf Anregung von Bonanno und Badalamenti wurden nach amerikanischem Muster »Kommissionen«, leitende Verwaltungsorgane, für jede Provinz Siziliens eingerichtet. Die Kommission der Provinz von Palermo nahm dabei eine exponierte Stellung als Erste unter Gleichen ein. Eine übergeordnete, regionale Kommission sollte erst später (1975) entstehen.

Um in der größten Provinz der Cosa Nostra mit mehr als 50 Familien allein in der Stadt Palermo eine funktionsfähige Verwaltungsstruktur zu ermöglichen, wurden die Territorien mehrerer benachbarter Familien zu einer Gebietseinheit (*mandamento*) zusammengelegt. Jedes Mandamento konnte einen Vertreter in die Kommission entsenden. Zwecks Vermeidung von Ämterhäufung durfte der Capo einer Familie nicht zugleich Sitz und Stimme in der Kommission haben. Diese Regel wurde später jedoch häufiger missachtet.

In erster Linie sollte die Kommission so etwas wie ein Ehrengericht darstellen und Behinderungen geschäftlicher Aktivitäten möglichst frühzeitig erkennen und ausräumen, also Urteile (vor allem Todesurteile) bei Konflikten innerhalb der Cosa Nostra aussprechen. Außerdem mussten feste Regeln für das Verhalten zwischen den Familien erstellt und Freiräume für den Drogenhandel geschaffen werden. Die Kommission wurde also als eine Einrichtung zur Flexibilisierung und zur Liberalisierung geschaffen. Erst sehr viel später, in der Ära der Corleonesen, wurde sie zu einem wirklichen Machtinstrument.

Tommaso Buscetta und der erste Mafia-Krieg

Bei der Ausarbeitung dieser Art »Verfassung der Cosa Nostra« war ein junger Mann der »ehrenwerten Gesellschaft« entscheidend beteiligt, obgleich er das immer bestritten hat: Tommaso Buscetta. Er kam 1928 als siebzehntes und letztes Kind eines Glasers in Palermo auf die Welt. Bereits mit 20 Jahren nahm ihn die Mafia-Familie von Porta Nuova (im Zentrum der Stadt) als Mitglied auf. Der unter anderem wegen mehrfachen Mordes gesuchte junge Mafioso zeichnete sich durch Intelligenz und Mut aus. Allerdings galt er manchen Ehrenmännern innerhalb der Cosa Nostra wegen seiner Frauengeschichten als unzuverlässig. Buscetta ging beim Aufflackern blutiger Auseinandersetzungen um den Heroinhandel, dem sogenannten ersten Mafia-Krieg

Anfang der sechziger Jahre, für eine kurze Zeit nach Mexiko und Brasilien. Seine kriminellen Aktivitäten entwickelte er sowohl auf Sizilien als auch in Südamerika, was ihm den Beinamen »Boss zweier Welten« (in Anspielung auf Garibaldi als »Held zweier Welten«) einbrachte. Ob Grundstücksspekulationen, Geldwäsche, Zigarettenschmuggel oder Drogenhandel – überall hatte Buscetta seine Hände im Spiel. Er verstand sich als Vertreter einer Art »sauberer« Mafia, als einer Versammlung wirklicher Ehrenmänner, weshalb er die Beteiligung am Drogengeschäft immer leugnete. Trotz häufiger Auslandsaufenthalte war er am ersten Mafia-Konflikt zwischen den beiden Familien La Barbera und Greco und ihren jeweiligen Verbündeten aktiv beteiligt.

Auslöser dieser Fehde war eine angebliche Unterschlagung durch einen Ehrenmann der Familie La Barbera bei einem gemeinsamen Geschäft mit den Grecos. Buscetta schlug sich jedoch auf die falsche Seite: auf die der Gruppe um La Barbera. Die war dabei, diesen Krieg zu verlieren, weil sich die Familie Greco neben anderen mit den extrem gewaltbereiten Corleonesen verbündet hatte, die unter der Führung von Luciano Liggio auch in Palermo Fuß fassen konnten. In der Hauptstadt Siziliens verging kaum ein Tag, an dem nicht ein Mord verübt wurde. Die verfeindeten Familien trugen Feuergefechte auf offener Straße aus. Palermo, so titelten die Medien, wurde zum »Chicago Italiens«.

Die Auseinandersetzungen erreichten ihren Höhepunkt mit dem sogenannten »Massaker von Ciaculli«: Am 30. Juni 1963 flog ein mit TNT vollgestopftes Auto des Typs Alfa Romeo Giulietta in die Luft und riss sechs Polizeibeamte mit in den Tod. Auch wenn der Anschlag im unweit von Palermo gelegenen Ciaculli nicht gegen die Polizei, sondern gegen Mitglieder des Greco-Clans gerichtet gewesen war und vermutlich auf das Konto von Angelo La Barbera ging, löste er eine enorme öffentliche Empörung aus. 100 000 Menschen kamen zur Beerdigung der Polizeibeamten. Zum ersten Mal seit den Tagen des faschistischen Präfekten Cesare Mori wurden wieder Massenverhaftungen durchgeführt. Die Behörden griffen hart durch, viele Einnahmequellen der Cosa Nostra versiegten. Die Kommission, die bereits der Fehde tatenlos zugesehen hatte, löste sich auf. Die Organisation zeigte sich gegenüber der überraschenden staatlichen Repression völlig hilflos. Einzelne Familien zerfielen, weil es dem jeweiligen Paten nicht mehr gelang, weiterhin für Ordnung und Respekt zu sorgen. Ein gewisse Zeit lang wurde in Palermo nicht einmal mehr der Pizzo, das Schutzgeld, kassiert.

Die sizilianische Mafia, so die Überzeugung der landesweiten Öffentlichkeit, war am Ende. Die Empörung hatte sich längst gelegt, die Spannung ließ nach, man ging zur Tagesordnung über. Es wurde still in Palermo.

Doch die Cosa Nostra war nur abgetaucht und machte sich bald wieder daran, ihre Beziehungsnetze zu knüpfen. Ausgerechnet zwei große Prozesse gaben das Signal zum erneuten Aufbruch. Im Jahr 1968 hatten sich 117 Beteiligte des ersten Mafia-Kriegs vor einem Gericht in Catanzaro in Kalabrien zu verantworten. Die meisten mussten jedoch mangels Beweisen freigesprochen werden oder erhielten nur geringe Haftstrafen. Und im Juni 1969 wurde in Bari den wichtigsten Beteiligten eines Machtkampfs in Corleone, bei dem der unterlegene Arzt Michele Navarra und viele seiner Gefolgsleute ihr Leben hatten lassen müssen, der Prozess gemacht. Den Angeklagten Salvatore Riina, Leoluca Bagarella und Luciano Liggio konnte dabei ebenfalls keine Straftat nachgewiesen werden, und man musste sie ziehen lassen.

Das Urteil galt auch für den in Abwesenheit angeklagten Bernardo Provenzano. Ebendieser führte sieben Monate später ein Rollkommando an, das in Palermos Viale Lazio ein Blutbad unter den Leuten von Michele Cavataio anrichtete (siehe drittes Kapitel, Seite 91). Das Massaker vom Viale Lazio bildete das eigentliche Ende des ersten Mafia-Kriegs und zugleich den Anfang einer neuen Geschichte, die schließlich ihre Hauptfigur in Bernardo Provenzano finden sollte – auch wenn das damals noch nicht ersichtlich war.

Wie sich die Familien organisieren

Tommaso Buscetta, der mehrfach verhaftet worden war und ebenso oft wieder freigelassen werden musste, gehörte bei den anschließenden mörderischen Auseinandersetzungen, in deren Folge sich die Corleonesen bis an die Spitze der Cosa Nostra kämpften, wieder zu den Verlierern. Vorsitzender der neu gebildeten Kommission der Provinz von Palermo war in jenen Jahren Michele Greco, ein eher schwächlicher Mensch, der jedoch den großen liturgischen Auftritt liebte, weswegen man ihn *il Papa*, »den Papst«, nannte. Michele Greco stand auf der Seite der Corleonesen, deren erbitterter Feind Buscetta wurde. Die Emporkömmlinge aus der Provinz brachten im Verlauf der blutigen Fehde Anfang der achtziger Jahre mehr als ein Dutzend seiner Verwandten, darunter seine Söhne, um.

Als Tommaso Buscetta 1983 in Brasilien festgenommen und nach Italien ausgeliefert wurde, unternahm er einen Selbstmordversuch. Dann fand er auf der Seite der Ermittlungsbehörden einen Gesprächspartner, der ihm Respekt einflößte. Giovanni Falcone war Sizilianer wie er, geboren wie er in einfachen Verhältnissen im Zentrum von Palermo. Der Staatsanwalt nahm den Inhaftierten zwar hart in die Mangel, doch erwies er zugleich dem Ehrenkodex eines Mitglieds der Cosa Nostra Achtung. Er war jemand, der in seinen Verhören des »Bosses zweier Welten« auch lange Pausen einlegte, in denen Vernehmer und Vernommener gemeinsam schwiegen. Tommaso Buscetta entschied sich zur Zusammenarbeit mit den Justizbehörden und begann zu reden.

Im Vernehmungsprotokoll heißt es: »Ich möchte vorausschicken, dass ich kein Spion bin in dem Sinne, dass das, was ich sage, nicht von der Tatsache diktiert ist, dass ich mir die Justiz gnädig stimmen will. Und ich bin auch kein *pentito*, kein ›Reumütiger‹, denn meine Enthüllungen sind nicht von niederen Interessen und Berechnungen diktiert.«

Aufgrund seiner Aussagen erhielten die Ermittler tiefe Einblicke in das Innenleben der Mafia. Die Aussagen bestätigten frühere Hinweise auf eine gut strukturierte Organisation, was einige Fachleute bis dahin als Legende abgetan hatten. Giovanni Falcone beschrieb das ihm von Buscetta erläuterte Organisationsmodell in dem Buch von Marcelle Padovani.

Die Basiseinheit der Cosa Nostra ist die »Familie«. In ihr gelten die gleichen Werte wie in einer sizilianischen Blutsfamilie: Ehre, Achtung der Verwandtschaft, Treue, Freundschaft. Im Durchschnitt bestehen die Familien aus 50 Mitgliedern, können aber auch bis zu 300 Personen umfassen. Jede Familie kontrolliert ein Territorium, auf dem nichts ohne die Einwilligung des *capo*, des Familienchefs, geschehen darf. Die einfachen Mitglieder der Familie heißen schlicht *uomini d'onore*, »Ehrenmänner«, oder werden »Soldaten« genannt. Diese Gemeinschaft der Soldaten wählt den Capo, ihren Paten, der die Interessen der Familie vertritt. Einer solchen demokratischen Wahl gehen oft lange Sondierungsgespräche voraus, sodass die Entscheidung manchmal einstimmig gefällt wird, was die Stellung des Oberhaupts der Familie weiter stärkt. Der Chef kann sich zur Unterstützung *consiglieri*, »Berater«, heranziehen, die dann ebenfalls eine herausragende Stellung einnehmen. Zur besseren Strukturierung der Familie werden die Soldaten meist in Einheiten von zehn Männern zusammengefasst und von einem Unterführer, einem *Capo decina*, einem »Zehnerchef«, kommandiert.

In der Provinz Palermo, jedoch vor allem in der Stadt, in der die Dichte der Familien sehr groß ist, wählen sich benachbarte, in einem Mandamento (siehe oben) zusammengefasste Familien einen *capomandamento*, eine Art »Stadtviertelchef«. Die Familien beziehungsweise die Mandamenti entsenden einen Vertreter in die bereits beschriebene »Kommission«, das übergeordnete »Gremium« der jeweiligen Provinz Siziliens. Dieses entscheidet bei Streitigkeiten zwischen und in den Familien. In ihm werden die Geschäfte koordiniert, die aber jede Familie autonom betreiben kann. Auch innerhalb der Familie kann ein Mafioso eigenen Geschäften nachgehen, wenn er sie mit dam *capofamiglia* abgestimmt hat. Den Beschlüssen der Kommission ist unbedingt Folge zu leisten.

Die Provinzkommissionen delegieren ein Mitglied in die Kommission der ganzen Region, das eigentliche Regierungsorgan der Organisation. Das ist die berühmt-berüchtigte *cupola*, die »Kuppel« der Cosa Nostra – auch wenn die Bezeichnung manchmal ebenfalls für die Kommissionen der Provinz verwendet wird. Dieses »Regionalparlament« beschließt allgemeine »Gesetze« (zum Beispiel jenes, dass von einem bestimmten Zeitpunkt an auf Sizilien keine Personen zu Erpressungszwecken mehr entführt werden durften), vermittelt bei Streitigkeiten zwischen den Provinzen und trifft große strategische Entscheidungen. Heute schätzt man, dass etwa 5000 Personen innerhalb der verschiedenen Familien der Cosa Nostra als Ehrenmänner tätig sind, davon mehr als 3000 allein in Palermo.

Mitglieder der Cosa Nostra organisierten mitunter auch kriminelle Gruppierungen, die nicht der Mafia angehörten, etwa im Zigarettenschmuggel, sondern nur von ihr gesteuert wurden. Auf diese Weise war es der sizilianischen Mafia gelungen, sich mit einem relativ geringen Personalbestand in den siebziger und achtziger Jahren des vergangenen Jahrhunderts der Kontrolle über den Drogenhandel mit den USA zu bemächtigen (siehe drittes Kapitel, Seite 96).

Die Aussagen Tommaso Buscettas führten 1986/87 zum ersten Mammutprozess gegen mehrere hundert Mitglieder der Cosa Nostra. Er selbst wurde trotz zahlreicher ihm zur Last gelegter Kapitalverbrechen zu nur drei Jahren und drei Monaten Gefängnis verurteilt, die er an einem geheimen Ort absaß. Anschließend wanderte er in die Vereinigten Staaten aus, lebte unter falschem Namen in einem Kasernenbereich und starb im April des Jahres 2000 an Krebs. Aber damit haben wir schon weit vorgegriffen.

Drittes Kapitel

Lehrjahre eines Padrino:
Die Provenzano-Story (I)

Von den Jugendjahren als Killer unter Luciano Liggio
zum stillen Teilhaber von Totò Riina – Der zweite Mafia-Krieg
in den achtziger Jahren und der erste Mammutprozess –
Die Attentate auf Falcone und Borsellino

Bernardo Provenzano kam am 31. Januar 1933 in Corleone als drittes von sieben Kindern des Kleinbauern Angelo Provenzano und seiner Frau Giovanna zur Welt. Als Namenspatron diente der selige Bernardo, jener Kapuzinermönch aus Corleone, welcher 2001 von Papst Johannes Paul II. heiliggesprochen wurde. Bernardo, »Binnu« wurde er im westsizilianischen Dialekt gerufen, brach wie viele seiner Altersgenossen die Grundschule nach der zweiten Klasse ab und arbeitete zusammen mit Vater und Brüdern auf dem Feld. Klein von Körperwuchs, maß er nicht einmal 1,60 Meter. Er hatte dunkelbraunes Haar und kastanienfarbene Augen. Wie den – allerdings spärlichen – Aussagen ehemaliger Mitstreiter zu entnehmen ist, wurde er wegen seiner Schnelligkeit und Gewandtheit gerühmt. Wie ein Frettchen konnte sich Binnu jeder brenzligen Situation durch Flucht ins Gelände entziehen.

Im Juli 1954 wurde er zum Militär nach Norditalien eingezogen und tat Dienst bei der Luftwaffe (zuerst in Casale Monferrato, dann in Treviso). Nach einem Krankenhausaufenthalt wurde er jedoch bereits im Januar des folgenden Jahres wegen Dienstunfähigkeit wieder entlassen. Seine Vorgesetzten bescheinigten ihm in den Entlassungspapieren »tadelloses Verhalten«. Zurück in Corleone, erwies er sich als voll dienstfähig, wobei er allerdings alles andere als ein tadelloses Verhalten an den Tag legte. Er begann als einfacher »Soldat« eine andere Laufbahn – die geradezu klassische Mafia-Karriere vom Killer zum *padrino*. Mitteilungen über ihn, seinen Lebenswandel, seine Vorlieben blieben spärlich. Einiges lässt sich aus den Pizzini herauslesen, die in seinem letzten Unterschlupf gefunden wurden. Jedoch auch nach seiner Festnahme im April 2006 ist Bernardo Provenzano eine der rätselhaftesten Figuren der Cosa Nostra geblieben. Trotz aller Verhöre, trotz aller Versuche, ihn zur Mitarbeit zu bewegen: Don Binnu schweigt. Über sich und über andere.

Man kommt nicht als Padrino auf die Welt

Man komme nicht als Padrino auf die Welt, schreibt der Historiker Giuseppe Carlo Marino, »sondern man wird es«. Wie aber wird man Padrino? Was ist das überhaupt? Und warum bezeichnet man diese Figur nicht einfach als »Boss«, »Capo« oder »Chef« (was in der Tat *auch* passiert)? Bei einer Figur wie Don Calò Vizzini wurde bereits deutlich, dass der Begriff *padrino*, »Pate«, innerhalb der Mafia durchaus schillernd ist und verschiedene Funktionen haben kann. Seine ursprüngliche Bedeutung verliert sich, wie so viele Vorgänge innerhalb der Mafia, in einer kulturell-religiösen Gemengelage. Eine »Mystifikation« nennt das der Soziologe Umberto Santino.

Es gibt mehrere Patenrollen in der Mafia. Wenn ein neues Mitglied in eine Familie aufgenommen wird, wählt es sich unter deren Ehrenmännern einen Paten als Mentor. An den kann es sich bei Problemen wenden, während der Pate zugleich gegenüber der Familie für das Mitglied garantiert. Etwa so, wie ein Taufpate die Eltern eines Kindes bei dessen christlicher Erziehung bis zur Konfirmation beziehungsweise Firmung unterstützen sollte (und früher gegenüber der Gemeinde für die Aufrichtigkeit des neuen Gemeindeglieds zeugen musste). Das ist aber nicht die Patenrolle, die Mario Puzo einem »Godfather« zugedacht hatte.

Das Wort »Pate« leitet sich vom lateinischen *pater*, »Vater«, ab. Das italienische *padrino* meint eigentlich »kleiner Vater«. So führt auch das Oberhaupt einer Mafia-Familie (die ja in der Regel keine Blutsfamilie ist) seine Mitglieder wie ein Padre oder eben ein Padrino. Joseph Bonanno schreibt in seinem Bekenntnisbuch *»A Man of Honour«* (»Ein Ehrenmann«): »Die Mitglieder einer *cosca*, einer Familie, können aus jeder Gesellschaftsschicht kommen. Einige haben einen guten, andere haben einen schlechten Charakter, einige sind arm, andere sind reich. Damit diese Art von Kooperation überhaupt funktionieren kann, müssen sie einer einzigen Person Gehorsam schwören – dem Vater. Das ist die symbolische Figur, die alle vereinigt. Er ist der Koordinator und der Versöhner. Er ist der Vermittler und der Richter. Er hält alle Verbindungen. Und er bringt die Dinge ins Lot, wenn das Leben schwierig wird.« Der Padrino ist also in diesem Fall das Oberhaupt, die charismatische Figur einer Mafia-Familie.

Padrino wurde schließlich auch der »Vater aller Väter«, der »Boss aller Bosse«, also das Oberhaupt des Zusammenschlusses aller Familien und Gruppen an der Spitze der Cosa Nostra genannt. Und weil sich der Begriff durch Marlon Brandos Filminterpretation so schön für die öffentliche Vorstellungswelt eignet, benutzen ihn die Medien zusätzlich als eine Art Ehrentitel, wie früher das aus dem Spanischen stammende »Don« – zum Beispiel für »Don Masino« Buscetta, den Saverio Lodato auch als »Padrino« bezeichnet. Gemeint ist eine Art Aristokrat der Kriminalität. Ein Historiker und Autor wie Giuseppe Carlo Marino – zu dessen Ahnengalerie am Anfang des 20. Jahrhunderts in der Provinz Agrigent auch ein echter Capo eines Mafia-Clans gehörte – schränkt allerdings den Begriff auf die Rolle des Familienoberhaupts der alten Mafia ein. Spätestens seit Stefano Bontate, dem »Prinzen von Villagrazia«, habe es keinen Padrino mehr in der Cosa Nostra gegeben, der dieses Titels würdig gewesen sei.

Bontate wurde 1981 von den Corleonesen umgebracht, die, so Marino mit Blick auf Luciano Liggio oder Totò Riina, nur noch »Bandenführer« gewesen seien. Damit hatte er bezüglich des Corleonesen Bernardo Provenzano ein Urteil gefällt, das vielleicht etwas vorschnell war.

Wie sieht die Laufbahn eines Padrino aus? An der Basis steht, wie bei jedem Mafioso, die offen zur Schau gestellte Bereitschaft, Gewalt anzuwenden. Das fängt oft mit einem Mord an – so etwas überzeugt. Gewalt ist die Grundlage für Macht und für Respekt. Respekt benötigt man bereits, wenn man den Pizzo, die Mafia-Steuer, eintreiben will.

Weiteren Respekt erlangt man durch eine scheinbare Stellung »über« dem Gesetz des Staates. Auch wenn man Verbrechen begeht, wird man nicht zur Rechenschaft gezogen. »Der Bandit muss sich dem staatlichen Zugriff durch Flucht entziehen, das typische Ende des Zusammenstoßes ist das Entweichen in die Berge, die *latitanza*. Der Mafioso bleibt der Stärkere, beziehungsweise die Unfähigkeit des Rechtsapparats, einen Täter wegen des Gesetzesverstoßes zu belangen, weist aus, dass dieser das Zeug zum Mafioso hat. Das typische Ende des Zusammenstoßes ist der Freispruch mangels Beweises, *per insufficienza di prove*« (Henner Hess). Wenn der Ehrenmann dennoch fliehen muss, dann ist er jedenfalls ungreifbar und übt auch aus dem Untergrund seinen Einfluss aus.

Die Führungsfigur muss in der Lage sein, ein Beziehungssystem sowohl zum kriminellen Umfeld als auch zu den gesellschaftlichen Institutionen aufzubauen – schon deshalb, um die jeweiligen Geschäfte abzusichern, aber auch, um Gefälligkeiten zu vermitteln oder um einen Streit schlichten zu können. Dafür ist selbstverständlich die Anerkennung durch andere Mafiosi erforderlich, er muss zum *amico degli amici*, zum »Freund der Freunde«, werden, der seine Fähigkeiten nicht nur für sich, sondern eben für die Freunde, für eine Gruppe einbringt. Und so kann auch ein Kandidat bei der nächsten Wahl eines Gemeinde- oder Regionalparlaments durch seine Mithilfe einen Stimmenzuwachs erhoffen.

Giuseppe Genco Russo, Padrino von Mussomeli, hat das gegenüber Danilo Dolci so ausgedrückt: »Durch eine bestimmte Lebensweise geschehen Dinge eben nacheinander, eines nach dem anderen. Wenn einer gekommen ist und ich ihm einen Gefallen getan habe, wenn ein Zweiter gekommen ist und ich ihm einen Gefallen getan habe, dann ging das so weiter, eine Art Gewohnheit. So hat sich der Kreis, in dem mein Name bekannt ist, vergrößert.«

Als letzter Schritt erfolgt dann die Berufung zum Familienoberhaupt durch Mehrheitsentscheid, so wie Tommaso Buscetta es beschrieben hat. Jetzt ist die Führungsperson wirklich Padrino, Vater seiner Familie, oberster Geschäftsmann und oberster Richter, Herr über Leben und Tod. Man könnte die Laufbahn, so der Tübinger Mafia-Kenner Henner Hess, »auch als Entwicklung vom Exekutor zum Auftraggeber beschreiben«.

In anderen Fällen wurde diese Abstimmung ersetzt durch das Argument der Waffen. So dürfte Luciano Liggio vermutlich von niemandem gewählt worden sein, und sein Nachfolger Totò Riina wohl auch nicht. Überhaupt könnte man die Corleonesen, deren letzter Pate Bernardo Provenzano werden sollte, als Sonderfall in der Geschichte der Mafia betrachten. Oder umgekehrt: Sie zeigen ganz ungeschminkt das wahre Gesicht der Cosa Nostra.

Es ist jedenfalls kaum denkbar, dass am Todestag eines Riina oder eines Provenzano Nekrologe erscheinen werden, wie man sie einst in den Anzeigen für Padrini früherer Jahre lesen konnte. Zum Beispiel für Calogero Vizzini in Villalba (1954) oder Francesco Di Cristina in Riesi (1961), in deren Todesanzeigen fast wortgleich stand: »Als Feind aller Ungerechtigkeiten / bewies er / mit Worten und Taten / dass seine Mafia nicht Verbrechen war / sondern Respekt des Gesetzes der Ehre / Verteidigung aller Rechte / Größe der Seele / Es war Liebe.«

Der Traktor

Im Leben von Bernardo Provenzano deutete anfangs nichts darauf hin, dass seine Laufbahn weit nach oben führen würde. Als Zwanzigjähriger konnte er nur »wie ein Gott« mit der Pistole umgehen. Angeblich gehörte es zu seinen Lieblingsübungen, Geldstücke in die Luft zu werfen und darauf zu schießen, so wie er es in den Western im Kino von Corleone gesehen hatte. Und gleichsam wie im Film bot ihm das Städtchen Corleone zwei Modelle von Mafia an.

Das eine Modell war das »antike« von Michele Navarra, dem Arzt, der als Wohltäter und Gutbürger auftrat und sich auf Verwandte in hohen Positionen an der Universität und in Regionaleinrichtungen berufen konnte. Nach dem Krieg taktierte er zwischen den neuen politischen Strömungen von den Separatisten über die Liberalen bis zu den Christdemokraten. Und als diese sich endgültig durchsetzten, schloss sich ihnen der Padrino von Corleone an.

Macht übte er vor allem durch seine Beziehungen aus, die er geduldig und doppeldeutig zu knüpfen wusste. Was aber nicht heißt, dass er seine Gegner verschonte. Viele der Nachkriegsmorde in Corleone gingen auf sein Konto. Wer nicht hören wollte, musste fühlen. Dottore Navarra war hinterhältig und großzügig, brutal und wohlhabend – und zeigte es auch.

Das andere Modell war das von Luciano (»Lucianeddu«) Liggio, der mit erbarmungsloser Gewalt seine Interessen durchsetzte. Mit unglaublicher Raffgier eignete er sich riesige Summen Geldes an, was er nach außen aber vertuschen konnte. Öffentlich galt er als armer Schlucker. (Erst in späten Jahren gab er, offensichtlich angeregt durch Marlon Brando in der Rolle des Don Vito Corleone, das Bild eines Zigarre rauchenden Padrino ab.) Der junge Bernardo war intelligent genug, um zu begreifen, dass Leuten wie Luciano Liggio die Zukunft gehörte. Gleichwohl sollte ihm das Modell Don Micheles später Vorbild werden für seine eigene Regentschaft über die Cosa Nostra, um die Organisation

nach den Turbulenzen Mitte der neunziger Jahre wieder geschäfts-
fähig zu machen.

Doch bis dahin war es noch ein weiter Weg. Ende der fünfziger Jahre bewies Bernardo Provenzano erst einmal sein Talent als
fähiger *picciotto*, wie die jungen Mafiosi auch genannt werden, als
wendiger Soldat des Liggio-Clans. Zusammen mit Totò Riina,
Calogero Bagarella und anderen gehörte er zum militärischen
Flügel – auch wenn man sich fragen kann, ob es bei Liggio überhaupt einen nichtmilitärischen, das heißt nicht gewalttätig auftre-
tenden zweiten Flügel, gab. Besonders mit Riina verband Provenzano eine enge Beziehung. Wie es heißt, hatten sich die beiden
damals zwei Dinge in die Hand versprochen: dass sie an die Spitze
der Mafia von Corleone wollten und der eine niemals etwas unternehmen würde, was dem anderen missfallen könnte. Meinungs-
verschiedenheiten sollten am Tisch ausgetragen werden, von dem
man erst dann wieder aufstehen wollte, wenn man sich einig geworden wäre.

Im Auftrag ihres Bosses hatten Provenzano, Riina, Bagarella
und Co. es auf die Besitztümer einer Familie abgesehen, die sich
unter den Schutz von Michele Navarra gestellt hatte. Am helllichten Tag führten Binnu und seine Kumpane Überfälle durch,
drangen in die Weinlager ein und schlugen mit Feldhacken große
Löcher in die Fässer. Sie ritten über die Felder und steckten ge-
erntete Getreidegarben in Brand. Sie brachen in die Häuser ein
und stahlen dort gelagerte Lebensmittel. Und die Viehtränken
verseuchten sie mit Tritol. Wenn man jemanden einschüchtern
wollte, durfte man nicht phantasiearm sein.

Die Hauptschuld der Geschädigten war nicht so sehr ihre
enge Beziehung zu Michele Navarra, von dem sich Luciano Liggio inzwischen gelöst hatte, um eigene Wege zu gehen. Schwerer
wog, dass sie Ländereien ausgerechnet in einer Gegend erworben hatten (und sie nicht wieder abgeben wollten), in der Lucianeddu auf rund 100 Hektar mit Kühen und Ziegen eine Viehzucht für illegale Schlachtungen aufgebaut hatte.

In dem Unternehmen arbeiteten auch Bernardo Provenzano

und Totò Riina, denen auf dem Papier eine Reihe von Tieren gehörten, die in Wirklichkeit aus verschiedenen Viehraubzügen zwischen Palermo und Agrigent stammten. Liggio und die Seinen hatten sich außerdem einen ganzen LKW-Fuhrpark zusammengestohlen. Antonio Cottone, der Boss aus Villabate, einem Vorort von Palermo, der damals den Fleischmarkt der Stadt kontrollierte, traf ein Abkommen mit Liggio, das dem Corleonesen ermöglichte, einige Schlachtereien zu beliefern. Cottone kam unter nie ganz geklärten Umständen ums Leben, und Liggio belieferte bald die ganze Stadt.

Unterentwicklung und Misswirtschaft sind geradezu ideale Voraussetzungen für das Entstehen mafiöser Strukturen. Dieser Zusammenhang trat in diesen Jahren krasser als sonst zutage. Zwar wurde ein neues Krankenhaus gebaut, jedoch stand dieses leer, solange Michele Navarra seine Machtstellung über die alte (und veraltete) Krankenanstalt ausübte. Und auch die Pläne zum Bau eines neuen Schlachthofs blieben trotz gesicherter Finanzierung lange auf Eis liegen, weil Luciano Liggio fürchtete, dort nicht so leicht die Kontrollen unterlaufen zu können wie im alten. Da mögen die hygienischen Verhältnisse noch so zum Himmel gestunken haben.

1958 starb der Vater von Bernardo Provenzano. Für den jungen Mann, der sein Schicksal jetzt endgültig in die eigenen Hände nehmen wollte, war es ein besonderes Jahr. In Corleone war nämlich die Fehde zwischen der Gruppe um den alten Paten Michele Navarra und den »Jungtürken« um Luciano Liggio offen ausgebrochen.

Navarra hatte im Frühjahr befohlen, Liggio, der seine Autorität untergrub, umzubringen. Der Anschlag misslang, und Lucianeddu rächte sich. Am 2. August kehrte Michele Navarra, der kurz zuvor von der römischen Regierung zum »Ritter des Verdienstordens der italienischen Republik« ernannt worden war, von einem auswärtigen Treffen nach Corleone zurück. Am südlichen Ortsrand warteten die Killer auf das Auto des alten Padrino und verstellten dem Fiat 1500 den Weg. Navarra starb zusammen mit einem unbescholtenen Begleiter im Hagel von mehr als 100 Kugeln, die den Wagen und seine Insassen durchlöcherten.

Vier Wochen später, Anfang September, sollte es zu einem letzten Einigungsversuch beider Mafia-Gruppen kommen. Angeblich hatte Provenzano das Treffen zwischen Männern Navarras und Liggios in einem Heuschuppen angeregt. Liggio verlangte die Herausgabe der Täter des – missglückten – Anschlags auf ihn. Er, der sich als der neue Padrino fühlte, hatte sie zum Tode verurteilt, denn die Ermordung Michele Navarras genügte Lucianeddu nicht als *vendetta*, als Rache.

Als diese Forderung entrüstet abgelehnt wurde, kam es zu einer wilden Schießerei zwischen beiden Gruppen, die sich bis ins Zentrum von Corleone fortsetzte. Dabei wurden auch viele Unschuldige, darunter ein achtjähriges Kind, schwer verletzt. Drei Männer des Navarra-Clans starben bei den Schusswechseln – Binnu war der bessere Schütze. Doch beinahe hätte auch die Karriere von Bernardo Provenzano ein frühes Ende gefunden. Er wurde von einer Kugel am Kopf getroffen und stürzte bewusstlos vor dem Eingang zu einer Parfümerie auf den Boden, in die sich einer seiner Freunde zurückgezogen hatte. Der konnte ihn geistesgegenwärtig in den Laden ziehen und später mit einem Auto ins Krankenhaus bringen.

Zum Glück für Provenzano hatte ihn nur ein Streifschuss erwischt. Dennoch musste er noch in der Nacht in ein Hospital von Palermo verlegt werden. Als ihn dort am Tag darauf die Carabinieri verhörten, behauptete er, von der Schießerei überrascht worden zu sein, als er zufällig an der Parfümerie vorbeikam. Er habe keine Ahnung, wer geschossen haben könnte. »Ich war gerade mit dem Essen fertig, zu Hause zusammen mit meiner Mutter und meinen Brüdern Simone, Salvatore und Giovanni. Ich habe dann allein das Haus verlassen und wollte ins Kino gehen. Aber nach 300 Metern habe ich einen Schmerz am Kopf gespürt und das Bewusstsein verloren, ohne zu begreifen, wie mir geschah.« Ernesto Oliva und Salvo Palazzolo schreiben, dass diese Verletzung zu einer Art Ehrenzeichen für Bernardo Provenzano geworden sei. Luciano Liggio hatte in seinem Auto die Schießerei aus sicherer Entfernung beobachtet. Von jetzt an rückte Bernardo Provenzano an seine Seite.

Das Feuergefecht im Zentrum von Corleone hatte zunächst keine nachhaltigen juristischen Folgen für den jungen Mafioso. Immerhin war er jedoch zum ersten Mal bei der Polizei von Corleone aktenkundig geworden. Am 17. September wurde er unter anderem wegen Viehdiebstahls und illegalen Schlachtens festgenommen, jedoch bald wieder auf freien Fuß gesetzt. Sein Freund Totò Riina war dagegen bereits zweimal kurz hinter Gitter gewandert.

Bernardo Provenzano schien für die Justiz, abgesehen von einigen Verwarnungen und Aufforderungen zum besseren Lebenswandel, nicht zu existieren. Er wurde bei den Ermittlungsbehörden ebenso unterbewertet wie in der öffentlichen Meinung. Erst zwei Jahre später verurteilte ihn ein Gericht in Palermo wegen »Mitwirkung in der Bande des Luciano Liggio« zu vier Jahren Zwangsaufenthalt auf der Insel Ustica. Das zuständige Appellationsgericht verwarf jedoch das Urteil der ersten Instanz wieder. Binnu blieb frei. Und mit diesem Freispruch begann die Legende von Bernardo Provenzano, der nicht zu greifen war.

Das Urteil war kaum verkündet, als Provenzano und Freunde einem jungen Maurer in Corleone auflauerten und ihn erschossen – vermutlich eine Abrechnung innerhalb der Liggio-Gruppe. Ein Jahr später tötete Liggios Chefkiller einen angeblichen Polizeispitzel der Gegenpartei. Die Fehde zwischen den beiden Mafia-Clans Liggio und Ex-Navarra schien kein Ende zu nehmen. Und Corleones Leichen ließen die Zeitungsleser in Rom, Mailand und sogar im Ausland erschauern – bis sie umblätterten und das Geschehen im fernen Sizilien vergaßen. Dort wollte Luciano Liggio seine Gegner offensichtlich nicht nur besiegen, sondern auch ausrotten. Die Auseinandersetzungen waren, wie sich später herausstellen sollte, eine Art Vorübung für den sogenannten zweiten Mafia-Krieg um die Macht in Palermo (1981–1983).

Im Morgengrauen des 9. Mai 1963 warteten die Killer, angeführt von Bernardo Provenzano, auf ein weiteres Mitglied der konkurrierenden Mafiosi von Corleone namens Francesco Paolo Streva, der früher als Feldhüter bei Michele Navarra gearbeitet hatte. Ein gefährlicher Mann, der mit der Waffe umgehen konnte. Streva musste, so wussten die Männer Liggios, die Via San Michele entlangkommen. Als sie ihn sahen, riefen sie seinen Namen. Streva zögerte keine Sekunde und eröffnete sofort das Feuer, wobei er vielleicht sogar den zukünftigen Chef der Cosa Nostra verletzen konnte. Dann verschwand er über die Felder.

Das taten auch Provenzano und Kumpane – jedoch nicht aus Furcht vor der Polizei, sondern aus Angst vor der Vendetta der Freunde Strevas. An diesem 9. Mai kehrte Bernardo Provenzano nicht mehr nach Hause zurück und hielt sich versteckt. Die Carabinieri von Corleone schrieben einen Bericht und warteten auf den nächsten Mordfall.

Der ereignete sich vier Monate später. Am 10. September 1963 wurden Streva und zwei seiner Handlanger tot aufgefunden. Verwandte der Ermordeten brachen die Omertà und begannen noch am selben Tag zu reden. Dabei wurde immer wieder ein Name genannt: Bernardo Provenzano, gegen den die Ermittlungsbehörden jetzt einen Haftbefehl ausstellten. Es war der Tag, an dem die Flucht von Bernardo Provenzano offiziell begann. Ein Leben im Untergrund, das 43 Jahre dauern sollte, nahm seinen Anfang.

Lehrjahre sind keine Herrenjahre

Für eine gewisse Zeit stand sein Name ganz oben auf den Fahndungslisten. Dann verlor die Polizei zunächst einmal das Interesse an dem Killer der Corleonesen. Nach dem Massaker von Ciaculli im Juni desselben Jahres 1963 waren die Clans in der ganzen Provinz Palermo unter Druck geraten. 1964 wurde Luciano Liggio, der seine Aktivitäten längst auf Palermo ausgedehnt hatte, zum ersten Mal verhaftet. Die Behörden registrierten, dass Provenzano von Zeit zu Zeit in Corleone und in einigen Nachbarorten auftauchte – und wieder verschwand. In Costronovo kam es zu einem Feuergefecht mit den Carabinieri, denen er auch diesmal entwischte.

Tommaso Buscetta erzählte in einem Interview mit Saverio Lodato, dass er Binnu Provenzano ein einziges Mal in seinem Leben gesehen hatte. Im Jahr 1962, als Buscetta mehrere Bauunternehmen kontrollierte, muss es dem Mann aus Corleone wirtschaftlich schlecht gegangen sein, »und er war sogar bereit, als Hilfsmaurer zu arbeiten. Ich schickte ihn sofort zu einem meiner Poliere und kümmerte mich nicht weiter um die Angelegenheit.« 1965 entging Provenzano einer weiteren Festnahme, diesmal in Norditalien, als er im Piemont gesichtet wurde, wohin eine ganze Reihe von Mafiosi aus Corleone zum Zwangsaufenthalt geschickt worden waren. Was Provenzano dort suchte, ist unbekannt. Überhaupt blieb der Mann hinter Liggio und Riina den meisten Ehrenmännern der Cosa Nostra weiter ein Geheimnis. Er tauchte auf und kurz darauf wieder unter. Der sterbenskranke Buscetta bescheinigte ihm erst im Jahr 2000: »Er hat das nötige Format, um der neue Chef zu sein.«

Der Untersuchungsrichter Cesare Terranova, der später dem Kampf gegen die Mafia zum Opfer fallen sollte, erließ 1965 eine Klageerhebung gegen Luciano Liggio und 115 weitere Beschuldigte (an fünfter Stelle stand der Name von Bernardo Provenzano). Die Anklageschrift formulierte bereits weitsichtig die Ziele der Corleonesen: »Gegenüber dem Viehraub, der Kontrolle von Landbesitz und dem Diebstahl interessieren heute andere Aktivitäten die mächtig gewordene Gruppe. Sie haben ihren Einfluss auf verbrecherische Kreise in Palermo und ganz Westsizilien ausgedehnt. Sie zielen auf die Kontrolle von Neubauprojekten, versuchen sich Posten in der öffentlichen Verwaltung wie in Privatunternehmen zu sichern und mischen sich in den politischen Streit zugunsten dieses oder jenes Kandidaten meist innerhalb der Democrazia Cristiana oder des Partito Liberale ein.«

Bernardo Provenzano wurde in diesen schwierigen Jahren von Liggio eingesetzt, um als Geldeintreiber in Palermo und Umgebung aufzutreten. Liggio hatte mit anderen das ISEP gegründet, ein Kreditinstitut, das unter dem Deckmantel normaler Geschäfte Geld zu Wucherzinsen verlieh. Außerdem wurde diese Bank zum Waschen der Einnahmen aus dem aufblühenden Drogengeschäft benutzt. Der Bauernsohn aus Corleone lernte nicht nur die Geschäfte, sondern auch die führenden Persönlichkeiten der Cosa Nostra von Palermo kennen: Männer von Welt, die mit den Spitzen der Gesellschaft verkehrten, denen in Rom die Türen offen standen und die ebenso nach New York wie nach Rio de Janeiro oder Mexico City jetteten. Und er machte die Bekanntschaft anderer, die sich eher im Hintergrund hielten und weniger ihren Reichtum zeigten. Binnu lernte auch, dass es arme und reiche Mafiosi gab. Er musste sich seinen eigenen Weg zum Wohlstand suchen, notfalls über Leichen – aber nur notfalls.

Nach den Freisprüchen von Catanzaro und Bari 1968/69 (siehe zweites Kapitel, Seite 75) konnten sowohl die Beteiligten des ersten Mafia-Kriegs als auch die des Rachefeldzugs von Corleone ihre Zellen als freie Männer verlassen. Die Cosa Nostra fing an, sich unter einem Triumvirat, bestehend aus Totò Riina, Gaetano Badalamenti (der aus Amerika zurückgekehrt war) und Stefano Bontate, neu zu organisieren. Bernardo Provenzano musste sich weiterhin wegen etlicher Mordanschuldigungen vor der Polizei verstecken. Die Stadt Palermo und ihre engere Umgebung schienen ihm dafür ein gutes Pflaster und boten neue Betätigungsfelder aus dem Untergrund heraus. Das Massaker 1969 im Viale Lazio, das ein Rollkommando unter den Leuten des Michele Cavataio anrichtete, sah ihn in der ersten Reihe.

Viale Lazio – ein Blutbad, das Geschichte schrieb

Am 10. Dezember 1969 hatte der Bauunternehmer Girolamo Moncada aus Palermo eine Besprechung in seinen Büroräumen im Viale Lazio angesetzt. Bei diesem Treffen, an dem unter anderen auch seine Söhne und sein Buchhalter teilnahmen, sollte es um neue Großprojekte gehen. Wie immer bei solchen Anlässen lagen ihre Waffen griffbereit neben den Konstruktionsplänen. Mit von der Partie war der Boss Michele Cavataio, der wie viele andere kurz zuvor in Bari von den Anklagen im ersten Mafia-Krieg freigesprochen worden war. Cavataio hatte jedoch in den vergangenen Jahren entgegen allen Regeln des Zusammenlebens in der Cosa Nostra eigene Wege gesucht und galt daher für viele Ehrenmänner als Persona non grata. Zudem hatte er damit gedroht, einen Plan, auf dem die ganze Struktur der Cosa Nostra von Palermo verzeichnet war, der Polizei zuzuspielen, würde man ihm nicht bei seinen Baugeschäften freie Hand lassen. Der Beschluss der neuen Führung war einstimmig: Cavataio musste hingerichtet werden.

Der ehemalige Mafioso Antonino Calderone aus Catania, der wie Buscetta zu einem wichtigen Kronzeugen für die Staatsanwaltschaft von Palermo werden sollte, schilderte aus seinem Kenntnisstand den außergewöhnlichen Tathergang. Außergewöhnlich auch deshalb, weil Calderones Bruder Pippo, der in dem Gebiet um den Viale Lazio das Sagen hatte, vorher nicht um Erlaubnis gefragt worden war. Hier zeichnete sich bereits der neue Stil der Corleonesen ab, die die Aktion leiteten.

Auf dem Viale Lazio, einer stark befahrenen Straße in der westlichen Neustadt von Palermo, kontrollierte Totò Riina vom Auto aus das Umfeld. Das eigentliche Kommando aus sechs Männern wurde von Bernardo Provenzano angeführt. Es hatte die Aufgabe, alle im Besprechungsraum Anwesenden zu töten. Zur Tarnung trugen drei der Angreifer Polizeiuniformen.

Zwei graue Alfa Romeo Giulia hielten um 19.30 Uhr auf dem Hof des Gebäudes von Moncada. Die Türen flogen auf, die Männer stürmten aus den Fahrzeugen, drangen in das Gebäude ein und rannten in den Sitzungssaal. Doch einer von ihnen war der Situation nicht gewachsen und verspielte den Trick mit der Verkleidung. Statt zu rufen: »Polizei, keine Bewegung!«, und ein paar Sekunden abzuwarten, ballerte er wild in den Raum – und traf so gut wie keinen Gegner. Cavataio konnte sich hinter einem

Schreibtisch verstecken und schoss kaltblütig Provenzanos Freund Calogero Bagarella mehrfach in die Brust, der tot zusammenbrach. Provenzano selbst wurde an der Hand verletzt. Cavataio stellte sich tot, während die anderen unter den Feuerstößen der Kalaschnikows fielen. Dann schwiegen die Waffen.

»Es herrschte eine unwirkliche Stille im Raum. Man konnte die Autos hören, die auf der Straße vorbeifuhren.« Provenzano besann sich und suchte die Toten nach dem ominösen Plan ab. »Er zog Cavataio an den Füßen unter dem Tisch hervor, spürte aber einen merkwürdigen Widerstand und kapierte, dass der Mann noch lebte. Cavataio, reaktionsschnell wie immer, schoss ihm ins Gesicht – oder besser: versuchte, ihm ins Gesicht zu schießen –, doch es waren keine Kugeln mehr in der Pistole, sie war leer.«

Provenzano drückte den Abzug seiner Maschinenpistole, der jedoch blockierte. Wegen seiner Handverletzung konnte er ihn auch nicht lösen. »So schlug er Cavataio den Kolben seiner Waffe auf den Kopf und trat ihn mit Füßen, bis der das Bewusstsein verlor.« Schließlich gelang es Provenzano doch noch, ihn zu erschießen. Den Plan fand er allerdings nicht, und die Killer flohen. Die ganze Aktion hatte kaum mehr als drei Minuten gedauert. Zurück blieben fünf Tote und zwei Verletzte. »Bagarellas Leiche«, so erzählte Calderone, »wurde in den Kofferraum geworfen und danach auf dem Friedhof von Corleone im Grab eines anderen verscharrt.«

Bernardo Provenzano hatte trotz der Unvorsichtigkeit eines seiner Männer seinem Namen als »Traktor« alle Ehre gemacht. Doch verstellt das Massaker vom Viale Lazio erneut den Blick auf seinen weiteren Aufstieg als geschickter Geschäftsmann und Vermittler, Eigenschaften, die ihm später den Beinamen *il ragioniere* (»der Buchhalter«) oder gar die Ehrenbezeichnung *il professore* einbringen sollten. Für einen, der nur zwei Jahre Grundschule absolviert hatte, kein schlechter Titel.

Das Liebesnest in Cinisi

Cinisi ist einer jener kleinen Orte unweit von Palermo, die in keinem Reiseführer vorkommen. Eher kennt man das benachbarte ehemalige Fischerdorf Terrasini mit einem Naturschutzgebiet um die Landspitze Capo Rama herum, das sich wegen seiner Sandstrände im Sommer bei Touristen großer Beliebtheit erfreut. Dieser Landstrich Westsiziliens zwischen Partinico und dem Meer wurde auch nach der Beendigung der arabischen Herrschaft durch die Normannen im 11. Jahrhundert lange von Muslimen bewohnt, die hier Baumwollpflanzungen anlegten. Nach einer Zeit des Verfalls kam es durch Benediktiner und Zisterzienser ab dem 14. Jahrhundert zu neuer Besiedlung. Das Rathaus von Cinisi ist in einer ehemaligen Benediktinerabtei untergebracht. In der Chiesa Madre aus dem 18. Jahrhundert steht ein wunderschöner, mit Korallen und Lapislazulisteinen geschmückter Altar.

Cinisi und Terrasini sind auch durch Giuseppe (»Peppino«) Impastato bekannt geworden. Der junge Impastato, Sohn eines Mafioso, wurde durch die 68er-Bewegung politisiert, lehnte sich gegen seinen Vater und die Cosa Nostra auf, gründete eine kleine, unabhängige Radiostation und wurde 1978 ermordet (siehe Kapitel 8, Seite 215). Marco Tullio Giordana hat darüber seinen Film »I cento passi« (»Die hundert Schritte«) gedreht. Im ehemaligen Wohnhaus der Mutter ist heute eine kleine Gedenkstätte eingerichtet. Cinisi gilt immer noch als ein Ort mit *alta densità mafiosa*, mit »hoher mafiöser Durchsetzung«.

Etwa in jenen Jahren, als Peppino seine Revolte begann, erregte eine andere Bewohnerin Aufsehen im Ort: Man munkelte, die 1945 geborene, unbescholtene Saveria Benedetta Palazzolo habe einen Liebeshandel mit einem unbekannten *forestiero*, einem Fremden. Von ihm wusste man nicht viel – nur dass er von der Polizei gesucht wurde und sich irgendwo in der Nähe versteckt hielt. Der Erzpriester Don Antonino erinnerte sich später in einem Interview mit Journalisten aus Palermo: »Alle wunderten sich, wie sie nur in solche Kreise kommen konnte.« So weit war die junge Palazzolo allerdings von »solchen Kreisen« auch nicht entfernt. Das merkte ebenfalls Don Antonino, als ihr Cousin ermordet aufgefunden wurde. »Und dabei kamen die Mütter immer zur Messe.«

Im Juli 1973 fiel den Carabinieri von Terrasini bei einer Routineüberprüfung im abgelegenen Ortsteil Capraria ein halb fertiger Neubau auf. Die Arbeiter auf der Baustelle nannten als Bauherrn einen »Don Paolo« aus Cinisi. Am nächsten Tag meldete sich dieser »Don Paolo« in der Carabinieri-Station und wies sich als Paolo Palazzolo aus. Er legte ein Papier vor, mit dem er belegte, dass er und seine Schwester Saveria Benedetta das Grundstück rechtmäßig erworben hatten. Kurz darauf, heißt es in einem Bericht der Carabinieri, sei das Grundstück mit dem Rohbau übereilt einer unverzüglich gegründeten Firma, der Simaiz S. p. A., verkauft worden, als deren Geschäftsführer ein mit der Mafia liierter Steuerberater fungierte. Diese Transaktion war eine Folge der Entdeckung der abseits gelegenen Baustelle durch die Carabinieri. Offensichtlich hatten sich Bernardo Provenzano und seine Saveria hier ein Liebesnest fern von neugierigen Blicken einrichten wollen. »Das neue Paar«, schreiben Ernesto Oliva und Silvio Palazzolo, »musste aber darauf verzichten und sich etwas anderes suchen.«

Was, das wissen wir nicht. Saveria verließ eines Morgens ihr Elternhaus. Angeblich hatte sie noch einmal die Chiesa Madre aufgesucht, um himmlischen Beistand zu erflehen – was Don Antonino jedoch abstritt. Immerhin präzisierte er: »Die Carabinieri machen ihre Arbeit. Ich bin zum Pfarrer berufen und nehme den auf, der mich sucht. Wenn jemand zur Messe kommt und sein Leben ändern möchte – was soll ich machen? Ich halte mich an das Evangelium.« Gerüchten zufolge hatten sich Saveria und Bernardo heimlich kirchlich trauen lassen. Bei der ersten Vernehmung nach seiner Festnahme wurde der Padrino auch nach seinem Familienstand befragt, was ihn wohl in Verlegenheit gebracht hat. »Ich konnte nicht«, soll er geantwortet haben, »aber ich werde das bald nachholen.« Was ein ordentlicher Mafioso ist, der lebt nicht in schlampigen Familienverhältnissen.

Saveria Benedetta Palazzolo blieb von jenem Tag an verschwunden. 1983 wurde sie zum ersten Mal in einem Bericht der Polizei aus Partinico erwähnt, in dem es hieß, dass sie und ihr Bruder Paolo als Anhänger eines aufkommenden »Provenzano-Clans« gegen den alten Padrino von Cinisi, Gaetano Badalamenti, arbeiten würden. Saveria wurde in den siebziger und achtziger Jahren der Unterstützung einer verbrecherischen Vereinigung beschuldigt. Die gelernte Schneidergehilfin firmierte als Inhaberin mehrerer Wohnungen sowie Teilhaberin verschiedener Unternehmen. Nach einem verwickelten Prozessverlauf und ersten Verurteilungen in Abwesenheit ging sie schließlich aufgrund einer allgemeinen Amnestie straffrei aus. Sie tauchte erst im April 1992 wieder auf, als sie mit ihren beiden Kindern zum Bruder ihres Lebensgefährten nach Corleone zog. Ihr Bruder Paolo wurde wegen Mittäterschaft und Unterstützung von Bernardo Provenzano im Winter 2006 in Cinisi verhaftet. Ihre Kinder Angelo und Francesco Paolo, von dem noch zu reden sein wird, sollten angeblich auf väterlichen Wunsch nicht in Mafia-Geschäfte verstrickt werden.

Wie Heroin die Cosa Nostra süchtig machte

Bernardo Provenzano baute sich in den siebziger und achtziger Jahren langsam Geschäftsbeziehungen besonders im Gesundheitssystem auf. Andere zeigten dafür nur wenig Interesse. Doch floss bereits damals kräftig Geld in diesen Sektor, das man durch Kontrolle von Ausschreibungen, Zulieferungen und Ämterpatronage abschöpfen konnte. Allein die Provinz Palermo hatte im Jahr 1983 einen Gesundheitsetat von 7,5 Milliarden Lire – damals rund 10 Millionen Mark. In den neunziger Jahren und zu Beginn des neuen Jahrtausends sollte das öffentliche Gesundheitswesen einer der lukrativsten Geschäftszweige überhaupt werden. Binnu war einer der Ersten, die das »gerochen« hatten. Doch die

Öffentlichkeit und die Justizbehörden hatten zunächst – und dies nicht ohne Grund – eine andere Entwicklung im Blick.

Auf amerikanischen Druck hin hatte die französische Polizei im Süden Frankreichs und auf Korsika die Labors zerstört, die Opium in Morphin und schließlich in Heroin umwandelten. Die sizilianische Mafia, die bereits den Handel zusammen mit der »French Connection« abgewickelt hatte, übernahm jetzt auch die Herstellung. Eine Maßnahme, die vor allem Tano Badalamenti aus Cinisi zu verdanken war. Über ihre amerikanischen Filialen baute die Cosa Nostra – verdeckt durch das landesweite Netz von Pizzerien – auch den Vertrieb in den Staaten aus (»Pizza Connection«). An den beiden Endpunkten saßen zwei Cousins: Carlo Gambino in New York und Salvatore Inzerillo in Palermo. Der Stoff wurde von Sizilien in die USA befördert – die tägliche Alitalia-Verbindung Palermo–New York hieß im Jargon »der Flug des Padrino« –, Geld floss zurück, und zwar in enormen Beträgen. Das machte die Mafia reich, am Drogengeschäft waren alle beteiligt. Einige jedoch, wie die Familie Inzerillo, wurden reicher als andere, was die Spannungen erhöhte.

In der 1975 wiedergegründeten Kommission von Palermo hatten nun die Gewinner des ersten Mafia-Kriegs das Kommando: insbesondere die Familie Greco und die mit ihr verbündeten Corleonesen, welche die »Territorialmacht« verkörperten. Die Clans der Inzerillos, Badalamentis und Bontates, die als Hauptvertreter der »Handelsmacht« galten, waren in der Minderheit. Doch die Konfliktlinien verliefen auch quer durch einige Familien, in denen es Mafiosi gab, die am Handel beteiligt waren, während andere das Nachsehen hatten. Der Capofamiglia konnte diese Widersprüche nicht lösen, höchstens auf sein Recht auf territoriale Aufsicht pochen und vom Drogenhändler seinen Anteil einfordern. Die *cosca*, die Familie, wurde dem widerstreitenden und widersprüchlichen Druck zweier Kräfte ausgesetzt: »der Zentralisierung der militärischen Kraft in der Kommission und der zentrifugalen Kraft, die auf die Entwicklung des geschäftlichen Netzwerks zurückzuführen ist« (Salvatore Lupo).

Die ungeheuren Geldmengen mussten gewaschen und wieder in den Wirtschaftkreislauf eingebracht werden. Internationale Finanziers, beispielsweise der aus Sizilien stammende Michele Sindona, wurden zu wichtigen Geschäftspartnern der Cosa Nostra. Sindonas Bankenimperium in den USA und Europa (Italien, Vatikan, Liechtenstein) brach allerdings 1974 zusammen. Sindona täuschte eine Entführung vor, versuchte politische Kreise zu erpressen, um seine Banken (und die Mafia-Gelder) zu retten. Er gab die Ermordung des italienischen Liquidators seiner Banken in Auftrag, wurde schließlich verhaftet und starb im Sicherheitsgefängnis des norditalienischen Voghera zwei Tage nach seiner endgültigen Verurteilung, nachdem er einen mit Zyanid vergifteten Espresso getrunken hatte.

Und auch der Mailänder Bankier Roberto Calvi, der 1982 in London erhängt unter einer Brücke gefunden wurde, hatte offensichtlich Mafia-Gelder aus dem Drogengeschäft verwaltet und mit dem Zusammenbruch seiner Ambrosiana-Bank verspielt. Eine der Spuren zu den Auftraggebern seiner Tötung unter einer Themsebrücke in London – es war sicher kein Selbstmord, wie zunächst vermutet – führt zu den Corleonesen.

Die hatten bereits aus uns unbekannten Gründen und mit einem in der Geschichte der Mafia einmaligen Verfahren Tano Badalamenti aus der Mafia ausgeschlossen. Der Padrino von Cinisi setzte sich daraufhin nach Spanien ab, wurde schließlich in Madrid verhaftet und in die USA abgeschoben, wo wegen seiner Drogenverbindungen ein Haftbefehl gegen ihn vorlag. Er starb 2004 in einer amerikanischen Strafanstalt.

Der Schlag gegen Badalamenti war nur ein Vorgeplänkel zum zweiten Mafia-Krieg gewesen. Die Führung der Corleonesen hatte jetzt Totò Riina übernommen, nachdem Luciano Liggio für immer hinter Gittern verschwunden war. Riina entledigte sich kurzerhand der Führung der »Handelsmacht« in der Cosa Nostra, indem er zunächst im April 1981 Stefano Bontate in seinem roten Alfa-Cabrio mit Blei durchsieben ließ. Der Padrino des Mandamento Villagrazia im Südosten von Palermo entstammte einer alten Mafia-Familie und war zugleich Mitglied der Freimaurer. Neben den Drogengeschäften hatte er sich durch Zusammenarbeit mit neapolitanischen Clans der Camorra beim Tabakschmuggel bereichert. Bontate hatte bereits zusammen mit Riina und Badalamenti zu dem Triumvirat gehört, das Ende der sechziger Jahre der schon geschlagen geglaubten Cosa Nostra zu neuem Leben verhalf. Nun war Riina die beiden anderen des einstigen Dreigestirns los. Mit Stefano Bontate konnte er auch einen angesehenen Widersacher innerhalb der Kommission aus dem Weg räumen.

Keinen Monat später starb Salvatore Inzerillo im Kugelhagel der Killer der Corleonesen. Der Ruf an Tommaso Buscetta, aus Brasilien zurückzukommen, um mit seiner Autorität dem Treiben ein Ende zu setzen, stieß auf taube Ohren. Buscetta wusste genau, wo und wer die Sieger waren: »die Front der Corleonesen«. So nannte er sie später beim ersten Mammutprozess gegen die Mafia, woraufhin der Richter ihn fragte, ob er die Mafia-Familie aus Corleone meine. Nein, antworte Buscetta, es handle sich um keine Mafia, sondern um eine »Front«. Sie waren die *viddani*, die Bauerntölpel – aber sie zeigten es allen.

Bontate und Inzerillo ermordet, Badalamenti und Buscetta geflohen – die Gegenpartei der Corleonesen und ihrer Verbündeten war führungslos. Wie schon in Corleone 25 Jahre zuvor setzte sich der militärische Flügel der Mafia gegen den scheinbar mächtigeren, durch vielfache Geschäftsbeziehungen und politische Absicherung gestützten reichen Arm der Organisation durch. Und wie in Corleone gingen die Sieger daran, systematisch ihre Gegner bis ins letzte Glied zu vernichten. Als ein Mordanschlag auf einen Bontate-Anhänger fehlschlug, massakrierte man kurzerhand 35 seiner Verwandten. Dieser Überlebende, Salvatore Contorno, wurde später zu einem wichtigen Kronzeugen für Staatsanwalt Giovanni Falcone.

Nachdem die Gegner im Blutrausch umgebracht oder vor den Corleonesen geflohen waren, überrollte die Tötungswelle Verdächtige und Missliebige in den eigenen Reihen. *Mattanza* wird dieser Krieg auch genannt, der ja eigentlich kein Krieg war, sondern ein einziges Abschlachten. So wie das Morden der traditionellen Mattanza vergleichbar war, bei der in immer enger zusammengezogenen Netzen gefangene Thunfische abgestochen werden und sich das aufgepeitschte Wasser schließlich blutrot färbt – wie die Straßen von Palermo.

Zwei Jahre lang wurden in Siziliens Hauptstadt täglich Menschen ermordet. Salvatore Lupo spricht von 500 Toten, ungefähr weitere 500 Personen verschwanden nach der von Luciano Liggio geschätzten Methode der Lupara bianca auf Nimmerwiedersehen. Riina ließ sogar Verwandten der Inzerillos in den USA nachstellen und sie töten. Der Leichnam von Pietro Inzerillo, Salvatores Bruder, wurde in New York gefunden mit einem Dollarbündel im Mund und einem zwischen den Beinen. Die Botschaft: »Du wolltest dir zu viel Geld einsacken.« Die Corleonesen waren jetzt an der Macht, und Totò Riina war ihr Diktator.

Das KZ von Bagheria

Und Bernardo Provenzano? Von ihm wurde nur wenig publik in diesen Jahren im Zusammenhang mit der Mattanza. Für Salvatore Lupo ist er dennoch ein »König der Meuchelmörder«. Seit 1978 wird er bereits als Mitglied der Kommission genannt, und es wäre unglaubwürdig, wenn er der Vorgehensweise Riinas nicht zugestimmt hätte. Angeblich hatten sich die beiden abgesprochen, nie gemeinsam an einer Sitzung teilzunehmen, um auf diese Weise wichtige Entscheidung stets hinauszögern zu können, weil immer erst noch der jeweils andere zu Rate gezogen werden musste. Sicher ist nur, dass ausgerechnet der als u' tratturi, als »Traktor«, verschriene Provenzano keine Hauptrolle bei den Massakern spielte. Pentiti, »reumütige« ehemalige Mafiosi, die sich, aus welchen Motiven auch immer, zur Zusammenarbeit mit den Justizbehörden entschlossen hatten – und die Mattanza trieb sie den Ermittlern scharenweise in die Arme –, berichteten von anderen Aktivitäten Provenzanos: von seinen Geschäften in Cinisi und später in Bagheria. Der ehemalige Villenort westlich vor den Toren Palermos wurde zum Hauptsitz von Bernardo Provenzano, den man jetzt »Don Binnu« nannte.

Eine Fabrik, in der Nägel produziert wurden und die der Familie Greco gehörte, schien das Zentrum seiner Aktivitäten gewesen zu sein. Die Ermittler, die Telefongespräche abhörten, fragten sich vergeblich, wer denn dieser Ragioniere sei, dieser »Buchhalter«, von dem man ehrfürchtig sprach und den jeder zu kontaktieren suchte. Erst sehr viel später, als Don Binnu bereits an der Spitze der Organisation stand, stellte sich heraus, dass es kein anderer als Bernardo Provenzano selbst war, der hier offensichtlich die Einnahmen aus den verschiedenen Geschäftszweigen – vom Drogenhandel über die öffentlichen Ausschreibungen bis zum Gesundheitsbereich – überwachte und verteilte.

Die Fabrikanlage selbst war zudem kein ehrbarer Ort des Handels und Wandels. Zeugenaussagen zufolge führte die Mafia hier Verhöre durch, folterte ihre Gegner und ließ den einen oder anderen von ihnen in Salzsäurebecken verschwinden. »Das KZ von Bagheria« wurde die Fabrik auch genannt. Als die Polizei 1984 eingriff und Leonardo Greco und andere verhaftete, waren bereits alle Spuren verwischt – auch die von Bernardo Provenzano.

Berühmte Leichen und der Mammutprozess

Totò Riina verletzte derweil ein anderes Tabu: Er griff die Vertreter des Gesetzes an und ließ drei Staatsanwälte umbringen – Cesare Terranova (1979), Gaetano Costa (1980) und Rocco Chinnici (1983). Des Weiteren sterben mussten Boris Giuliano, Chef der »Squadra mobile«, des Einsatzkommandos der Kripo Palermo, und mit ihm andere Polizisten und Carabinieri. Killer erschossen 1982 den kommunistischen Politiker Pio La Torre, nachdem sie bereits zwei Jahre zuvor den christdemokratischen

Regionalpräsidenten Piersanti Mattarella umgebracht hatten. Kurz darauf kam der Präfekt von Palermo, General Carlo Alberto Dalla Chiesa, bei einem Anschlag ums Leben. So weit nach oben hatte die Mafia von Palermo noch nie gezielt. Bis zu diesem Zeitpunkt waren *Cadaveri eccellenti*, »berühmte Leichen«, eine Ausnahme geblieben.

Der Druck seitens der Öffentlichkeit nahm zu. Der Staat musste sich wehren, und in Palermo mobilisierten sich auch Kräfte der Zivilgesellschaft. Es kam zu ersten Straßendemonstrationen gegen die Mafia. Studienzirkel entstanden, Forschungsinstitute nahmen sich des Phänomens an, die Schulen begannen zu reagieren und öffneten sich einer Antimafia-Erziehung.

Vor allem gab es neue Gesetze: Zum ersten Mal wurde allein schon die »Mitgliedschaft in einer kriminellen Vereinigung mafiöser Art« unter Strafe gestellt. In Palermo wurde unter Leitung von Antonino Caponnetto eine Arbeitsgruppe von Untersuchungsrichtern eingerichtet, die sich ausschließlich mit Mafia-Verbrechen beschäftigte. Zu diesen Ermittlern gehörten auch Giovanni Falcone und Paolo Borsellino.

Die neuen Methoden, die Giovanni Falcone und seine Mitarbeiter anwendeten, indem sie zum Beispiel die Finanzflüsse aus den Einnahmen der Mafia-Geschäfte verfolgten und so zu den Auftraggebern vorstießen, zeitigten bald Erfolge. Die Ergebnisse dieser Ermittlungen und die Aussagen der Pentiti, der Kronzeugen von Buscetta abwärts, machten den ersten *maxiprocesso* (»Mammutprozess«) möglich. Er wurde am 10. Februar 1986 in einem eigens zu diesem Zweck errichteten Bunker innerhalb des Stadtgefängnisses von Palermo gegen 474 Angeklagte eröffnet, wobei die Mafia als Organisation insgesamt zur Verantwortung gezogen wurde. Das allein war bereits ein Erfolg, wurde doch zum ersten Mal von einem Gericht bestätigt, dass eine Organisation dieser Art überhaupt existierte. Nach fast zwei Jahren Verhandlungsdauer fällten die Richter ein geradezu sensationelles Urteil: 360 der Angeklagten wurden für schuldig befunden und für insgesamt 2665 Jahre hinter Gitter geschickt.

Allerdings fehlten die hohen Tiere wie Totò Riina, der sich weiterhin vor der Polizei versteckt halten konnte. Und auch Bernardo Provenzano saß nicht auf der Anklagebank. Aber weder Polizei noch Öffentlichkeit kümmerten sich übermäßig um ihn, der zwar in der Hierarchie des Verbrechens ganz oben angesiedelt war, aber offensichtlich nicht das Zeug hatte, ein ganz Großer zu sein. Für sie blieb er *Binnu u' tratturi*, ein Mitläufer Riinas und nicht einmal sonderlich in die jüngsten Blutbäder verstrickt.

Es dauerte weitere vier Jahre, bis das Urteil des ersten Mammutprozesses alle Instanzen durchlaufen hatte. In diesem Zeitraum wurde Giovanni Falcone aufgrund interner Auseinandersetzungen in den Justizbehörden aus der Staatsanwaltschaft verdrängt. Gleichwohl gelang es ihm von Rom, und zwar vom Justizministerium aus, eine Neustruktur der Ermittlungsbehörden aufzubauen. Unter anderem wurde jetzt eine nationale Antimafia-Behörde eingerichtet, die einem leitenden Staatsanwalt (*Procuratore nazionale antimafia*) unterstehen sollte (siehe siebtes Kapitel, Seite 197). Und eine Persönlichkeit wie Giovanni Falcone schien zudem prädestiniert für dieses neue Amt.

Die Anschläge gegen Falcone und Borsellino

In der italienischen Politik hatte sich nach dem Fall der Berliner Mauer und des Kollaps des Ostblocks eine ideologische Öffnung vollzogen. Die starke, oppositionelle Kommunistische Partei Italiens (PCI) geriet unter politischen Druck und spaltete sich in einen sozialdemokratischen Mehrheitsflügel (PDS, später DS) und einen noch klassenkämpferisch geprägten Minderheitsflügel (PRC). Die Christdemokraten verloren ihre zentrale Stellung als antikommunistisches Bollwerk. Ein Korruptionsskandal und die Aufdeckung illegaler Parteifinanzierungen zerstörten die Glaubwürdigkeit der alten Regierungsparteien Christdemokraten, Craxi-Sozialisten oder Liberale. Das italienische Parteiensystem brach zusammen. Damit verlor die Mafia auch ihre politische Rücken-

deckung, auf die sie offensichtlich gesetzt hatte, um zu erreichen, dass die Strafmaße im Mammutprozess abgemildert, wenn
nicht – wie gewohnt – gar durch Freisprüche mangels Beweisen
ersetzt wurden.

Schließlich bestätigte das zuständige Kassationsgericht im Januar 1992 weitgehend das Urteil der ersten Instanz und entsprach damit dem von Falcone und Borsellino aufgestellten An-
klagegebäude: Es gebe eine hierarchisch strukturierte Gesamtorganisation Cosa Nostra, und die Mitglieder der »regierenden«
Kommission seien somit verantwortlich für die Verbrechen, die
in ihrem Auftrag durchgeführt würden. Außerdem könnten die
Aussagen von Pentiti nach jeweiliger Einzelprüfung Beweiskraft
haben.

Für die Mafia war das mehr als ein harter Schlag – sie wankte
wie ein angeknockter Boxer im Ring. Noch ein weiterer Haken,
und sie wäre endgültig zu Boden gegangen. Dem »Diktator«
Totò Riina, der auch auf keine politische Hilfestellung mehr zählen konnte, blieb die Wahl, entweder zurückzustecken, neu aufzubauen, andere Beziehungsnetze zu knüpfen oder weiterzu-
machen. Er wählte den Weg nach vorn, so wie er es von Luciano
Liggio in Corleone im Kampf gegen Michele Navarra gelernt
hatte. So wie er es selbst im Machtpoker um Palermo bewiesen
hatte, den er durch den Einsatz brutaler Gewalt gewann. Doch
diesmal ging es nicht mehr um eine Fehde innerhalb der Cosa
Nostra – jetzt war der Staat der Feind.

Als Erstes wurde der Politiker Salvo Lima, der wichtigste Verbindungsmann zwischen Democrazia Cristiana und Mafia, im
Frühjahr 1992 kurz vor der Parlamentswahl liquidiert. Er hatte
versagt, seine Partei hatte versagt, er wurde nicht mehr gebraucht.
Diesmal wissen wir, dass Bernardo Provenzano die Kriegserklä-
rung seines alten Freundes aus Corleone gebilligt hatte. Jedenfalls war er im Februar 1992 – entgegen der Abmachung, niemals
gemeinsam mit Riina aufzutreten – nach Aussagen von Pentiti auf
der entscheidenden Sitzung im friedlichen Enna dabei, bei der
auch die Tötung Falcones beschlossen wurde. Provenzano hatte

sie nicht verhindern wollen oder können. Wollte Don Binnu einfach nur abwarten?

Giovanni Brusca, der dann den Mordanschlag auf Giovanni Falcone ausführte, berichtete später dem Journalisten Saverio Lodato in seinem Bekenntnisbuch »*Ho ucciso Giovanni Falcone*«: »Provenzano war immer so, er wartete ab, dass andere die Initiative ergriffen.« Brusca mochte Provenzano nicht sonderlich, seine Sympathien galten Riina. Und auch dieser, so schien es, ging immer mehr auf Distanz zu seinem Jugendfreund Binnu, der ihm nicht kämpferisch genug war.

Ein Zeichen setzte Bernardo Provenzano immerhin: Er ließ seine Lebensgefährtin und seine Kinder aus dem Untergrund auftauchen. Sie kamen im April in seinen Heimatort, zurück in den Schoß der Familie und den Alltag Corleones. Es war so, als würden sie im öffentlichen Leben, gleichsam wie in einem Bunker geschützt, den kommenden Krieg besser überleben können. Tommaso Buscetta meinte zu dieser Entscheidung Provenzanos: »Von diesem Tag an fängt er wirklich an, eine selbstständige Rolle gegenüber Riina zu spielen.« Riina wusste genau, über welche militärischen Verbindungen sein alter Kumpel in ganz Sizilien verfügte: Provenzano »braucht sich also um seine Familie in Corleone nicht zu ängstigen«.

Totò Riina hatte außerdem andere Sorgen. Er musste Krieg führen, und er setzte Giovanni Brusca in Marsch. Am 23. Mai kamen bei dem Bombenattentat von Capaci Giovanni Falcone, seine Frau und die Mitglieder seiner Begleitmannschaft ums Leben. Wenige Wochen später riss eine Explosion Paolo Borsellino und seine Bodyguards in den Tod. Bomben explodierten vor öffentlichen Einrichtungen in Rom, Florenz, Mailand. Bei den Attentaten starben unbeteiligte Menschen.

Ein Schrei der Wut hallte durch Italien. Der Staat verstärkte die auf Sizilien stationierten Armee-Einheiten. Die finanziellen und personellen Mittel für die Verbrechensbekämpfung wurden aufgestockt und die Haftbedingungen für einsitzende Mafiosi verschärft. Dann, im Januar 1993, konnte die Polizei Totò Riina unter merkwürdigen Umständen verhaften. Wurde er verraten? Sein Schwager Leoluca Bagarella, einer der brutalsten Killer der Corleonesen, nahm seinen Platz ein. Doch Bagarella schien eher als Kompromisslösung gedacht zu sein – lediglich als Zeichen des guten Willens, dass die Cosa Nostra nicht ihrem Diktator, der jetzt hinter Gittern saß, in den Rücken fallen wollte. Mit der Wahl Bagarellas sollte wohl der harte Kurs vorerst beibehalten werden.

Doch Leoluca Bagarella war ein Mann ohne Ausstrahlung – jemand, der zuerst schoss und dann nachdachte. Auch Giovanni Brusca fiel kurz darauf den Ermittlungsbehörden in die Hände – und plauderte bereitwillig aus dem Nähkästchen. Er erzählte, dass nach Riinas Festnahme sich Unsicherheit breitgemacht habe und nun jeder der Clanchefs sein Mandamento nach Gutdünken verwalte. »Es gab nicht mehr die gleiche Homogenität wie vorher, als – nun ja, man könnte ihn den Vater der Familie nennen – unser aller Capo da war.« Schließlich ging im Juni 1995 auch Bagarella den Ermittlern ins Netz. Dies geschah erneut unter merkwürdigen Umständen, erneut wurde Verrat nicht ausgeschlossen.

Die Lehrjahre waren endgültig zu Ende. Jetzt war Don Bernardo an der Reihe. Binnu, der Traktor, der Buchhalter, der Professor – der neue Padrino. Und es wurde wieder einmal still um die Mafia – verdächtig still.

Viertes Kapitel

»Pax mafiosa«:
Die Provenzano-Story (II)

*Don Binnu als Pate von Mitte der neunziger Jahre
bis zur Verhaftung 2006 – Die Geschäfte der
Cosa Nostra und die des Padrino – Bernardo Provenzano privat*

Ein sonniger Tag ging zu Ende. Es war der 31. Oktober 1995, und es zog einer jener herbstkühlen Abende herauf, an denen sich vom gut 550 Meter hoch gelegenen Ort Mezzojuso dem Betrachter ein weiter Blick ins Innere Siziliens öffnete: mit der untergehenden Sonne im Rücken und dem Asphalt der Schnellstraße von Palermo nach Agrigent als glitzerndem Leitfaden vor sich. Der Name »Mezzojuso« leitet sich vom arabischen »Manzil Jusuf« ab, was »Siedlung des Josef« bedeutet. Nach den Arabern und den Normannen wurde das Bergnest, das heute 3000 Einwohner zählt, zunächst von vor den Türken geflohenen Albanern besiedelt. Noch heute gibt es zwei Hauptkirchen. In der einen wird die Messe nach lateinischem, in der anderen nach griechischem Ritus gelesen. Im Kloster aus dem 17. Jahrhundert ist seit 1968 eine Werkstatt zur Restaurierung alter Bücher untergebracht.

Vor einem Feldhaus auf dem von Bäumen bewachsenen Brigna-Hügel oberhalb von Mezzojuso standen zwei ältere Männer. Ein dritter kam hinzu und sprach einen der beiden an: »Du gehst hier so frei spazieren – hast du keine Angst, dass man dich von der Straße aus beobachten könnte?« Nein, Bernardo Provenzano, seit 1963 vor der Polizei auf der Flucht, hatte keine Angst. Er konnte sich seiner Umgebung anpassen wie ein Chamäleon. Er trug an diesem Abend eine breit gerippte Hose aus grobem Stoff, ein Polohemd, darüber einen Wollpullover mit V-Ausschnitt und eine schwere Joppe über dem Arm. »Alle hielten ihn für einen Bauern«, erinnerte sich Luigi Ilardo, der dabei war.

Wenige Wochen danach stoppten Carabinieri an einer Straßensperre bei Casteldaccia einen klapprigen Fiat 850, der auf dem Dach einen Heuballen transportierte. Die Beamten ließen sich die Ausweise zeigen, blätterten sie gelangweilt auf und reichten sie den beiden alten Männern im Auto wieder zurück, die dann friedlich ihren Weg fortsetzten. Einer der beiden Alten war Bernardo Provenzano.

Ein Mitarbeiter der Justiz berichtete später, wie der Padrino zusammen mit Pino Lipari, dem »Minister für öffentliche Arbeiten« der Cosa Nostra, in jenen Monaten ein Kino im Zentrum Palermos besucht hatte, um sich Francis Ford Coppolas Film »Der Pate – Teil II« anzusehen, der in Palermo und auf Sizilien gedreht worden war. In Mafia-Kreisen flüsterte man hochachtungsvoll: »Und der Mann soll von der Polizei gesucht werden?« Provenzanos Nimbus des Unbesiegbaren, des Ungreifbaren erreichte einen Höhepunkt.

Ruhe ist die erste Mafioso-Pflicht

Von der Kinoepisode hatte Nino Giuffrè den Ermittlungsbehörden erzählt, nachdem er 2002 festgenommen worden war. Antonino (»Nino«) Giuffrè gehörte bis zu seiner Verhaftung zu den engsten Vertrauten Bernardo Provenzanos. Seine rechte Hand war bei einem Jagdunfall verstümmelt worden war, weshalb er auch *manuzza* (»hässliches Händchen«) genannt wurde. Er gebot über das Mandamento Caccamo, einen weitläufigen Mafia-Distrikt im Osten der Provinz von Palermo mit Einfluss auch im sogenannten *Grande mandamento* zwischen Bagheria,

San Giuseppe Jato und Corleone. Eigentlicher Herrscher dieses Gebiets, zu dem auch Mezzojuso gehörte, war aber Bernardo Provenzano, der es von Luciano Liggio gleichsam als Lehen erhalten hatte. Von hier aus wickelte Don Binnu den größten Teil seiner Geschäfte ab. Nino managte derweil für seinen Chef den logistischen Teil des Untergrundlebens, suchte neue Aufenthaltsorte, sicherte sie und organisierte den »Umzug« des Padrino von einem Versteck zum anderen – oft in einem Krankenwagen. Außerdem pflegte Manuzza auch wichtige politische Kontakte – von denen später noch die Rede sein wird.

Bernardo Provenzano hätte trotzdem allen Grund gehabt, sich nicht allzu sicher zu fühlen. Denn ausgerechnet ein anderer Vertrauter, Gigi Ilardo, einer der Bosse aus der Provinz Caltanissetta, hatte sich nach einem Gefängnisaufenthalt 1993 mit einem Carabinieri-Offizier in Verbindung gesetzt, dem er Informationen über Interna der Cosa Nostra zukommen ließ. Ilardo war wie viele andere enttäuscht über die Entwicklung innerhalb der Mafia und den Verlust der – in seinen Augen – traditionellen Werte. Er hatte dem Ermittler versprochen, ihn bis an die Spitze, bis zu Provenzano selbst zu führen. Als Beweis seiner Aufrichtigkeit hatte er ihm unter anderem einige Pizzini Provenzanos zugespielt: also jene Botschaften und Briefe, die zwischen dem neuen Chef der Cosa Nostra und den anderen Bossen auf geheimen Wegen ausgetauscht wurden. Durch die Aussage von Ilardo wissen wir auch etwas von der Zusammenkunft in Mezzojuso am 31. Oktober 1995, an der führende Mafiosi aus Agrigent, Caltanissetta und natürlich Palermo teilnahmen, darunter ein bis dahin völlig unverdächtiger Beamter des regionalen Ministeriums für Landwirtschaft.

Auf dem Treffen gab es nur einen Tagesordnungspunkt: die Zukunft der Cosa Nostra. Die Lage war kritisch: Riina verhaftet (Januar 1993); Bagarella verhaftet (Juni 1995) und viele andere mehr; wachsender Druck der Staatsorgane nach den mörderichen Anschlägen von 1992 (allen voran die gegen Falcone und Borsellino); Verlust von Konsens bei der Bevölkerung in den

Stammgebieten der Cosa Nostra; und immer mehr Abtrünnige, die zur Zusammenarbeit mit den Justizbehörden bereit waren.

Sicher, Bernardo Provenzano hatte die Entscheidungen der Kommission unter Totò Riina und ihre Strategie der Bomben mitgetragen. Aus Kalkül? Aus Solidarität mit den alten Freunden aus Corleone? Aber zugleich hatte er den Eindruck vermittelt, dass dies keine Billigung aus Überzeugung gewesen war. Jetzt war er dabei, ein neues Image von sich zu verbreiten, das Bild eines Führers, der den Kurs ändern konnte, ohne mit der Vergangenheit zu brechen. Nach dem Motto: »Alles muss sich ändern, damit es bleibt, wie es ist.«

Das Treffen von Mezzojuso (und wohl auch weitere, von denen wir jedoch keine genauen Berichte haben) leitete er wie eine politische Konferenz. Zuerst gab es eine Gruppensitzung unter seinem Vorsitz, dann Einzelgespräche. Zuvor hatte er offensichtlich ein Stillhalteabkommen mit Giovanni Brusca vereinbart, der nach der Verhaftung Riinas und Bagarellas so etwas wie der militärische Kopf der Corleonesen geworden war. Und er hatte sich mit Pietro Aglieri verbündet. Der Capomandamento von Santa Maria del Gesù (wo einst ein Stefano Bontate das Sagen hatte) spielte eine wichtige Rolle im Drogenhandel. Mit Provenzano verband Aglieri zudem eine schlichte Religiosität. Rückhalt durfte er ebenfalls von Salvatore Lo Piccolo, dem mächtigen Boss von Palermo-West, erhoffen.

Schließlich vergewisserte sich Don Binnu sich der Unterstützung Matteo Messina Denaros aus Trapani. Der junge Ehrenmann, geboren 1962, galt bereits in jenen Jahren als eine herausragende Figur des Mandamento Trapani-Castelvetrano. Wegen seiner Beziehungen nach Nord- wie nach Südamerika wurde er von den Medien als »Außenminister der Cosa Nostra« bezeichnet. Die Bosse von Trapani hatten außerdem zu den Ersten gehört, die sich mit den Corleonesen verbündeten, als diese ihre Hände nach Palermo ausstreckten. Don Binnu war des Lobes voll über den jungen Capo. Und der antwortete (mit dem Decknamen Alessio) dem Padrino in einem Pizzino: »Sie sagen, ich sei besser als Sie?

Nein, ich bin nicht besser, ich spiegele mich in Ihnen wider und glaube an unsere Sache. Ich bin in ihr aufgewachsen, und so wird es bis zum Tod bleiben. Ihr Alessio.«

Mit diesen Bündnissen im Rücken konnte der Padrino am Ende der Tagung von Mezzojuso seine Strategie erläutern: Ziel war es, Ruhe in die Cosa Nostra zu bringen, um in fünf bis sieben Jahren wieder eine tiefe Verankerung in der Gesellschaft zu erreichen. Nur eine solche Verankerung, so die Botschaft an die Männer von Mezzojuso, könne erfolgreiche Geschäfte und den Ausbau der Kontaktnetze garantieren. *Non fare scruscio* – »keinen Lärm machen«, hieß die Losung. Ruhe wurde jetzt zur ersten Mafioso-Pflicht. Das hieß vor allem: keine aufsehenerregenden Morde mehr. Tötungen, »Hinrichtungen« in der Sprache der Cosa Nostra, durften nur noch nach Absprache mit der obersten Spitze ausgeführt werden.

Die Organisation, so Don Binnu, sollte abtauchen: raus aus den Medien und rein in den Alltag. Was so viel bedeutete wie Rückgewinnung der alten Vertrauens- und Respektstrukturen, Achtung der Familienhoheit über die jeweiligen Mandamenti. Für allgemein gültige hierarchische Strukturen für die Provinz Palermo und die anderen Provinzen Siziliens wollte er selbst sorgen. Die neue Mafia, *Cosa Nuova* wurde sie bald in den Medien genannt, war also eine Rückbesinnung auf traditionelle Verhaltensweisen. Die neue Mafia war die alte.

Ilardo gab das Ergebnis dieser »Strategietagung« an seinen Kontaktoffizier weiter. Jedoch die Carabinieri zögerten, der von Ilardo gelegten Spur zu Provenzano konsequent nachzugehen. Der Informant ließ der Polizei sogar wichtige Hinweise zu sich daran anschließenden »Terminen« des Padrino zukommen, bei denen man ihn wieder hätte verhaften können. »Nicht eingreifen, weiter beobachten«, lautete jedoch die unverständliche Anweisung des Zentralkommandos der Carabinieri aus Rom. Später sollten sich der Kontaktoffizier Ilardos und die römische Befehlszentrale gegenseitig die Schuld an der verhinderten Festnahme zuschieben. Ein Prozess in der Angelegenheit wird gerade geführt.

Derweil gab es auch jemanden, der Bernardo Provenzano gewarnt hatte:

Luigi Ilardo wurde am 10. Mai 1996 in Catania erschossen aufgefunden, und zwar kurz bevor er offiziell in das Schutzprogramm der Justizbehörden eingegliedert werden konnte.

Der »Codex Provenzano«

Die Kuriere, die die Pizzini des Paten weiterleiteten, wussten nicht, über wie viele Stationen die Briefe in ihre Hände gelangt waren und wie viele Stationen noch folgen würden. Es gab klare Anweisungen für die Übergabe, mehr nicht. Die konnte im Fahrstuhl eines Krankenhauses zwischen zwei Personen erfolgen oder mittels eines toten Briefkastens. Zum Beispiel sollte der Bote zu einer bestimmten Weidefläche am Rande einer Siedlung unweit des Flughafens Punta Raisi fahren. Dort angelangt, hatte er zu einer ihm beschriebenen Trockenmauer unter einem Olivenbaum zu gehen. Zwischen zwei Steinen war der Spalt, in den er den Brief stecken sollte. Anschließend überquerte er die Straße zu den Häusern und steckte eine Fachzeitschrift über Oldtimer in einen der Briefkästen. Das war das verabredete Zeichen für neuen Posteingang. Dann verschwand der Bote wieder.

Zwei Stunden später hatte Bernardo Provenzano den Brief in seinen Händen. Pino Lipari schilderte ihm darin die prekäre Situation des Kaufmanns M. aus Alcamo, der durch eine untreue Verkäuferin Probleme mit seinen Zulieferern bekommen hatte. »Ich bitte dich darum, über deine Kanäle einzugreifen, damit die Vertrauenswürdigkeit von M. wiederhergestellt werden kann und Wege gefunden werden, auf denen M. seine Schulden bei den Zulieferern abbezahlen kann. Für dein wohlwollendes Interesse dankend …«

Es waren die kleinen wie die großen Sorgen des Alltags, in denen man sich um Rat an den Padrino wandte. Aus Messina erreichte ihn die Bitte, im Fall einer Adligen einzugreifen, die sich ihres Verwalters auf möglichst unauffällige Weise entledigen wollte. Aus einem Dorf bei Palermo wurde er um Erlaubnis gebeten, einen bestimmten politischen Kontakt zu nutzen. Aber vor allem ging es um Geschäfte.

Bernardo Provenzano beantwortete jeden dieser Briefe, gab Ratschläge, Anweisungen für neue Geschäfte, teilte Gewinne auf oder vermittelte in einem Streit. Er, dem nicht einmal ein Volksschulabschluss vergönnt gewesen war, schrieb in einem holprigen Italienisch voller grammatikalischer Fehler – aber mit der Weisheit eines alten Mannes, der es aus kleinsten Verhältnissen bis an die Spitze der ältesten und vielleicht größten Verbrecherorganisation der Welt geschafft hatte. »Suche immer die Wahrheit, bevor du sprichst«, schrieb er zum Beispiel an seinen Manager Pino Lipari, »und erinnere dich daran, dass ein Beweis allein nicht ausreicht, um gewisse Überlegungen anzustellen. Um sicherzugehen, benötigt man drei Beweise, außerdem Korrektheit und Folgerichtigkeit. Aufrichtige Grüße. Mit Gottes Hilfe bin ich euer Diener. Befehlt mir. Und, wenn möglich, werden wir mit Ruhe und Zurückhaltung vorankommen ...«

Oder er sprach Warnungen aus: »*Carissimo*, mit Freuden hörend, dass es euch gut geht, was man von mir, dem Herrn sei es gedankt, auch sagen kann ... Achte darauf, ob in der Nähe des Unternehmens nicht eine oder mehrere Videokameras angebracht wurden. Und lass sie auch beachten, dass sie nicht reden, nicht in und nicht in der Nähe der Autos. Auch im Haus nicht mit lauter Stimme und auch in der Nähe der Häuser nicht ... Keine Danksagungen diesbezüglich an mich. Danke unserem Herrn Jesus Christus.«

Zusammen mit dem Journalisten Salvo Palazzolo hat Staatsanwalt Michele Prestipino ein Buch unter dem Titel »*Il Codice Provenzano*« herausgebracht. Unter dem »Codex«, eigentlich eine Sammlung von Texten, der aber auch als »Code«, verschlüsselte Geheimschriften, gelesen werden kann, ist diese geniale Zettelwirtschaft zu verstehen, mit welcher der Padrino sein Kommunikationssystem aufgebaut hatte.

Vor der Festnahme Provenzanos hatten die Ermittler nur wenige Dutzend solcher Pizzini sicherstellen können. In seinem letzten Unterschlupf entdeckten Michele Prestipino und seine Leute dann mehr als 200 ordentlich abgelegte Pizzini – eine wahre Fundgrube im Hinblick auf weitere Ermittlungen. Die Namen der Empfänger waren jeweils mit einer Nummer verschlüsselt: von Nummer 2 bis 164. Nummer eins, das war Provenzano selbst. Einigen Nummern konnten inzwischen mit Hilfe von Pentiti Namen zugeordnet werden. Aber welche weiteren Namen verbergen sich hinter den vielen anderen Zahlen? Welche Codes sind im Text verborgen? Sind die Grammatikfehler gewollt? Welche Bedeutung haben die vielen Fragezeichen, die ganz unmotiviert auch mitten in den Sätzen vorkommen? Und dann die vielen umständlichen religiösen Formeln – steckte auch dahinter eine Absicht?

Pino Lipari, der auch vom Gefängnis aus durch seine Frau und seine Kinder mit Bernardo Provenzano korrespondierte, um für ihn Geschäfte abzuwickeln, ließ sich die Pizzini von seinem Sohn Arturo abschreiben. Bei einem Besuchstermin im Gefängnis, der abgehört wurde, beschwerte sich Lipari über einige Auslassungen bei der Abschrift. »Aber da waren so viele ›Ave Maria‹«, verteidigte sich sein Sohn. Und Lipari antwortete: »Beim nächsten Mal will ich alles, denn zwischen diesen ›Ave Maria‹ muss ich verstehen, verstehe ich etwas … Ist das klar?«

Bietet gar die mit reichlichen Unterstreichungen und handschriftlichen Kommentaren versehene Bibel, die den Fahndern bei der Festnahme Provenzanos in die Hände fiel, einen Schlüssel, mit dem etwaige Codes geknackt werden können? Die Bibel wird zurzeit von Spezialisten des amerikanischen FBI untersucht. Die Pizzini, schreiben Prestipino und Palazzolo, stellten ein »dynamisches Kommunikationssystem« innerhalb eines Beziehungsgeflechts dar, das in stetiger Entwicklung begriffen sei. Hinter den Botschaften dieses Beziehungsgeflechts könnten sich vielleicht auch Spuren einiger großer Rätsel der italienischen Geschichte verbergen: Spuren, mit denen sich zum Beispiel der Tod der Bankiers Michele Sindona und Roberto Calvi klären oder die möglichen Beziehungen der Mafia zur Vatikanbank offenlegen lassen. Und schließlich könnte man durch sie das Rätsel des angeblichen Tresors der Mafia, der immense Reichtümer enthalten soll, lösen.

Das Wissen um viele Geheimnisse

Briefe erreichten den Padrino bereits 1995 von allen Ecken der Insel: beispielsweise von Matteo Messina Denaro aus Trapani oder von Salvatore Lo Piccolo, der inzwischen einer der wichtigsten Bosse von Palermo geworden war. Lo Piccolo redete ihn ehrfurchtsvoll mit *caro zio*, »lieber Onkel«, an und siezte ihn. Was machte Bernardo Provenzano so einflussreich? Dass er als »Erbe« die Linie Luciano Liggio, Totò Riina, Leoluca Bagarella fortsetzte, kann es nicht allein gewesen sein. Denn man rückte nicht, wie in einer Monarchie, allein wegen einer Erblinie an die Spitze der Cosa Nostra. Auch seine brachiale Vorgehensweise, sein Ruf als *u' tratturi*, als »Traktor«, spielte offensichtlich eher außerhalb der Mafia, bei den Ermittlungsbehörden und in der Öffentlichkeit, eine Rolle. Und er trug dazu bei, ihn als ungehobelten Arm von Totò Riina zu unterschätzen. Eher war von Bedeutung, dass er allein als Corleonese es vermochte, die Gewaltspirale seiner Partei wieder zurückzudrehen, ohne einen erneuten Mafia-Krieg zu provozieren.

Seine wirkliche Kraft, schreiben die Journalisten Enrico Bellavia und Salvo Palazzolo, liege aber in dem »Gepäck des Wissens« um viele Geheimnisse, das er in vierzig Jahren Leben im Untergrund gesammelt habe und mit sich herumtrage – ein mit Namen gespicktes Gepäck. »Ein Gepäck über geheime Beziehungen zu den Regierungsstellen, über geheime Kontakte zu den gesellschaftlichen Einrichtungen, über die geheimen Hintergründe der Morde an hochgestellten Persönlichkeiten, die bis heute unaufgeklärt geblieben sind. Mit diesen Geheimnissen kann Provenzano erpressen, planen, sich durchsetzen.«

Wenn er, der seit 1978 zur Kommission von Palermo gehörte, ausgepackt hätte, hätten viele einpacken können. So war es im Interesse aller sicher am klügsten, ihn zur Nummer eins zu machen. Und es war taktisch nicht die schlechteste Wahl.

Ein junger Mafioso, der sich später zur Zusammenarbeit mit der Justiz entschlossen hatte, berichtete von einer Begegnung mit Provenzano im Jahr 1995: »Ein distinguierter Herr, um die sechzig Jahre alt, sehr gepflegt. Was mich am meisten beeindruckt hatte, waren seine Schuhe, wunderschöne Schuhe, in braunem Leder, mit dem gemalten Aufdruck einer fliegenden Ente.« Der Pentito bestätigte die Aussagen anderer, denen zufolge Provenzano nicht mit »Tratturi«, sondern mit »Ragioniere« oder »Professore« betitelt wurde. »Ich muss hinzufügen, dass ich innerhalb von der Cosa Nostra immer Positives über Provenzano gehört habe. Ihm wurde der Ausdruck ›Iss und lass essen‹ zugeschrieben, um seine Bereitschaft zu unterstreichen, die Einkünfte aus den illegalen Geschäften mit anderen zu teilen, anders als es die Praxis von Riina war.«

Unter Riina wurden zum Beispiel die Einnahmen aus dem Bereich »öffentliche Aufträge« wie folgt aufgeteilt: Zwei Prozent gingen an die beteiligten Politiker, zwei Prozent an die Cosa Nostra als Gesamtorganisation (unter anderem zum Kauf von Waffen), zwei Prozent an die öffentlichen Aufsichtsgremien (Rechnungshof, Finanzgerichte) – und 0,8 Prozent flossen in Riinas eigene Tasche. Dieser Anteil wurde von Provenzano als erste »Regierungsmaßnahme« gestrichen. Er hatte seine Firmen und damit entsprechende Einnahmen, die ihm genügten. Und wenn ihm jemand anderer aus Dankbarkeit oder als vorbeugende Maßnahme einen Firmenanteil anbot, dann nahm er dieses Geschenk gerne an. Aber bei Gemeinschaftsgeschäften hielt er sich zurück und spielte vor allem den Vermittler.

Nach außen hin blieb er lange Jahre weiterhin der große Geheimnisvolle. Und es gab nicht wenige, die ihn bereits für tot erklärten, seitdem seine Familie 1992 ihr Versteckspiel im Untergrund aufgegeben hatte. Gian Carlo Caselli, der von 1993 bis

1999 die Staatsanwaltschaft von Palermo leitete, sagte noch im Jahr 2001: »Über Provenzano kann man alles schreiben und das Gegenteil von allem.« Der Oberstaatsanwalt zitierte einen Journalisten (Saverio Lodato): Provenzano sei »der Schattenmann, der da ist und nicht da ist. Der dicke und kranke Mann. Der dünne und athletische Mann. Der Mann, der sich nie entscheiden kann und der immer eine Strategie verfolgt hat. Der Mann mit einem Hühnergehirn. Der Mann mit einer Intelligenz wie die der Kurie. Der Mann, unempfindlich gegenüber Gewalt: der Mann, der heute die Cosa Nostra anführt.«

Die Geschäfte des Padrino

Die Geschäfte der Cosa Nostra wurden auf vielen Ebenen abgewickelt. Ihre Haupteinnahmequelle wurde unter Provenzano wieder der »Verkauf« von Sicherheit. Das begann mit der »einfachen« Gebietssteuer, dem Pizzo, den Kaufleute und Unternehmen dem Capomafia ihres Viertels zu entrichten hatten. Hinzu kamen später weitere »Schutzaktivitäten« wie das bereits an anderer Stelle beschriebene Ribordo (siehe zweites Kapitel, Seite 51). Und vor allem die klassischen »Dienstleistungen« der Mafia auf Baustellen: Entsendung von Wächtern, Zulieferung und Sicherung des Baumaterials, Wiederbeschaffung bei Diebstahl. Das war die Basis, von der aus man das Geschäft der öffentlichen Arbeiten (Bauaufträge, Belieferung öffentlicher Einrichtungen etc.) angehen konnte.

Schließlich gab (und gibt) es die internationalen Geschäfte: den Handel mit Drogen, Waffen und Menschen (illegale Einwanderung) und damit verbunden die Geldwäsche und das Reinvestieren der Einnahmen über den internationalen Finanzmarkt oder die »saubere« Anlage in Immobilien nicht nur auf Sizilien und in Italien, sondern auch im übrigen Europa – einen Schwerpunkt bildete zum Beispiel die Côte d'Azur. Wobei bis heute dies keine Geschäfte der Cosa Nostra als solcher sind (und keinen gemeinsamen Beschlüssen unterliegen), sondern es jedem Ehrenmann gleichsam freigestellt ist, sich an diesen Transaktionen zu beteiligen.

Das Kerngeschäft der Mafia blieb jedoch das einer »Serviceagentur für Protektion«. Bis Mitte der achtziger Jahre wurde dieser Geschäftsbereich auf eine geradezu mittelalterliche Weise verwaltet: Eine Firma, die bei einer öffentlichen Ausschreibung den Zuschlag erhielt, musste eine Schutzsteuer an die zuständige Familie bezahlen, bestimmtes Wachpersonal einstellen und Verträge mit von der Cosa Nostra kontrollierten Zulieferfirmen abschließen. So (oder ähnlich) musste es sich auch schon abgespielt haben, als Baron Turrisi Colonna 1864 einen ersten Bericht über die Mafia in Palermo veröffentlichte.

Es war Angelo Siino, die rechte Hand von Totò Riina, der als erster »Minister für öffentliche Arbeiten« der Cosa Nostra daraus ein System machte. Siino, der eine gute Schulausbildung genießen konnte, stammte aus einer wohlhabenden Familie von San Giuseppe Jato, einem nicht weit von Corleone entfernt liegenden Ort. Die Familie gehörte nicht zur Mafia, sie war jedoch mit der von Bernardo Brusca, dem lokalen Capomafia, befreundet. Angelo Siino wollte als Finanzberater Riinas über das Protektionsgeschäft hinausgehen und bereits im Vorfeld die Ausschreibungen kontrollieren. Er schuf Firmenkartelle, in denen festgelegt wurde, welche Firma das jeweils kostengünstigste Angebot abgeben und wer nur zum Schein mitbieten sollte. Die staatlichen Vergabe und Aufsichtsorgane wurden mittels Korruption einbezogen.

Das war ein System, bei dem alle verdienten: die Firmen, die mit Aufträgen bedacht wurden, die Beamten, die Schmiergelder erhielten, und die Mafia, die Steuern kassierte und die Subausschreibungen kontrollierte. Alle machten ihren Reibach – außer dem Steuerzahler, der die überhöhten Baukosten zahlen musste. Nach seiner Verhaftung 1991 prahlte Siino: »Der Einstieg der Cosa Nostra in die Auftragsvergabe war eine Garantie für das gute Gelingen aller Geschäfte.« Es gab keinen Streit mehr, keine langwierigen Widerspruchsverfahren. Und sollte mal eine Firma einen

»selbstständigen« Weg gesucht haben, so standen der Mafia Mittel und Wege zur Verfügung, um sie wieder auf den richtigen (Kartell-)Kurs zu bringen – oder um sie ganz auszuschalten.

Angelo Siino trug wegen eines Schnauzbarts den Spitznamen »Charles Bronson«. Er war eine schillernde Figur, sammelte teure Uhren und trat als Rennfahrer bei internationalen Autorallyes an. Bald hatte dieser bunte Vogel den gesamten Bereich der öffentlichen Ausschreibung unter seiner Kontrolle. Bei den beteiligten Firmen handelte es sich entweder um saubere Unternehmen, die sich jedoch aus reiner Selbsterhaltung gezwungen sahen, sich auf die Machenschaften einzulassen, oder um Unternehmen, in denen Mittelsmänner der Cosa Nostra am Werk waren. Bis zu denen, die sich ganz in ihrer Hand befanden.

Siino musste bei seinen Planungen nur von zwei Geschäftszweigen seine Finger lassen: vom Straßenbau rund um Palermo und vom öffentlichen Gesundheitssystem. Denn das waren Felder, die von jemand anderem beackert wurden: von Bernardo Provenzano. Dessen Manager dafür war Giuseppe (»Pino«) Lipari, ein ehemaliger Angestellter der Straßenbaubehörde ANAS.

Nicht wenigen Bossen der Cosa Nostra wurde die Machtposition eines Angelo Siino bald unheimlich. Es war Bernardo Provenzano, der geschickt die Fäden knüpfte, Siino verdrängen ließ und einen *tavolino*, ein »Tischchen«, an dem Vertreter der Firmen und der Cosa Nostra die Aufträge verteilten, einrichtete. Wobei es sich bei den Mafiosi um Personen handelte, die sich unauffälliger verhielten als Siino und die teilweise aus dem Unternehmermilieu selbst stammten. Sogar Großbetriebe aus dem Norden, wie die zum Ferruzzi-Konzern gehörende Calcestruzzi S. p. A., beteiligten sich. Und bald saß auch Pino Lipari mit an diesem Tavolino, von dem aus er die Geschäfte des Padrino ankurbeln konnte.

Von Mitte der neunziger Jahre an herrschte die »Pax mafiosa« ebenfalls am Tavolino. Ruhe blieb die erste Mafioso-Pflicht, wie der Pentito Nino Giuffrè bestätigte: »Das Geschäft der Ausschreibungen konnten wir, in aller Bescheidenheit gesagt, ziemlich gut kontrollieren. Aber auch hier galt auf Rat von Pino Lipari, dass man keinen Lärm machen sollte. Und wenn es ein, sagen wir, toughes Unternehmen gab oder eins, das sich weigerte zu zahlen, mussten wir es mit Glacéhandschuhen anfassen.«

Dennoch liefen die Geschäfte des Padrino gut. Wie es heißt, erhielt er allein aus laufenden Einnahmen monatlich 25 000 Euro, die seine *amici* in bar bei ihm ablieferten.

Das Sozialsystem des Don Binnu

Das »Regierungssystem« von Bernardo Provenzano trug bald Früchte. Die Cosa Nostra verzichtete auf spektakuläre Aktionen, verschwand im wahrsten Sinne des Wortes von der Bildfläche und erlangte so ihre alte Fähigkeit zurück: geheime Netzwerke zu bilden und als Schlichter und Vermittler bei illegalen Märkten aufzutreten. Sie konzentrierte sich ganz auf ihr Stammland, Sizilien, und hier besonders auf die klassischen Mafia-Provinzen Palermo, Trapani, Agrigent und Caltanissetta. Zwar ließ der Padrino, wenn es sein musste, weiter töten, doch galt es nun, andere, dringendere Probleme zu lösen.

Mit dem ersten, von Falcone und Borsellino initiierten Mammutprozess war die gleichsam »natürliche« Straffreiheit von Cosa-Nostra-Angehörigen zu Ende gegangen. Die Strategie Riinas hatte einen für die Organisation verheerenden Bumerangeffekt: Aufgrund des öffentlichen Drucks auf die Ermittlungsbehörden und ausgeklügelter Fahndungsmethoden konnten immer mehr Mafiosi aufgespürt, vor Gericht gestellt und abgeurteilt werden. Und die Urteile wurden nicht mehr wie früher durch ein Kassationsgericht aufgehoben, das die Urteilsbegründungen mit der Lupe nach Formfehlern oder möglichen anderen Verwerfungsgründen abgesucht hätte. Auch die Haftbedingungen – das ebenfalls ein Bumerangeffekt des Angriffs auf den Staat – wurden durch den Artikel 41b des Strafvollzugsgesetzes stetig schärfer. Dieser Artikel besagt, dass bei besonders schweren Verdachtsmomenten der Gefangene in einer Art Isolationshaft gehalten werden kann und Kontakte nach außen (etwa der Empfang von Besuchen und dergleichen) entweder ganz zu unterbinden oder nur mit strengsten Auflagen möglich sind.

Mitte der neunziger Jahre existierten praktisch zwei Mafien. Die eine Hälfte der Organisation saß im Gefängnis und war weitgehend von der Außenwelt abgeschnitten – *cristiani* hießen sie im Jargon der Cosa Nostra. Die andere Hälfte war draußen und machte Geschäfte, auch wenn sich viele Bosse vor der Polizei verstecken und im Untergrund leben mussten. Provenzano hatte die Aufgabe, zwischen diesen beiden Hälften zu vermitteln. Mit Solidaritätsfonds, die es bereits früher einmal gegeben hatte, sollten die Cristiani unterstützt werden: Anwälte wollten bezahlt werden, Wohnungs- und Unterhaltskosten für die Familie fielen an, und viele Inhaftierte hatten kein Einkommen mehr, wenn die monatlichen Zuweisungen des Clans ausblieben. Diese Kosten seines »Sozialsystems«, in dem die Betroffenen besser gestellt waren, als wenn sie finanzielle Unterstützung vom Staat beantragt hätten, ließ Provenzano weitgehend durch Einnahmen aus der »Schutz-« und der »Unternehmenssteuer« abdecken.

Dann war da noch die leidige Frage des Paragraphen 41b und der verschärften Haftbedingungen. Über seine politischen Kontakte versuchte der Padrino, eine Abmilderung oder zumindest eine Beschränkung der Anwendung des Paragraphen 41b zu erreichen. Und in der Tat konnte man besonders während der Regierungszeiten Berluscónis ab 1996 beziehungsweise 2001 Bewegungen im Regierungslager zu diesem Thema beobachten, die sich allerdings nicht konkretisierten. Ein Hungerstreik von einsitzenden Mitgliedern der Cosa Nostra im Gefängnis von Aquila, den Leoluca Bagarella im Jahr 2002 während eines Sitzungstermins öffentlich verkündet hatte, blieb ohne Folgen – im Gegenteil: Die Regierung machte den 41b, der eigentlich eine Art Notstandsparagraph ist, zum festen Bestandteil der Strafvollzugsordnung. Der Justizminister, der Berlusconis Koalitionspartner Lega Nord angehörte, konnte sich gegen süditalienische

Befürworter eines »liberaleren« Strafvollzugs durchsetzen und sich dafür als Mafia-Gegner feiern lassen. Am 22. Juni wurde bei einem Fußballspiel im Stadion von Palermo ein Transparent entrollt: »Einig gegen den 41b – Berlusconi vergisst Sizilien.«

Das zweite Problem ergab sich mit den Pentiti. Die Morde, die die Corleonesen in ihrem Blutrausch verübt hatten, und der zügellose Angriff auf den Staat hatten eine ganze Reihe Ehrenmänner in die Arme der Staatsanwaltschaft getrieben und sie zu Mitarbeitern der Justizbehörden gemacht. Es war unter diesen Voraussetzungen unter Mafiosi nicht mehr ehrenrührig, die Omertà zu durchbrechen, wenn man dadurch auf Strafnachlässe hoffen durfte. Der Schleier des Geheimnisses um die Cosa Nostra wurde löchrig. Durch die Aussagen der Pentiti bekamen die Ermittler Einblicke in die Strukturen der Organisation, die Zusammensetzung ihrer Gremien, ihre Geschäftspraktiken und Teile ihres Beziehungsgeflechts.

Unter Riina galten Pentiti als reine Verräter, die sich aus der Organisation ausgeschlossen und Schande über ihre Familien gebracht hatten. Provenzano versuchte nun vor allem auf der unteren Ebene, abtrünnigen »Soldaten« eine Rückkehr zu ermöglichen oder wenigstens ihre Familien vor Rachemaßnahmen zu verschonen. Ebenfalls wurden Kontakte zur Politik geknüpft, um einerseits eine Verschärfung der Bedingungen für solche Kollaborateure zu bewirken (etwa die Schwelle zur Aufnahme ins Schutzprogramm mit finanzieller Unterstützung zu erhöhen) und um andererseits ihren Ruf in der Öffentlichkeit zu untergraben.

Provenzanos Bemühungen waren, zumindest teilweise, erfolgreich. Umstrittene Aussagen von Pentiti (etwa im Andreotti-Prozess, siehe Seite 166) und eine Pressekampagne der Rechtsparteien und ihrer Medien gegen die »Allmacht« von Richtern und Staatsanwälten, die sich zudem auf »gekauften« Aussagen von ehemaligen Verbrechern stützten, führten zu einem Glaubwürdigkeitsverlust der Pentiti vor den Gerichten. Das römische Parlament änderte das Gesetz für reumütige Mitarbeiter tatsächlich. Inzwischen dürfen die Ermittlungsbehörden nur noch Aussagen berücksichtigen, die ein Pentito innerhalb der ersten sechs Monate nach seiner Verhaftung macht.

Um die Möglichkeit zum Verrat zu verringern, organisierte Bernardo Provenzano auch die Führungsstruktur der Cosa Nostra um. Staatsanwalt Antonio Ingroia nennt das Reformsystem »eine Struktur der geschlossenen Kreise«. Die Basisorganisation ließ Provenzano im Großen und Ganzen unberührt. Doch statt der verschiedenen Gebietskommissionen entstanden jetzt Direktorien. Deren Mitglieder (oft von Provenzano selbst »empfohlen«) waren jeweils für ein bestimmtes Territorium und/oder für einen bestimmten Geschäftsbereich verantwortlich und agierten weitgehend autonom. Die Vertreter eines Gebiets sollten nicht wissen, wer welche Funktionen in einem anderen innehatte, und umgekehrt.

Innerhalb der einzelnen Clans versuchte man ein Organisationsprinzip einzuführen, bei dem Ehrenmänner, die auf einer bestimmten Stufe tätig waren, nach oben hin nur ihren direkten Vorgesetzten kannten. Es sollten möglichst wenige die Namen derjenigen wissen, die zwei Stufen höher standen oder die auf ihrer Stufe in einem anderen Mandamento das Sagen hatten. Bei der Aufnahme neuer Mitglieder wurden außerdem strengere Kriterien angelegt als in den Jahren zuvor. Inwieweit sich diese »Strukturreform« Provenzanos wirklich durchsetzen konnte, ist nicht leicht zu überprüfen. Die Mafia ist eine Geheimorganisation, in die man nicht Wirtschaftsprüfer schicken kann wie in einen Großkonzern. Sicher ist, dass sich der Padrino Mitte der neunziger Jahre ein fünfköpfiges Direktorium mit alten Vertrauensleuten wie Benedetto Spera, Capomandamento von Belmonte Mezzano (verhaftet im Januar 2001), oder Vincenzo Virga aus Trapani (verhaftet im Februar 2001) schuf: gleichaltrige oder sogar ältere Männer, die eine Art Senat bildeten, von dem er sich wie der Präsident einer Republik beraten ließ.

Von dieser Position aus »regierte« er auf seine, auf die Provenzano-Art, die oft viele Wege offenließ. In einem Pizzino an Giuffrè heißt es: »Carissimo, teuerster Freund, es gibt also Leute, die wollen einen Ratschlag von mir. Aber wer bin ich, dass ich ihnen sage, wie sie sich zu verhalten haben. Ich kann niemandem Befehle geben. Im Gegenteil suche ich jemanden, der sie mir gibt. Das Einzige, was ich ihnen sagen kann, ist: An ihrer Stelle täte ich dies oder das. Aber sie müssen immer selbst entscheiden.«

Einer der letzten großen Konflikte, den Don Binnu lösen musste, weist bereits in die Zeit nach Provenzano. Es ging (und geht heute noch) bei diesem internen Streit um die Rückkehr der »Amerikaner«, der *scappati*, der »Geflohenen«. Damit waren die Familien gemeint, die im zweiten Mafia-Krieg unterlegen waren und die Flucht über den Ozean angetreten hatten – allen voran die Mitglieder der Familie Inzerillo.

Auf der einen Seite der Streitfront stand Salvatore Lo Piccolo, der seinen Einflussbereich in Palermo, ausgehend von den Randbezirken (San Lorenzo, Tommaso Natale) und der westlichen Provinz (das Mandamento Resuttana), stetig erweitern konnte. Seit 1983 musste er – da die Polizei hinter ihm her war – im Untergrund leben. Zunächst war er ein Gegner der Corleonesen, mit guten Beziehungen zur amerikanischen Cosa Nostra, dann wechselte er clever die Seite und bot sich Bernardo Provenzano auch als militärischen Arm an. Ihm stand Antonio Rotolo, der Capomandamento von Palermo-Pagliarelli, gegenüber, der unter Hausarrest lebte. Der alte Vertraute Provenzanos lehnte zusammen mit anderen jede Wiedereingliederung der Scappati ab. Die nach dem Mafia-Krieg 1981–1983 festgelegten Machtverhältnisse und die Grenzen der Mandamenti sollten unter keinen Umständen angetastet werden. Lo Piccolo, der sich durch die Rückkehr etwa der Inzerillos eine weitere Stärkung seiner Position in Palermo versprach, befürwortete derweil eine »Versöhnung«.

Der Padrino sah sich zwischen zwei Feuern ihm nahestehender Gruppen. Und er hielt die Angelegenheit auf die für ihn typische Art offen. Er bat Rotolo, Rosario Inzerillo einen Ferienaufenthalt in Palermo zu genehmigen, und bestätigte damit Rotolos Position, ohne die von Lo Piccolo zu schmälern: »Wir sind zu dritt geblieben, um diese Sache zu entscheiden: ich, du und Lo Piccolo«, schrieb er in einem Pizzino an Rotolo. Und wirklich konnte Don Binnu die Wogen zunächst einmal glätten. Das Problem wurde Ende 2005 vorläufig vertagt – und brach im Frühsommer 2007, 14 Monate nach der Verhaftung von Bernardo Provenzano, blutig wieder auf (siehe Nachwort, Seite 240).

Die Reise nach Marseille

Es wurde viel über den Gesundheitszustand des Padrino gerätselt. Wie krank war er wirklich? Bereits Mitte der neunziger Jahre bat er Giuffrè in einem Pizzino, ihm Zichoriensamen für seine Diät zu besorgen. Ilardo berichtete, dass Provenzano in Mezzojuso extra ein Steak fast roh mit wenig Salz serviert wurde, »wegen seiner Probleme mit der Prostata«.

Acht Jahre später musste sich der Siebzigjährige einer Operation unterziehen. Kontakte wurden geknüpft, Adressen von Kliniken überprüft und wieder verworfen. Zu viele Pentiti, zuletzt Giuffrè im April 2002, hatten geredet, es bestand die Gefahr von Verrat. Da bot sich über eine Familie aus Villabate die Möglichkeit einer Behandlung in Südfrankreich an. Villabate vor den Toren von Palermo gehörte zum Grande mandamento und damit zum Stammland Provenzanos. Der Bürgermeister des Ortes stellte ihm einen Ausweis auf den Namen »Gaspare Troia« aus, Alter 72 Jahre, Bäckermeister und Vater von Salvatore Troia, der ihn zusammen mit seiner französischen Frau Madeleine nach Frankreich begleiten sollte.

Im Juli 2003 reiste man zum ersten Mal mit dem Auto in eine öffentliche Klinik in den kleinen Ort La Ciotat bei Marseille. Provenzano blieb für Untersuchungen ein paar Tage in stationärer Behandlung und fuhr dann nach Sizilien zurück. In Erwartung eines Operationstermins hielt Don Binnu strenge Diät und aß nur Fisch und Gemüse.

Im Oktober machte sich der falsche Bäckermeister erneut auf den Weg nach Frankreich. In der Poliklinik »La Casamance« von

Aubagne, direkt vor den Toren Marseilles, ließ er sich an der Prostata operieren. Aus seinen Klinikunterlagen, die später sichergestellt wurden, geht hervor, dass er des Weiteren an Arthritis sowie an Hepatitis B und C litt. Gegenüber den französischen Ärzten klagte der Patient zudem über rheumatische Schmerzen. Zum Ausgleich, soll er den Medizinern erläutert haben, führe er ein gesundes und zurückgezogenes Leben, würde weder Alkohol trinken noch rauchen, auch nehme er keine Schlafmittel. In den Krankenhausakten ist ebenfalls von den Narben im Nacken (die Renato Cortese bei der Verhaftung wiedererkannte) und einem besonderen Zahnersatz die Rede. Bernardo Provenzano blieb nach der Operation noch gut einen Monat zur Erholung und für Nachuntersuchungen in Frankreich. Bei seiner Rückkehr wurde ihm zu Ehren im »Bristol«, einem Restaurant am Hafen von Palermo, ein Fest veranstaltet. Das Lokal wurde später von der Polizei geschlossen.

Die Angelegenheit flog zwei Jahre später infolge der Aussage eines der Beteiligten, der wegen anderer Vergehen festgenommen worden war, auf. Salvatore Troia, der wegen Mitwisserschaft und Hilfestellung verhaftet wurde, schwieg dagegen hartnäckig. Als sich die Polizei bei seinem Vater Gaspare nach dessen Gesundheitszustand erkundigte, fiel der aus allen Wolken. Er wusste angeblich nichts von der ganzen Angelegenheit und fühlte sich kerngesund: »Warum hätte ich mich operieren lassen sollen?« Madeleine, die Ehefrau Troias, die bei der Reise und im Krankenhaus Dolmetscherdienste geleistet hatte, behauptete, ebenfalls keine Ahnung gehabt zu haben, dass sich hinter dem Pseudonym ein Bernardo Provenzano versteckt hätte.

Bei der Telefonüberwachung verschiedener Mafiosi hatten die Ermittler bereits vorher Klagen über die »hohen Kosten« einer Reise nach Marseille hören, sich zunächst jedoch keinen Reim darauf machen können. So teuer kann die medizinische Versorgung allerdings kaum ausgefallen sein. Denn Don Binnu hatte sich vorher vom zuständigen Gesundheitsamt der Provinz Palermo (ASL 6) einen Auslandskrankenschein auf den Namen

»Gaspare Troia« ausstellen lassen. Mit anderen Worten: Die Operation des Padrino wurde vom Staat bezahlt.

Ein Paar dicke Socken gegen die Kälte

Don Binnu war knauserig – und wie! Wann immer er Geld sparen konnte, tat er es. Wenn man ihn um Unterstützung, etwa wegen hoher Anwaltsgebühren, ersuchte, konnte es vorkommen, dass der Padrino den Bittsteller an ein Unternehmen verwies, von dem er »Steuer« eintreiben und sich so bezahlen lassen sollte: so wie ein Fürst in früheren Zeiten verdienten Untertanen die Einnahmen einer Mühle oder das Recht auf eine Brückensteuer zukommen ließ. Provenzano mischte sich nicht in die Geschäfte anderer ein, aber wenn es darum ging, etwa beim Schutzgeld einen Nachlass zu gewähren, blieb er meistens stur. Antonino Rotolo hatte zum Beispiel nachgefragt, ob man sich bei einer Futterfabrik, die 30 000 Euro im Jahr bezahlen sollte, nicht mit 25 000 Euro zufriedengeben könnte. Der Padrino lehnte ab: »Ich habe die 30 festgelegt… und unter 30 wollen wir nicht gehen. … Ich bitte euch, regelt das für mich.« Ende der Diskussion…

Als die Ermittler immer engere Kreise um ihn zogen und Pino Lipari und Antonino Giuffrè ihre Aussagen machten, konnte die Staatsanwaltschaft auch etliche Beteiligungen von Bernardo Provenzano an Unternehmen aufdecken. Bis heute wurden aus seinem Besitz Grundstücke, Häuser und Wohnungen, dazu Finanzkapital in Beteiligungen in einem Gesamtwert von rund 50 Millionen Euro beschlagnahmt. Staatsanwalt Michele Prestipino will nicht ausschließen, dass weitere Gelder versteckt angelegt sind. Im Gefängnis von Terni (Umbrien) beklagte sich der sparsame Don Binnu, dass er in Umbrien im Fernsehen via Äther nicht das sizilianische Regionalprogramm empfangen könne. Weil das technisch nicht möglich war, schlug man ihm zum Ausgleich vor, die Tageszeitung *Giornale di Sicilia* zu abonnieren. Was der Gefangene aber ablehnte – das koste ihn zu viel Geld.

Nach außen hin war Don Binnu trotz des einen oder anderen Kaschmirpullovers, teurer Schuhe und seiner Vorliebe für Armani-Rasierwasser äußerst bescheiden aufgetreten. Im Jahr 1899 heißt es in einer Untersuchung über die Mafia von Angelo Vaccaro: »Der wahre, der authentische Mafioso zeigt sich fast immer bescheiden, redet zurückhaltend und hört ebenso zurückhaltend zu. Er trägt eine große Langmut zur Schau…« Provenzano, der aus einfachsten Verhältnissen stammt, passte sich nahtlos in diese Mafia-Tradition ein, wohingegen sich ein Riina in Corleone eine Villa mit Marmorböden und vergoldeten Wasserhähnen bauen ließ (heute Sitz einer staatlichen Landwirtschaftsschule).

Ebenso bescheiden lebte und lebt die Familie von Bernardo Provenzano in Corleone in einem kleinbürgerlich anmutenden Haus am Ortsrand. Angelo, der älteste Sohn, hatte das Universitätsstudium abgebrochen und in Corleone eine Wäscherei namens »Splendor« (»Glanz«) eröffnet. Die Justizbehörden ließen sie beschlagnahmen, weil ihre Gründung mit Kapital aus illegalen Einkünften finanziert worden sei. Der junge Provenzano beklagte sich öffentlich in einem Interview mit der Nachrichtenagentur ANSA: »Wie kann ich mich gegen die Anklage verteidigen, ich sei gleichsam chromosomenhaft vergiftet?« Eigentlich verurteile er jede Form von Gewalt. »Doch wenn man mich jetzt daran hindert, ehrlich zu arbeiten, und mir mein von der Verfassung garantiertes Recht vorenthält, dann bedeutet das, mich zum Verbrechen anzustiften.« Wenn er Straftaten begehe, dann solle man ihn dafür auch bestrafen. »Aber warum lässt man mich auf diese Weise die Last meines Nachnamens spüren?«

In den Pizzini, die Angelo mit seinem Vater ausgetauscht hatte, ging es aber auch – oft durch einen Zahlencode verschlüsselt – um den Kauf oder Verkauf von Grundstücken. Das war wohl ebenfalls der Grund eines jahrelangen Streits zwischen Simone, Bernardo und weiteren Geschwistern Provenzanos.

Auch eine andere, ziemlich merkwürdige Geschichte wurde in den Pizzini zwischen dem versteckten Vater und der Familie erörtert. Einem Mädchen aus einem Nachbardorf war im Traum die Madonna mit einer Botschaft für Francesco Paolo erschienen. Aber die Mutter des Mädchens verbot ihrer Tochter, das Haus zu verlassen. »Wir haben ihr mitteilen lassen, dass sie einen Brief schreiben könnte, was aber bisher nicht geschehen ist«, teilte Angelo seinem Vater mit. Der wiederum wollte unbedingt den Inhalt der Botschaft der Madonna wissen. Saveria, die Mutter von Angelo und Francesco Paolo, schrieb dagegen ihrem Mann: »Was von Gott bestimmt ist, kann man nicht ändern. Der Herr gebe uns Kraft, das auszuhalten.«

Als seine Söhne mit dem Studium begannen, hatte Don Binnu ganz wie ein Vater, der knapp bei Kasse ist, auf staatliche Zuschüsse gehofft. Er ließ seinen »Generalmanager« Pino Lipari prüfen, ob es vielleicht für das Studium des jüngeren Sohnes Francesco Paolo, der sich für Linguistik, Hauptfach Deutsch, immatrikuliert hatte, finanzielle Erleichterungen gebe. Da war nichts zu machen, auch nicht für den Sohn des Padrino. Lipari hatte bereits die väterlichen Sorgen für Angelo geteilt: »Es wäre gut, wenn der Junge sich anstrengte und das Studium, wenn auch unter Opfern, zu Ende bringen würde. Der Hochschulabschluss wäre für ihn wichtiger als das Erbe eines Lehens, und er könnte die Welt mit anderen Augen sehen.«

Angelo verließ die Universität und ging einen anderen Weg, doch der zweite Sohn Provenzanos hatte sich offensichtlich diese Worte zu Herzen genommen. Er konnte sein Studium mit der Laurea (die in Italien bereits zum Führen des Doktortitels berechtigt) und der Note »eins minus« (106 von 110 Punkten) an der Universität Palermo abschließen. Thema seiner Doktorarbeit: »Die Goten als Gegenstand der Ethnographie«. Im Herbst 2005 wurde der junge Dr. Provenzano zusammen mit anderen 36 (von insgesamt über 300) Bewerbern aus ganz Italien vom Erziehungsministerium ausgewählt, um für ein Schuljahr an einer ausländischen Bildungseinrichtung Italienisch zu unterrichten. Francesco Paolo entschied sich für die Gesamtschule von Schwerte im östlichen Ruhrgebiet. Wie es heißt, sei er bei seinen Schülern außerordentlich beliebt gewesen. Als er im Frühsommer 2006 nach Corleone zurückkehrte, saß sein Vater bereits in Haft.

Nach wie vor bleibt es ein Geheimnis, warum die Kinder Provenzanos so gut Deutsch sprechen. Ihr Onkel Simone hatte viele Jahre als Gastarbeiter in Willich bei Düsseldorf gelebt, und es ist nicht auszuschließen, dass Saveria Benedetta Palazzolo, die mit ihren Kindern bis 1992 verschwunden gewesen war, sich zeitweise in Deutschland aufgehalten hatte.

Es war in den vielen Jahrzehnten eines Lebens auf der Flucht wohl unmöglich, ein normales Familienleben zu organisieren. Doch versuchte Saveria, ihrem Mann so gut, wie es unter diesen Umständen möglich war, zur Seite zu stehen, was in ihren Pizzini zum Ausdruck kommt: »*Carissimo amore mio*, mit Christi Willen habe ich deine Zeilen bekommen und lese, dass es dir gut geht. Was ich dir auch von uns sagen kann.« Oft stand die Sorge um die richtige Kleidung im Mittelpunkt der Überlegungen der Frau: »Mein Leben, ich werde dir ein paar dicke Socken gegen die Kälte schicken. Du kannst sie mit der Hand waschen oder auch in der Waschmaschine. Du wolltest ein paar Skihosen. Ich habe nur welche mit Latzverschluss gefunden, die mit normalem Hosenbund gab es nicht. Ich schicke sie dir trotzdem. Wenn du dazu eine Fleecejacke haben möchtest, lass es mich wissen. Die Hosen kannst du übrigens auch in kaltem Wasser waschen.«

»Carissimo amore mio...« Das letzte Pizzino, das in der Schreibmaschine eingespannt war, als ihn Renato Cortese und die Männer des »Gruppo Duomo« in seinem Unterschlupf bei der Montagna dei Cavalli am Ortsrand von Corleone aufstöberten, war an Saveria gerichtet. Von dieser Seite aus gesehen scheint das Leben eines Bernardo Provenzano mit seinen Alltagssorgen trotz der ständigen Flucht vor seinen Jägern fast normal und banal. Schrecklich normal.

Fünftes Kapitel

Der heilige Schwur:
Die Mafia intern

Symbole und Riten der Cosa Nostra – Die Rolle der Frauen –
Die Psychologie des Verbrechens – Kirche, Mafia und Märtyrer

Zu (»Onkel«) Peppino war ein wichtiger Mann des Mafia-Clans von Catania, der an diesem Abend acht neue Mitglieder aufnehmen sollte. Und er war ein ernster Mann. Mit fester Stimme trug er den jungen Anwärtern die Gebote vor, die ein Ehrenmann zu befolgen hatte. »Erstens: Du sollst einem anderen Ehrenmann jederzeit helfen und ihn bei dir zu Hause aufnehmen, wenn er Schutz braucht. Wer jedoch der Tochter oder der Frau eines anderen nachstellt, muss sterben. Zweitens: Es ist verboten, sich – in welcher Angelegenheit auch immer – an die Polizei zu wenden oder eine Anzeige zu erstatten. Wer das tut, ist ein toter Mann. Drittens: Du sollst nicht stehlen ...«

In diesem Augenblick, so Antonino Calderone, von dem wir den Bericht dieser, seiner eigenen, Aufnahmezeremonie aus den fünfziger Jahren haben, sprang der junge Natale auf: »Halt, da mache ich nicht mit!« Natale war ein Dieb und lebte von seinem Gewerbe. Zu Peppino behielt die Ruhe. »Du da, setz dich, später erkläre ich dir, was damit gemeint ist.« Und er fuhr fort, auch wenn Natale weiterhin ausgesprochen besorgt blieb:

»Viertens: Du sollst immer die Wahrheit sagen. Fünftens: Prostitution ist verboten. Sechstens: Streit mit einem anderen Ehrenmann ist zu vermeiden. Man muss ein ernsthaftes Benehmen an den Tag legen. Angeberei und Selbstdarstellung sind zu unterlassen. Siebtens: Es ist ausdrücklich untersagt, sich allein anderen Ehrenmännern als solcher vorzustellen. Nur ein Dritter, der beide kennt, darf das Geheimnis lüften, indem er sagt: ›Das ist unser Freund.« Oder auch: *Questo è la stessa cosa* – ›Das ist dieselbe Sache.‹«

»Was für schöne Worte!«, kommentierte Calderone und setzte hinzu: »Und wie oft stand ich dann in den folgenden Jahren vor der mangelnden Respektierung dieser Regeln, vor doppeltem Spiel, vor Verrat, vor Mord.« Aber an jenem Abend schien dem jungen Mafioso alles »schön und außergewöhnlich«. Man leerte unzählige Flaschen Champagner: »Ich weiß nicht mehr, wie viele, auch nicht mehr, wie viele Grillhähnchen wir gegessen haben. Eine Riesensache.«

Was Natale anging, so wurde ihm schließlich empfohlen, dass es für ihn als Ehrenmamnn besser sei, nicht zu stehlen. Aber zur Einhaltung des Gebots genüge es, wenn er verspreche, keinen anderen Ehrenmann zu bestehlen.

Das kulturelle Gepäck

Die Gesellschaft hat sich seitdem rasant verändert. Das gilt besonders für die sizilianische, die gleichsam mit Riesenschritten aus teilweise mittelalterlichen Verhältnissen, die noch zur Zeit der Einigung Italiens Mitte des 19. Jahrhunderts herrschten, in die Moderne gestürmt ist. Und auf diesem Weg vom Land in die Stadt und in eine global vernetzte Welt wurde sie von der Mafia begleitet. »Der Mafioso folgt dem Geruch des Geldes«, sagt Pietro Grasso, der leitende Staatsanwalt der nationalen Antimafia-Behörde. »Allerdings legt er dabei sein, sagen wir, kulturelles Gepäck nicht ab. Das sind die Regeln, die Traditionen, die Strafen und Disziplinarmaßnahmen, die Verhaltensvorschriften.«

Dieses »kulturelle Gepäck« ist ein wichtiger Punkt bei der Abgrenzung der Cosa Nostra zur neapolitanischen Camorra oder zur kalabresischen 'Ndrangheta und vor allem zu gewöhnlichen Formen organisierten Verbrechens. Es ist das Gepäck einer bunten Mischung der verschiedensten Einflüsse.

Bereits die Terminologie der Mafia ist aus den verschiedensten Bereichen wie Haushalt, Militär, Religion, Wirtschaft oder Verwaltung entliehen: »Familie« (für die Mafia-Gruppe), »Don« (dem Kirchengebrauch entliehene ehrenvolle Anrede), *zu* (»Onkel«, im Sinne von Pate), *picciotto* (»Jüngelchen«, für ein neues jugendliches Mitglied), *soldato* (einfacher Mafioso), »Repräsentant« (Oberhaupt einer Familie, ebenso sein Vertreter bei wichtigen Anlässen wie der Initiation oder auch in Gemeinschaftsorganen), *consigliere* (»Berater«, herausragende Stellung neben dem Oberhaupt einer Mafia-Familie) oder *mandamento* (Mafia-Bezirk, der Begriff ist der Bezeichnung für eine staatliche Verwaltungseinheit entlehnt).

Antonino Calderone, neben Tommaso Buscetta einer der wichtigsten Pentiti (seit 1987), lieferte eine ziemlich genaue Beschreibung seiner Aufnahme in die Cosca der Cosa Nostra von Catania. Von dem Repräsentanten der Familie wurde er auch in die Geschichte der Mafia eingeführt. »Und nun sage ich euch, wie die Cosa Nostra entstanden ist: Sie gründete sich zur Zeit der Sizilianischen Vesper, als die Menschen rebellierten. Zu dieser Zeit sind auch die ›Beati Paoli‹ entstanden. Die Ehrenmänner gehen auf die Beati Paoli zurück.«

Die Rächer der Enterbten

Machen wir einen Sprung in die Barockzeit: Als der ehemalige Diener Andrea in die Gemeinschaft der Beati Paoli aufgenommen wurde, musste er in einem Evangelium, das man ihm reichte, ein Kreuz mit seinem eigenen Blut zeichnen. Und schwören, dass sein Leib und seine Seele von jetzt an auf immer der ehrenwerten Gesellschaft der Beati Paoli angehörten, »im Dienst der Gerechtigkeit, zur Verteidigung der Schwachen, gegen jede Art von Gewalttätigkeit und Übergriff vonseiten der Mächtigen, des Adels, der Kirche«. Andrea malte mit ruhiger Hand ein großes Kreuz auf den unteren Seitenrand und sprach: »Ich schwöre es, auf dass dieses Kreuz, geschrieben mit meinem Blut, mein Urteil fälle, wenn ich meiner Pflicht nicht nachkommen werde.«

Andrea hatte gehört, dass die Beati Paoli allgegenwärtig waren, dass sie alles hörten, alles wussten und keiner wiederum sagen konnte, wo sie waren und wo sie zusammenkamen. Ihre Funktion als Beschützer und Rächer übten sie in Form von Ermahnungen und geheimnisvollen Briefen aus, deren Absender niemand kannte. Derjenige, den eine solche Botschaft erreichte, wusste, dass über seinem Kopf ein Todesurteil schwebte. Andrea fragte sich, wie die Sekte entstanden sei und woher sie komme. »Das«, schreibt Luigi Natoli in seinem Roman *»Der Bastard von Palermo«*, »blieb ein Rätsel.«

In der Mythologie der Mafia wirbeln erfundene Sekten wie die Beati Paoli mit tatsächlichen historischen Vorgängen wie der *Vespri Siciliani* wild durcheinander. Bei dieser, »der Sizilianischen Vesper«, handelte es sich um einen Aufstand Einheimischer gegen die verhasste französische Fremdherrschaft der Anjou, der zur Vesperstunde am Ostermontag des Jahres 1282 seinen Anfang nahm. Wer aber waren die Beati Paoli, die »glückseligen Paulusanhänger«? Das ist eine Gemeinschaft von Helden, die sich der sizilianische Feuilletonist Luigi Natoli erdacht hatte. Sie sind die Hauptdarsteller in Episoden, die weitgehend im 18. Jahrhundert spielen und in denen dieser Geheimbund sich entehrter Jungfrauen oder ungerecht behandelter Landsleute annimmt. Als Rächer der Armen und Enterbten bestraft er die Arroganz der Mächtigen und Reichen.

Die Geschichten, die Natoli unter dem Pseudonym William Galt vor hundert Jahren als Fortsetzungsroman im *Giornale di Sicilia* zum ersten Mal veröffentlichte, übten eine starke Wirkung auf die Phantasie breiter Volksschichten aus, die bis heute andauert. Dank eines mehrteiligen, spannenden Fernsehfilms sind die Abenteuer der Beati Paoli auch heute, im Medienzeitalter, präsent. Ihre Geschichten werden in Palermo in jedem Buchladen angeboten (inzwischen gibt es sogar eine deutschsprachige Ausgabe). Und im Stadtteil Capo kann man eine Grotte bei der Kirche Santa Maria Maruzza besichtigen, wo sich die Mitglieder der Sekte getroffen haben sollen.

Die Erinnerung an die Beati Paoli dient in der Mythologie der Cosa Nostra der Herstellung eines Korpsgeistes. Sie soll das Gefühl der Zugehörigkeit vermitteln und die Gruppe von anderen Gruppen abheben. Der Soziologe Diego Gambetta meint dazu: »Die Beati Paoli spiegeln eine prosaische Ideologie wider, in der unschuldige Opfer passiv und ohne Hoffnung sind, die Schützer dagegen omnipotent, wobei jene ihrerseits Mittel benutzen, die sich kaum von denen der Unterdrücker unterscheiden.«

Umberto Eco vertritt in einem Nachwort zu Natolis »*Bastard von Palermo*« die Ansicht, dass der volkstümliche Roman nicht revolutionär sein könne, weil er »trösten« solle. Deshalb müsse er zwangsläufig die Lehre verbreiten, dass, wenn es soziale Widersprüche gebe, wiederum auch Kräfte existierten, die dazu fähig seien, diese aufzuheben. Diese Kräfte könnten sich nicht im Volk entfalten, da das Volk keine Macht habe, und wenn es die Macht erlange, wäre die Revolution und damit eine schwere Krise da. Die Heilsbringer müssten also aus der herrschenden Klasse kommen. »Und da diese [nämlich die herrschende Klasse] in ihrer Eigenschaft als herrschende Klasse kein Interesse daran hat, die Widersprüche zu beseitigen«, schreibt Eco, »müssen die Heilsbringer einer Rächerschar angehören, die eine viel umfassendere, harmonischere Gerechtigkeit hat. Da nun die Gesellschaft deren Rechtsanspruch nicht anerkennt und ihren Plan auch nicht begreifen würde, müssen die Rächer gegen die Gesellschaft und gegen die Gesetze handeln.« So kann man die Beati Paoli – und indirekt die Mafia – auch literarisch erklären.

Giovanni Falcone sagte zum Thema Mythen und Korpsgeist: »In Sizilien gibt es wahrscheinlich über 5000 Ehrenmänner. Sie werden sorgfältig ausgewählt und gehorchen strengen Regeln. Ich wage zu behaupten, dass sie die Universität für organisiertes

Verbrechen bilden. Auch wenn sie sich alle als ›Soldaten‹ bezeichnen, so sind sie in Wirklichkeit alle Generäle.« Dieses Gefühl der Zugehörigkeit zu einer Elite macht das Überlegenheits-
gefühl eines Ehrenmannes aus, was Calderone bestätigte: »Wir
sind Mafiosi, alle anderen sind nur gewöhnliche Leute. Wir sind
die Schlimmsten von allen!«

Wenn ein Ehrenmann tötete, dann, weil es so beschlossen worden war und er den Befehl dazu erhalten hatte. Ein Befehl, dessen Ausführung seiner Karriere förderlich sein würde – wie der
der »Laufbahn« jenes Mafioso, welcher auf Befehl von Giovanni
Brusca den kleinen Sohn eines Pentito umbrachte und die Leiche
des Kindes anschließend mit Hilfe von Brusca in Säure auflöste:
»Damals war ich Soldat der Cosa Nostra, ich gehorchte den Be-
fehlen, und ich wusste, dass ich vorwärtskommen würde, wenn
ich einen kleinen Jungen erdrosselte. Ich fühlte mich wie im sieb-
ten Himmel.«

So weit ein Rächer der Enterbten der Moderne.

»Mein Fleisch soll verbrennen ...«

Zu den Initiationsriten gehört ein Instrumentarium, »das eigentlich eher dem Feuilleton und der Jugendliteratur als nüchternen
modernen Verbrechern zu entspringen scheint«, schreibt Diego
Gambetta. Im Mittelpunkt steht der »heilige Schwur«. Es gibt
über ihn mindestens 13 Berichte aus unterschiedlichen Zeiten
und Quellen, angefangen beim Jahr 1877 bis hin zur Schilderung Calderones. Und in ihrem Kern ähneln sie alle einander so
sehr, dass es sich kaum um eine journalistische Erfindung handeln kann, die ein »bestimmtes Leserbedürfnis« befriedigen soll,
wie dagegen Henner Hess noch 1970 annahm. Die Aufnahme in
die Organisation erfolgte durch eine Abfolge symbolischer Ges-
ten, die Gambetta beispielhaft zusammenfasst. »Die Aufnahme
geschieht in Gegenwart anderer Mitglieder; das einführende Mitglied sticht dem Novizen mit einer Nadel in den Finger und lässt

etwas Blut auf ein Heiligenbildchen tropfen, das dann angezündet und – zur Vermeidung von Verbrennungen – schnell zwischen den Händen hin und her geschwenkt wird; dabei leistet der Novize den Eid auf die Familie.«

Varianten beziehen sich auf den Finger, der angestochen, und das Werkzeug, das dazu benutzt wird (eine Nadel, der Dorn eines Bitterorangenzweigs oder Messer). Mal gehören Waffen zum Rahmen der Handlung, mal werden sie ausdrücklich ausgeschlossen. Meistens ist auf dem Heiligenbildchen die Schutzpatronin der Cosa Nostra, die Jungfrau Maria, dargestellt. Und dann muss die Eidesformel ausgesprochen werden: »Wie diese Heilige und diese wenigen Tropfen meines Blutes verbrennen, werde ich all mein Blut für die Bruderschaft vergießen, und wie diese Asche nicht in ihren früheren Zustand zurückkehren kann und ebenfalls nicht dieses Blut, so kann ich diese Bruderschaft nicht mehr verlassen.« Dieser Wortlaut entstammt einer Schilderung aus dem 19. Jahrhundert. Tommaso Buscetta leistete seinen Schwur mit den Worten: »Mein Fleisch soll verbrennen wie dieses Heiligenbild, wenn ich meinem Schwur nicht treu bin.« Eine Version, die Calderone weitgehend bestätigte.

Dieses Ritual unterscheidet sich deutlich von den Initiationszeremonien der Camorra und der 'Ndrangheta, die wiederum einander ähneln. Bei denen kommen weder Blut noch Feuer vor, auch keine Heiligen. Sie bestehen im Wesentlichen aus dem etwas melodramatischen Hersagen von Fragen und Antworten, bei denen imaginäre Persönlichkeiten angerufen werden. Der Soziologe Diego Gambetta hat den Eindruck, »dass es sich dabei eher um schlichte Nachahmungen der spanischen Rittertraditionen handelt als um Herleitungen aus den konspirativen Gesellschaften des 19. Jahrhunderts«.

Dagegen gibt es Parallelen zwischen dem Ritual der Mafia und denen der Carboneria. Dieser italienische Geheimbund, der Anfang des 19. Jahrhunderts entstand und breiteren Volksschichten offen war, orientierte sich in seiner Symbolik nicht wie die Freimaurer an den Steinmetzgilden, sondern an den Gemeinschaften der Köhler (*carbonari*). Sie waren besonders in Süditalien aktiv, wo sie gegen die Herrschaft der Bourbonen opponierten. Die Carbonari setzten sich seit ihren Anfängen für einen geeinten italienischen Nationalstaat als Republik ein. Schließlich gingen sie in Giuseppe Mazzinis gesamtitalienischer Bewegung »Giovine Italia« auf.

Der Initiationsritus des Köhlerbundes sah Messer, Augenbinden, Blut, Feuer und die Anrufung eines Heiligen vor (Theobaldus, des Schutzpatrons der Sekte). Auch die Eidesformel klang ähnlich. Der Neuling schwor, dass zur Strafe bei Verrat »mein Körper verbrannt und die Asche in alle Winde verstreut wird«. Die Freimaurerriten kennen verwandte Formulierungen. Woraus man aber nicht schließen sollte, dass die sizilianische Mafia eine Art Fehlentwicklung der Carboneria oder der Freimaurerei im Allgemeinen wäre (wie es später die Politloge P2 eines Lucio Gelli tatsächlich war). Aber die ersten Mafia-Gruppierungen, die Fratellanze (»Bruderschaften«), die sich als Geheimbünde verstanden, suchten sich ihre Symbolik offensichtlich auch bei den etwa gleichzeitig im Entstehen begriffenen Köhlerbünden. Andere Quellen, von der Religion bis hin zur Volksliteratur, bereicherten die bunte Mischung der Mythologie.

Der Historiker Salvatore Lupo weist darauf hin, »dass die Mafia derselben Sache dient wie die Freimaurerei, das heißt, dass sie ein Netz privilegierter Personen und Personengruppen spannt, um ihre Interessen durchzusetzen, seien sie legal oder illegal«. So ist es kein Wunder, dass es den einen oder anderen Mafioso gegeben hat, der auch Freimaurer war. Sie suchten, wie die Vettern Nino und Ignazio Salvo in Palermo oder Benedetto (»Nitto«) Santapaola in Catania, in diesen »Parallelnetzen« vor allem Verbindungen zu oberen Kreisen der Politik und der Wirtschaft zu knüpfen. Die Freimaurerei war ihnen Vorwand und Mittel für »ihre Sache«.

In der Cosa Nostra hat die urbildhafte Symbolik der Carbonari nicht nur aus Nostalgie oder falscher Romantik überlebt. Calderone betonte mehrfach: »Die Mafia ist die Organisation derer, die den Schwur geleistet haben.« Es sind Männer, die das gleiche Schicksal vereint. Der Ritus dient zur Besiegelung eines Vertrages, der eine stabile Bindung bis ans Lebensende vorsieht. Denn, so Calderone, »in die Cosa Nostra tritt man mit dem Blut ein und tritt nur mit dem Blut aus«.

Romeo und Julia auf Sizilien

Es gibt Regeln im Innenleben von Cosa Nostra, die sind überlebenswichtig. Giovanni Falcone erzählte, dass er sich anfangs den Spott seiner Richterkollegen zuzog, wenn er behauptete, dass Mafiosi zwar hie und da zu kleinen Ungenauigkeiten oder harmlosen Unwahrheiten neigten, sich jedoch niemals zu unehrenhaften Unterstellungen hinreißen ließen. Ein Ehrenmann habe im Gegenteil die Pflicht, die Wahrheit zu sagen, »weil die Wahrheit für ihn eine lebensnotwendige Regel ist, solange er auf freiem Fuß ist, und umso mehr, wenn er es nicht mehr ist«. Wenn das Wahrheitsgebot von einem Ehrenmann nicht mehr respektiert werde, sei das ein schlechtes Zeichen: »Entweder stirbt er oder sein Gesprächspartner.« Wer Regeln nicht befolge, so Falcone, genieße keinen Schutz mehr. »Die Regel ist der einzige Schutz des Mafioso.«

Vielschichtiger geht es da schon bei der Sexualmoral zu, wobei sich deutlich zeigt, dass innerhalb der Cosa Nostra »Konservativismus in Reinkultur« (Falcone) herrscht. Das Schlimmste, was einem Mafioso passieren kann, ist ein homosexueller Sohn. Ein »schwuler« Junge würde niemals in die Organisation aufgenommen, und es wäre besser für alle, wenn er sich weit entfernt vom Umfeld des Vaters aufhielte. Etwas offener ist man da in den heterosexuellen Paarbeziehungen. Zwar predigt die Mafia die Monogamie und verurteilt den Ehebruch, doch duldet sie in typisch katholischer Bigotterie jede Ausschweifung, solange der Schein der Ehrbarkeit gewahrt bleibt.

Staatsanwalt Pietro Grasso liefert in seinem Buch ein Beispiel anhand eines Beziehungsproblems von Francesco Marino Mannoia (verhaftet 1989), einem der ersten Mitarbeiter der Justizbehörden, der aus dem Lager der Corleonesen stammte und später eine Hauptrolle im Andreotti-Prozess spielte (siehe sechstes Kapitel, Seite 166). Mannoia, der mit der Tochter eines Bosses verheiratet war, hatte ein Verhältnis mit einer anderen Frau. Als aus diesem Seitensprung ein Kind hervorging, suchte Mannoia das Gespräch mit dem Vater seiner Ehefrau, weil er sich von ihr scheiden lassen und die Beziehung zu der anderen »in Ordnung bringen« wollte. Aber der Vater sagte ihm, eine Scheidung sei innerhalb der Cosa Nostra nicht vorgesehen. Als geschiedene Frau würde seine Tochter ihre Ehre verlieren. Deshalb: »Lass alles, wie es ist, mach, was du willst – aber abends kommst du zum Schlafen nach Hause.«

Die Sache hatte noch ein Nachspiel. Als Mannoia verhaftet wurde und er sich zur Zusammenarbeit mit den Justizbehörden entschloss, war es der Vater, der die Scheidung forderte: lieber eine »entehrte« Tochter als einen Pentito zum Schwiegersohn.

Streng wird nach wie vor die Regel gehandhabt, nach der einem Mafiosi strikt untersagt ist, sich mit der Frau eines *amico* einzulassen – und erst recht nicht, wenn der andere im Gefängnis sitzt. Im ersten Mammutprozess versuchte ein Anwalt der Angeklagten, den Hauptzeugen Tommaso Buscetta wegen seiner vielen Frauengeschichten als unglaubwürdig darzustellen. Buscetta antwortete nur: »Wenn wir hier das Buch der Privatbeziehungen öffnen wollen, soll es mir recht sein.« Der Anwalt machte einen Rückzieher, weil er begriffen hatte, dass Buscetta genau über eine Affäre Bescheid wusste, die der *avvocato* kurz zuvor mit der Frau eines seiner einsitzenden Klienten gehabt hatte. Üblicherweise steht darauf innerhalb der Cosa Nostra die Todesstrafe: In den siebziger Jahren wurde ein Mann in seinem Fiat 500 gefunden – erschossen und mit seinen abgeschnittenen Genitalien im Mund. Er hatte zum Clan der Ciulla gehört, die Luciano Liggio nach Mailand gefolgt waren. Der Mann hatte im Haus seines Bruders, wo er Unterschlupf finden konnte, seine minderjährige

Nichte verführt. Kürzlich wurde ein Schlagersänger ermordet, der gewöhnlich auf Dorf- und Familienfesten aufgetreten war. Er hatte ein Verhältnis mit der Frau eines inhaftierten Bosses angefangen. Ein paar Tage später musste auch die Frau sterben. Das gleiche Schicksal ereilte ein Mädchen aus einer Mafia-Familie in Ciaculli. Ihr Vergehen? – eine Beziehung mit einem Carabiniere.

Es war für einen Padrino wie Bernardo Provenzano also notwendig, in ordentlichen Familienverhältnissen zu leben. Damit wäre auch die verlegene Reaktion zu erklären, als er beim ersten Verhör nach seiner Festnahme zu seinem Familienstand befragt wurde. Er wolle, so sagte er damals, die offizielle Trauung möglichst bald nachholen. Auch Totò Riina ließ sich im Gefängnis trauen, weil eine erste, heimliche Eheschließung nicht gültig war. Und in der Diskussion um die Nachfolge Provenzanos an der Spitze der Cosa Nostra scheint ein Kandidat wie Matteo Messina Denaro aus Trapani schlechtere Karten zu haben, weil ihm nachgesagt wird, dass er kein amouröses Abenteuer auslässt, das sich ihm anbietet. So ein Mann wäre allzu leicht erpressbar

Manchmal kommt es in diesem trüben Ambiente auch zu – fast – heiteren Episoden wie der folgenden, die Salvo Palazzolo und Ernesto Oliva in ihrem Buch schildern. Sie handelt von einem jungen Mann und einer jungen Frau, die sich ineinander verlieben. Wir könnten sie Romeo und Julia nennen, denn sie haben das Pech, zweier sich feindlicher Mafia-Familien der Provinz Palermo anzugehören.

Julia stammt aus Misilmeri. Ihr Vater, Cosimo Bonanno, wurde 1993 ermordet – vermutlich im Zusammenhang mit einer internen Abrechnung der Cosa Nostra, bei der sich die Familie Bonanno mit der Familie Lo Bianco aus dem Nachbarort Belmonte gegenüberstanden. Romeo wurde in Belmonte geboren und ist Angehöriger der Familie Lo Bianco.

Bei der polizeilichen Überwachung der Bonanno, die wiederum mit dem Clan von Benedetto Spera, einem Vertrauten Bernardo Provenzanos, zusammenarbeiteten, wurden die Ermittler an ihren Abhörgeräten Zeugen dramatischer Gespräche von

Frauen der Bonanno-Familie. In diesem Tenor: »Unsere Julia, die sich ausgerechnet mit einem Lo Bianco zusammentun will. Die unseren Vater ermordet haben. Bei denen es Pentiti geben soll. Und was machen Julia und Romeo? Sie tauschen Zettel aus.«

»Ich habe sie gelesen«, hören die Fahnder die Stimme von Mimma, der Schwester Julias, »darauf steht: ›Ich liebe dich.‹«

Seinerzeit schrieben die Autoren, man wisse nicht, ob die Geschichte ein gutes Ende genommen habe, doch auf Nachfrage haben sie jetzt bestätigt: Romeo und Julia konnten heiraten und damit den Zwist zwischen den Bonannos und den Lo Biancos (für immer?) beilegen.

Cosa Nostra und die Frauen

Die Mafia ist eine Männergesellschaft, Frauen werden nicht aufgenommen. Unter den über 400 Angeklagten im ersten Mammutprozess 1986/87 gegen die Cosa Nostra waren nur vier Frauen: Zwei wurden des Dealens beschuldigt, einer wurde Beihilfe zu mafiösen Verbrechen und einer anderen eine falsche Zeugenaussage vorgeworfen. Aber Frauen gehören natürlich zur Mafia – als Mütter, als Geschwister, als Ehepartner, als Kinder. Und gelegentlich spielten sie auch eine eigene Rolle: zum Beispiel die vierundsiebzigjährige Angela Russo, die im Jahr 1982 zusammen mit anderen 27 Personen (darunter auch ihre Söhne und Schwiegertöchter) verhaftet wurde, weil sie als Drogenkurier zwischen Sizilien, Apulien und Norditalien unterwegs gewesen war. Später stellte sich heraus, dass die betagte Frau viel mehr auf dem Kerbholz hatte als nur das Verteilen von Drogen: Sie war die Chefin des Geschäfts und organisierte den Drogenhandel in ihrer Familie.

Ein anderes Beispiel bietet Maria Filippa Messina, die junge Ehefrau eines Bosses in der Provinz Catania. Als ihr Mann 1992 ins Gefängnis kam, übernahm sie als *madrina* die Leitung der Familie, die sie bis zu ihrer eigenen Verhaftung im Jahr 1995 innehatte. Während dieser Zeit gab sie mehrere Mordanschläge in Auftrag, die unter anderem an Mitgliedern einer verfeindeten Familie verübt werden sollten, »um endlich das Territorium zu säubern«, wie es in Mitschnitten der Ermittler von ihren Telefongesprächen hieß.

Lange Zeit schenkten die Gerichte solchen Berichten über weibliche Aktivitäten innerhalb eines Männerbundes keinen Glauben. Noch im Jahr 1983, als Angela Russo bereits in Haft saß, sprach ein Tribunal in Palermo mehrere Ehefrauen von Mafiosi frei, weil sich die Richter eine »aktive Rolle« von Frauen und infolgedessen eine solche »Emanzipation« von der sizilianisch-paternalistischen Tradition nicht vorstellen konnten. So etwas würde es höchstens im Norden Italiens geben, wo Frauen an Verbrecherorganisationen wie den Roten Brigaden beteiligt gewesen wären. Wörtlich heißt es im Urteil: »Die sogenannten ›Frauen der Mafia‹ sind viel zu weit von der Ideologie, der Mentalität oder der Sitten der ›Terroristinnen‹ entfernt, die eine aktive Rolle in bewaffneten Banden zur Unterminierung des Staates und der demokratischen Ordnung spielen.«

Die Mafia erwies sich auch auf diesem Gebiet als äußerst anpassungsfähig und damit moderner als ihre Richter. Nach außen hin »formal monosexuell, aber faktisch bisexuell«, kommentiert Anna Puglisi vom Centro Impastato, die sich ausführlich mit dem Thema beschäftigt hat. In der Regel nahmen Frauen aber keine Führungspositionen ein. Sie fungierten vor allem als Mittelspersonen, auf ihre Namen waren Bankkonten oder Firmen eingetragen, die in Wirklichkeit von ihren mafiösen Partnern oder Verwandten verwaltet wurden. Oder sie deckten ihre Lebensgefährten, wie das Saveria Benedetta Palazzolo mit Bernardo Provenzano getan hat, der sich mit ihrer Hilfe der Polizei entziehen konnte. Eine umstrittene Gesetzgebung garantiert ihr dafür sogar Straffreiheit, solange ihr keine aktive Mittäterschaft nachgewiesen werden kann.

Es ist kurios, dass Saveria Palazzolo als Lebensgefährtin von Bernardo Provenzano in der Strafjustiz das Recht auf Gleichstellung wie ein verheirateter Partner eingeräumt wird, während sich in der italienischen Gesellschaft in diesen Jahren eine Art Kulturkampf um die Rechte von Partnerschaften ohne Trauschein (Pflege im Krankenfall, Unterstützung, Erbfolge etc.) abspielt, bei dem die katholische Kirche unter dem Banner der Familienideologie jede gesetzliche Regulierung verhindern konnte.

Saveria Palazzolo hat jedenfalls bislang auf jede öffentlichkeitswirksame Rolle verzichtet und auch nicht mit Stolz auf ihre Verbindung zur Cosa Nostra reagiert. Darin unterscheidet sie sich beispielsweise von Ninetta Bagarella, der Ehefrau Totò Riinas, die bereits in den siebziger Jahren als eine Art »Pressesprecherin« ihres Mannes Interviews gab. Damals nannte sie die Mafia noch »eine Erfindung der Journalisten mit dem Zweck, die Auflagen der Zeitungen zu steigern«. Und jüngst verteidigte sie ihren Gatten als einen »Ehrenmann«, dem lediglich vorgeworfen werden könne, dass er sich während seiner Flucht nicht bei der Polizei gemeldet habe. Stolz auf die Mafia zeigte sich auch Antonina Brusca, die Mutter des Killers Giovanni Brusca, die ihren Sohn öffentlich aufforderte, nicht als Pentito, als reuiger Mitarbeiter der Justiz, auszusagen (was der dann aber doch tat). Vincenzina Bagarella, die Ehefrau von Leoluca, nahm sich sogar das Leben, als ihr Bruder nach seiner Verhaftung anfing zu reden. Als Angetraute eines Bosses der Corleonesen konnte sie die »Schande« nicht ertragen, zugleich Schwester eines Pentito zu sein. Ihr Körper wurde nie gefunden. Wie es heißt, habe ihr Ehemann selbst eine ehrenvolle und heimliche Beerdigung organisiert.

»Rita, bedda mia«

Bewegend ist die Geschichte der Rita Atria aus Partanna bei Trapani, der Tochter eines lokalen Capomafia. 1985, als sie zwölf Jahre alt war, wurde ihr Vater, Don Vito Atria, ermordet. Sie hatte diesen Mann als wirklichen Padrino der alten Schule erlebt, der anderen Leuten geholfen, Streit geschlichtet und für Vertrauen im Ort gesorgt hatte. Mit dieser idealistischen Sicht setzte sie ihre ganze Hoffnung in Nicola, ihren älteren Bruder. Nicola steckte in der Drogenszene, kannte die neuen Mafia-Strukturen, die Namen der Mörder seines Vaters und vertraute sein Wissen seiner »kleinen« Schwester an, die sich gerade mit einem jungen Mann aus dem mafiösen Umfeld verlobt hatte.

Dann, im Jahr 1991, wurde auch Nicola umgebracht. Seine Frau Piera, die sich mit ihrem Mann schon vorher wegen seiner Zugehörigkeit zur Mafia auseinandergesetzt hatte, ging zur zuständigen Staatsanwaltschaft von Marsala, die damals von Paolo Borsellino geleitet wurde, und packte aus – was zur Verhaftung einer Reihe von »Persönlichkeiten« des Ortes führte. Die Mutter von Atria und Nicola sagte sich daraufhin sofort von der Schwiegertochter, »dieser Verräterin«, los, und Atrias Verlobter beendete die Beziehung, weil er nicht in die Familie einer »Reuigen« einheiraten wollte. Rita Atria, die ihre Schwägerin Piera Aiello immer gemocht hatte, war es verboten, mit ihr Kontakt aufzunehmen.

Schließlich, gerade einmal siebzehn Jahre alt, rebellierte Rita gegen ihre Mutter und ihre Familie. Sie suchte Paolo Borsellino auf und erzählte ihm alles, was ihr Bruder ihr über die Mafia in Partanna und die Mörder ihres Vaters erzählt hatte. Der Staatsanwalt nahm sich ihrer an, half ihr unterzutauchen, und verschaffte ihr eine Tarnadresse in Rom. Dort musste Rita unter falschem Namen leben, jede Kontaktaufnahme zur Familie blieb ihr verwehrt. Paolo Borsellino besuchte sie in Rom, so oft er konnte. Bei ihren Treffen, wenn sie nervös war, nahm er Ritas Gesicht in seine Hände und sagte: »*Bedda mia*, meine Schöne, mach dir keine Sorgen.« Und er umarmte sie. Rita verehrte ihn wie einen Vater.

Inzwischen war Paolo Borsellino zur Staatsanwaltschaft Palermo zurückversetzt worden. Im Mai 1992 stand er erschüttert am Tatort von Capaci, wo gerade Giovanni Falcone ermordet worden war. Sechs Wochen später musste auch er sterben. Rita war verzweifelt und schrieb in ihr Tagebuch: »Die Mafia sind wir und unser falsches Verhalten.« Und: »Borsellino, du bist für das gestorben, woran du geglaubt hast. Aber ohne dich bin ich tot.« Kurz darauf nahm sie sich das Leben.

Piera Aiello ließ die sterblichen Überreste ihrer kleinen Schwägerin nach Partanna überführen. Dort wurde sie beerdigt, Frauen aus Palermo trugen ihren Sarg. Protestrufe ertönten, als der Pfarrer in seiner Predigt nur von der Schuld der Verstorbenen als Selbstmörderin sprach. Die Medien berichteten über eine »Antimafia-Demo« auf dem Friedhof. Ritas Mutter war nicht dabei, als der Sarg – senkrecht, wie es auf dem Friedhof von Partanna üblich war – in die Grablege der Familie Aiello gestellt wurde. Der Pfarrer beschwerte sich anschließend in einem Brief an die Lokalpresse, dass durch die Beerdigung der gute Ruf des Ortes in den Schmutz gezogen worden sei. Auch sei er nicht grundsätzlich gegen eine Zusammenarbeit mit der Polizei, doch müssten die Anschuldigungen »sicher, ich wiederhole: sicher« sein und dürften sich nicht allein auf Gehörtes beziehen.

Ein paar Monate später, zu Allerseelen, ging Ritas Mutter auf den Friedhof und zerstörte mit einem Hammer das Bildnis ihrer Tochter auf dem Grabstein.

Die Psyche der Mafia – Ein Interview

»Die Cosa Nostra ist eine kriminelle Vereinigung, geradezu wissenschaftlich organisiert, mit Verbindungen zur Politik. Das ist ein kleiner Staat – ein Familienstaat.«

Girolamo Lo Verso unterrichtet an der Universität Palermo Gruppenpsychologie. In Feldversuchen, durch Befragungen inhaftierter Mafiosi hat er die Familienstrukturen der Cosa Nostra analysiert. Der Psychologe gilt als bester Kenner der »Mafia intern« (»*La mafia dentro*«), wie auch der Titel seines letzten Buches lautet.

»Der Mafioso als Einzelperson und der Mafioso als Familienmitglied überlagern sich, Familie und Subjekt sind identisch. Psychologisch gesehen sind die Mafiosi alle gleich, wiederhol- und austauschbar. Der Mafioso kennt psychologisch gesehen nicht die Kategorie des Ichs als Subjekt, wie es in jenen überbesorgten Familien der Fall ist, die ihre Kinder nie aus dem Haus lassen oder bei jedem Schritt nach draußen sagen: Pass bloß auf! Und die bekommen dann Isolationsstörungen und gehen gar nicht mehr raus.«

So sei die Mafia von innen konstruiert, sagt Girolamo Lo Verso. Nur dass als zukünftige Kampfmaschine konstruiert wird, wer als Mann auf die Welt kommt, oder als Gebärmaschine, wenn es eine Frau ist.

»Zum Beispiel: Viele Mafiosi können sich gar nicht verlieben, denn wer sich verlieben will, muss ein Ich haben. Ich kann mich verlieben. Das ›Wir‹ des Clans kann sich nicht verlieben. Das hat mit der Geschichte zu tun. Ich, Girolamo Lo Verso, bin vor etwas über 50 Jahren geboren. Psychologisch gesehen ist der Mafioso vor 200 Jahren geboren. Damals haben die ›Familien‹ sich als Clan gefunden, und seitdem geben sie die Regeln, die Zugehörigkeiten, die Beziehungen weiter. Sie sind meistens unter sich, heiraten und leben untereinander. Sie machen nie etwas, was sich außerhalb des familiären Rahmens abspielen würde. Die Mafia-Familie ist die Psyche der Mafia.«

Das, was den Mafioso am meisten interessiere, sei Macht, was auch in einem sizilianischen Sprichwort ziemlich vulgär zum Ausdruck komme: *Cumannare è megghiu ca fottere.* Die hochdeutsche Fassung lautet: »Besser kommandieren als Sex haben.«

»Macht bedeutet, dass man in seinem Stadtviertel entscheiden kann, wer diese Wohnung bekommt und wer eine andere; wer Schutzgeld bezahlen muss und wer nicht; wer am nächsten Tag noch leben darf und wer nicht. Omnipotenz zeichnet das Grundgefühl jedes Mafioso aus.« Girolamo Lo Verso beschreibt das am Beispiel eines Mädchens einer Mafia-Familie aus Palermo, das er für seine Studien interviewt hatte.

»Dieses Mädchen war 17 Jahre alt, sie war hübsch. Sie sagte: ›Ich hätte nackt durch unser Viertel gehen können‹ – und wir auf

Sizilien sind äußerst ansprechbar auf so etwas –, ›und keiner hätte gewagt mich anzusehen.‹ Welches normale schüchterne Mädchen würde nicht davon träumen, so omnipotent zu sein? Und sie dachte wirklich, wenn sie nackt durch die Gegend gelaufen wäre, hätte auf Sizilien niemand hingeschaut. Und wissen Sie, was das Unglaubliche ist? Es ist absolut wahr, niemand hätte gewagt, sie anzusehen.«

Don Giuseppe wird selig

Brancaccio ist eines jener Viertel im Osten von Palermo, wohin sich kein Tourist verirrt und sich auch besser nicht verlaufen sollte. Das angrenzende normannische Castello Maredolce und der paradiesische Parco alla Favara, die einstmals weit vor den Toren der Stadt lagen, sind nur an ganz wenigen Tagen im Jahr zu besichtigen. Heute liegen sie inmitten hässlicher, meist illegal errichteter Wohnblocks. Auf engstem Raum drängen sich hier 80 000 Menschen zusammen. »Es ist eine Art Niemandsland«, heißt es in einem Bericht aus dem Jahr 1991. »Die Kinder leben hier auf der Straße. Und auf der Straße lernen sie die Lektionen des Verbrechens: Diebstahl, Raub.«

Aber auch die Kleinkriminalität von Brancaccio hat ihre Regeln. Alles muss sich hier vollziehen mit »der Erlaubnis von ...«. Nachdem die Stadtverwaltung mehrere hundert Obdachlose aus dem Zentrum von Palermo hierher umgesiedelt hatte, kam es zu einer Welle von Autodiebstählen. »Und einige dieser kleinen Diebe«, steht weiter in dem Bericht zu lesen, »sind, vermutlich zur Strafe, plötzlich verschwunden. Sie gingen vor, ohne sich um die Regeln der lokalen Mafiosi zu kümmern: Wer weiß, vielleicht finden wir sie in einem Zementblock wieder.«

Diesen Bericht schrieb der Gemeindpfarrer von San Gaetano, der Kirche von Brancaccio. Padre Giuseppe Puglisi war 1991 in das Stadtviertel zurückgekehrt, in dem er 1937 (Vater Schuster, Mutter Zuschneiderin) geboren war. Don Puglisi hatte sich nach seiner Ordination 1960 in mehreren Problemvierteln der Stadt und der Provinz einen Namen vor allem in der Jugendfürsorge gemacht. Und das war auch der Schwerpunkt seiner Arbeit in einem Viertel, in dem es nur eine Grundschule (bis zur fünften Klasse), aber weder einen Kindergarten noch eine Hauptschule (sechste bis achte Klasse) gab.

Der Pfarrer gründete eine Jugendgruppe und eine Leseschule, baute ein Gemeindezentrum auf und bekämpfte den Drogenhandel. In seinen Predigten griff er die Cosa Nostra an, auch wenn der eine oder andere Mafioso auf den Kirchenbänken saß. Brancaccio galt in jenen Jahren als »Bronx« von Palermo, in der Capomafia Filippo Graviano und sein Bruder Giuseppe schalten und walten konnten, wie es ihnen beliebte. Hier war eines der größten Waffenlager der Cosa Nostra versteckt. Die Brüder Graviano lieferten auch den Sprengstoff, mit dem Giovanni Falcone und Paolo Borsellino ermordet wurden.

Natürlich wurde jemand wie Padre Puglisi der Organisation allmählich unbequem. Jugendliche, die bislang der Mafia als billige Arbeitskräfte oder als Laufburschen gedient hatten, verbrachten jetzt ihre Zeit im Gemeindezentrum. Vor allem gingen sie der Mafia als Informanten über alle Vorgänge im Viertel verloren. Ausgerechnet in Brancaccio sah die Cosa Nostra die Kontrolle über ihr Territorium in Gefahr. Dazu kamen die Angriffe von der Kanzel mit der Nennung von Namen, der Kampf gegen des Drogengeschäft, die Bloßstellung der von Mafia-Leuten durchsetzten Stadtteilverwaltung. Dabei war der kleine Priester mit den großen Ohren und dem kahlen Kopf durchaus kein Radikaler, der den starken Mann markierte. Seine Kämpfernatur zeigte sich eher in der Ausdauer, mit der er die Jugendarbeit betrieb, in der Milde, mit der er einer Generation von Hoffnungslosen begegnete.

Am Abend des 15. September 1993, es war sein 56. Geburtstag, wollte Padre Puglisi die Haustür zu seiner Wohnung an einer belebten Piazza unweit von San Gaetano aufschließen, als ihm jemand seine Tasche aus der Hand riss; ein zweiter Mann trat hinzu. Es sollte aussehen wie ein Überfall von Drogendealern.

Wie einer der Killer später beim Prozess aussagte, lächelte der Pfarrer und sprach sie an: »Ich habe euch erwartet.« Dann fielen Schüsse. Die Killer verschwanden. Plötzlich war keine Menschenseele mehr zu sehen. Ein Auto fuhr noch schnell vorbei. Ein Motorroller drehte ab. Fensterläden klappten zu. Don Giuseppe war nicht sofort tot. Eine halbe Stunde lang blieb sein Körper auf der Türschwelle liegen, bevor jemand die Polizei benachrichtigte.

Zwölf Jahre später hat Roberto Faenza unter dem Titel »Alla luce del sole« (»Am helllichten Tage«) einen Spielfilm über das Leben und den Tod von Padre Puglisi gedreht. Nach Brancaccio konnte er sich nicht wagen und musste für die Außenaufnahmen in ein anderes Viertel Palermos ausweichen. Die Nachfolge als Capomafia von Brancaccio der mittlerweile abgeurteilten Brüder Graviano hat der allgemein angesehene Arzt Giuseppe Guttadauro, ein Schwager von Matteo Messina Denaro aus Trapani, angetreten. Guttadauro, dem auch gute Beziehungen zum Präsidenten der Region, Totò Cuffaro, nachgesagt werden, wurde inzwischen ebenfalls verhaftet. Die römisch-katholische Kirche, die sich geweigert hatte, im Prozess gegen die Mörder von Padre Puglisi als Zivilklägerin aufzutreten, hat ein Verfahren zur Seligsprechung des mutigen Priesters eingeleitet.

Kirche und Mafia

Es hat lange gedauert, bis die offizielle Kirche zu einer eindeutigen Haltung gegenüber dem organisierten Verbrechen der Cosa Nostra finden konnte. Umberto Santino sagt: »In den Beziehungen zwischen katholischer Kirche und Mafia und im Allgemeinen zwischen der katholischen Welt und der Mafia hat es die verschiedensten Haltungen gegeben, die vom Verschweigen bis zur Anklage reichten, von der Komplizenschaft bis zur Bekämpfung, vom Einverständnis bis zur Verurteilung.«

Von der Zeit der Gründung des italienischen Staates an herrschte zunächst ein »distanziert zustimmendes« Verhältnis zur sich langsam herausbildenden Mafia vor. Denn diese Mafia war häufig genug Verbündeter der Kirche im Kampf gegen aufständische Bauern, Sozialrebellen, Sozialisten und Kommunisten, welche die »göttliche Ordnung« verändern wollten. Die Mafia, kulturell-religiös in sizilianischen Traditionen verwurzelt, stand einem Staat feindlich gegenüber, dem auch die Kirche die Anerkennung verweigerte.

Italien wurde in der zweiten Hälfte des 19. Jahrhunderts gegen den Widerstand Roms, also des Vatikanstaats, und des Papstes gegründet, der sich nach Bildung des Einheitsstaats als »Gefangener im Vatikan« bezeichnete. Pius IX. verbot mit der Enzyklika »Non Expedit« den Gläubigen, am öffentlich-politischen Leben Italiens teilzunehmen. Diese starre Haltung lockerte sich erst langsam ab Anfang des 20. Jahrhunderts mit der Gründung des Partito Popolare, einer christlichen Zentrumspartei, durch Don Luigi Sturzo aus dem sizilianischen Caltagirone, die dann zum Vorläufer der Democrazia Cristiana (DC) nach dem Zweiten Weltkrieg wurde.

Die Nachkriegszeit auf Sizilien wurde durch das lange Episkopat von 1945 bis 1970 des Kardinals Ernesto Ruffini, Erzbischof von Palermo und Primus der sizilianischen Kirche, geprägt. Der aus Norditalien stammende Geistliche passte sich schnell den sizilianischen Verhältnissen an. Als strammer Antikommunist stellte er die Kirche politisch ganz in den Dienst der DC. Mafia existierte für ihn nicht. Diese sei, so der Kardinal, »eine Erfindung der Kommunisten«.

Als wirkliche Gefahr für Sizilien machte er dagegen öffentlich die schädlichen Einflüsse eines Danilo Dolci und eines Romans wie »Der Leopard« von Giuseppe Tomasi di Lampedusa aus. Und als aus dem Vatikan wegen eines Antimafia-Manifests der Waldenser von Palermo, das landesweit Aufsehen erregt hatte, eine Anfrage kam, schrieb Ruffini zurück, dass es auf Sizilien nur gewöhnliche Verbrecher gebe wie andernorts auch, der Rest sei »protestantische Propaganda«.

Kirche und Mafia gingen besonders in kleineren Orten eine

Symbiose ein. Die Mafiosi und ihre Familien beteiligten sich am religiösen Leben, finanzierten die großen Prozessionen und unterstützten bei Wahlen die Kandidaten der DC. Noch in den achtziger Jahren konnte ein Pfarrer aus Corleone auf einem Kirchenkonvent in Palermo erklären (zitiert nach Lodato): »Wer hat behauptet, dass es in Corleone die Mafia gibt? Wahr ist, dass der ganze Ort an der Karfreitagsprozession zum Tod des Herrn teilgenommen hat. Wie kann man also eine Verleumdung dieser Art verbreiten?«

Für gewisse Kreise innerhalb der Kirche war die formelle und rituelle Teilhabe wichtiger als die Frage, was wirklich in den Herzen und Köpfen ihrer Gemeindemitglieder vor sich ging. Für den Mafioso war die Kirche einerseits ein Identitätsfaktor, fühlte er sich doch über ihre Riten mit der lokalen Kultur (und der seiner Organisation) verbunden. Und andererseits war das religiöse Bekenntnis ein Deckmäntelchen, unter dem er ungestört und ungestraft dieser Geheimorganisation dienen konnte.

Unter Ruffinis Nachfolger Salvatore Pappalardo, Erzbischof von Palermo von 1970 bis 1996, wich der Klerus allmählich von seinem Standpunkt ab. Aufgeschreckt durch die blutigen Mafia-Kriege und schließlich durch den Angriff auf den Staat, begann die Kirche sich gegen die Mafia zu wenden. Was zuerst eher als ein soziales Problem behandelt wurde, wuchs sich bald zu einer theologisch-seelsorgerischen Frage aus. In seiner Trauerrede zum Tod von Giovanni Falcone stellte sich Kardinal Pappalardo bezeichnende Fragen: »Können wir sie [die Angehörigen der Cosa Nostra] zu den wirklichen Christen zählen, auch wenn sie getauft sind? Sind sie es noch wert, der Gemeinschaft der Kinder Gottes anzugehören? Oder muss man sie nicht eher wegen ihrer Absichten und ihrer Taten als Mitglieder der Synagoge Satans ansehen?« – Der Ausdruck »Synagoge« wurde später in der schriftlichen Fassung in »Kirche« abgeändert.

Im Mai 1993 besuchte Papst Johannes Paul II. Sizilien. In einer Ansprache in Agrigent bezog er eindeutig Position und appellierte an die Katholiken der Insel: »Der Glaube verlangt hier auf eurem Boden eine klare Missbilligung der Kultur der Mafia, die eine Kultur des Todes ist, zutiefst inhuman, antievangelisch, ein Feind der Würde jedes Einzelnen und des zivilen Zusammenlebens.« Und geradezu dramatisch wandte er sich an die Mafiosi selbst. »Im Namen des auferstandenen Christus, dieses Christus, der das Leben ist, wende ich mich an die Verantwortlichen. Ich sage den Verantwortlichen: Bekehrt euch! Eines Tages kommt das göttliche Urteil!«

Fünf Monate später wurde Padre Puglisi erschossen.

Die Chiesa Nostra

In und um Palermo, auf Sizilien, in Kalabrien und Kampanien gab und gibt es Geistliche, die, ohne viel Aufhebens um ihr Tun zu machen, in den Problemvierteln geradezu heldenhaft seelsorgerische und soziale Arbeit miteinander verbinden. Nicht alle im Klerus hatten sich jedoch die Worte des Papstes zu Herzen gekommen. Eine unrühmliche Rolle spielte jahrelang Monsignore Salvatore Cassisa, Erzbischof von Monreale, der größten Diözese Siziliens. Zu ihr gehört mit Orten wie Corleone, San Giuseppe Jato, Roccamanea und Monreale selbst gleichsam das »Kernland« der Cosa Nostra in der Provinz Palermo. Cassisa wurde 1978 im wunderschönen Dom von Monreale, dem Höhepunkt arabisch-normannischer Kultur (der schon allein eine Sizilienreise wert wäre), in sein Amt eingeführt. Von dem Zeitpunkt an rissen Gerüchte und auch formelle Anschuldigungen bezüglich Verstrickungen des Erzbischofs in kriminelle Angelegenheiten nicht ab. *Chiesa Nostra* schrieben die Medien, wenn von Monreale die Rede war.

So auch im Jahr 1993, nach dem Papstbesuch, als Cassisa Korruptionsgelder in Höhe von 600 Millionen Lire (heute etwa 300 000 Euro) von einer Baufirma erhalten haben soll, die für Restaurierungsarbeiten am Dom von Monreale den Zuschlag erhalten hatte. Und mit dem Handy eines seiner geistlichen Mitarbeiter hatte zudem der flüchtige Leoluca Bagarella, kurzfristig

Boss der Bosse der Cosa Nostra, Telefonate geführt, die aufgezeichnet werden konnten.

Als Cassisa Honoratioren aus der ganzen Diözese einlud, um jegliche Schuld von sich zu weisen, machten Beobachter auf den Bänken des Domes Picciotti aus allen Mafia-Dörfern aus, die ihrem Erzbischof frenetisch applaudierten. Es schien, schrieb Saverio Lodato, »als ob man einer Filmsequenz des ›Paten‹ beigewohnt hätte«.

Monsignore Cassisa wurde schließlich von dieser wie von anderen Vorwürfen (darunter die Veruntreuung von EU-Geldern) entlastet, weil ihm persönlich keine Schuld an den illegalen Zuständen nachgewiesen werden konnte. Der Kirchenmann, der außerdem dem christlichen Orden der Ritter des Heiligen Grabes vorstand, einem Sammelbecken reaktionärer Adliger, konservativer Kleriker und mafiöser Unternehmer, blieb trotz vehementen Protests seitens katholischer Gruppen Siziliens, die mehrfach beim Vatikan interveniert und die Abberufung des Bischofs gefordert hatten, bis zur Erreichung der Altersgrenze 1997 im Amt.

Innerhalb der Kirche Siziliens und besonders in der von Palermo gab es in jenen Jahren eine Debatte über die Frage, wie man mit Angehörigen der Cosa Nostra verfahren soll, die um seelsorgerischen Beistand nachgesucht hatten. Schlagzeilen machte der Fall von Padre Mario Frittitta. Der Priester hatte den flüchtigen Capomafia Pietro Aglieri in seinem Versteck aufgesucht und ihm eine Messe gelesen. Aglieri war im Gymnasium von Cassisas Priesterseminar in Monreale aufgewachsen. Als ihn die Polizei im Juni 1997 festnahm, entdeckte sie einen kleinen Altarraum in seinem Unterschlupf. Frittitta wurde dann in erster Instanz wegen Beihilfe verurteilt, in zweiter und dritter Instanz jedoch freigesprochen.

Er war nicht der einzige Priester, der Kontakt zu einem Mafioso aufgenommen hatte. Padre Giacomo Ribaudo, Pfarrer in der Kalsa, dem ältesten Viertel von Palermo, berichtete, dass es nach den Anschlägen auf Falcone und Borsellino etliche Anfragen von Mafiosi gegeben hatte. Ausgangspunkt war ein Appell von Padre Giacomo an Salvatore (»Totò«) Riina gewesen. Darin hatte der Pfarrer unter anderem geschrieben: »Carissimo Salvatore, es interessiert mich nicht, ob du als Pentito Namen anderen verraten sollst oder nicht. Was bleibt, ist die Liebe Gottes. Wenn du aber das, was in deinem Herzen an Altem ist, abtötest, wirst nicht nur du, sondern auch ganz Italien wiedergeboren.«

Wie können wir uns stellen, ohne zu Aussagen über die Organisation und andere Mitglieder gezwungen zu werden? Das war die Grundfrage einiger Mafiosi, die in eine Seelenkrise geraten waren. Don Giacomo Ribaudo, der mehrere Briefe von Pietro Aglieri noch während dessen Zeit als Flüchtiger erhalten hatte, wandte sich damals sowohl an seine Diözese als auch an die Staatsanwaltschaft. Während seine Vorgesetzten sich abwartend verhielten, zeigte die Staatsanwaltschaft nur Interesse am Informationsgehalt der Kontakte des Priesters zu den Mafiosi. Sie wollte Namen wissen sowie die Orte kennen, wo Treffen stattgefunden hatten. Ribaudo schwieg – aber er konnte seinen Kontaktpersonen auch keine Brücken bauen. Aglieri forderte daraufhin sogar seine Briefe zurück.

Als sich weitere Priester mit ähnlichen Anfragen meldeten, berief der neue Erzbischof von Palermo, Kardinal Salvatore De Giorgi, eine Ratskommission ein. Die kam zum Ergebnis, dass es einem Priester sehr wohl gestattet sein müsse, mit einem flüchtigen Mafioso in Verbindung zu treten, wenn dieser es wünschte. Aber es sollte bei einem einmaligen Treffen bleiben, um der entsprechenden Person seelsorgerischen Beistand zu leisten. Dann müsse diese den Weg zur Zusammenarbeit mit den Justizbehörden suchen, um ihre reumütige Kehrtwendung zu bekunden und um durch ihre Aussagen Schuldige an der Fortführung ihrer Verbrechen zu hindern. Diese offizielle Haltung ließ an Klarheit nichts zu wünschen übrig. Die Debatte griff auch auf die nationale Kirchenpresse, wie etwa das Hochglanzmagazin *Jesus*, über. Dennoch gab es weiterhin halsstarrige Priester auf Sizilien, die mit Blick auf die Pentiti unverhohlen predigten, dass jeder Verrat Sünde sei.

Inzwischen begann sich das Klima innerhalb der Cosa Nostra radikal zu ändern. Ein neuer Padrino war angetreten, der den »Frieden« predigte – die »Pax mafiosa«. In seinen Pizzini rief er Jesus Christus und alle Heiligen an: »Mit Gottes Willen will ich euer Diener sein«, war einer seiner Standardsätze. Und ohne Segenswünsche endete kein Brief: »Mit den allerherzlichsten Grüßen und dass Gott euch behüte und beschütze!« Die göttliche Vorsehung, so vermittelte er allen von Anfang an, stand auf der Seite derer, die gute Werke taten. Und gute Werke, das waren – Gott sei Dank – die guten Geschäfte.

Bernardo Provenzano wollte die Cosa Nostra zu alten Werten zurückführen. Die Zeit des Mordens war vorbei. Getötet werden sollte nur noch im Notfall und dann wohl begründet. Gewissensbisse waren überflüssig.

Und im November 1998 konstatierte die Tageszeitung *la Repubblica* voller Staunen: »Seit 13 Monaten hat es in der Stadt Palermo kein Mafia-Verbrechen mehr gegeben. Das ist seit den Zeiten der Einigung Italiens nicht mehr vorgekommen.«

Sechstes Kapitel

Der verräterische Kuss:
Mafia und Politik

*Das Geschäft mit den Wählerstimmen – Cosa Nostra
und die Christdemokraten – Der Fall Andreotti –
Die Mafia lässt Forza Italia wählen*

Die Kontrolle ihres Territoriums ist die Grundlage aller Aktivitäten einer Mafia-Familie auf Sizilien, und ihre Macht wäre ohne politische Kontrolle der Stadtteilräte und lokaler Verwaltungsorgane innerhalb ihres Gebietes nur halb so groß. Die Mafia kann Politiker beeinflussen, indem sie diese von sich abhängig macht und/oder sie korrumpiert. Und manchmal lässt sie ihre eigenen Leute gleich in politische Schlüsselstellungen wählen – zum Beispiel Don Vito Ciancimino aus Corleone, der als lokaler Spitzenpolitiker der Democrazia Cristiana (DC) in den sechziger Jahren zunächst Baudezernent und schließlich Bürgermeister von Palermo wurde. Vor allem aber: Die Mafia ist eine politische Macht, weil sie Stimmen kontrolliert und damit Wahlen beeinflussen kann.

Wahlen mit Ansage

Die Mafia bewegt Stimmen seit ihren Anfängen. Besonders in den Vierteln der einfachen Leute und in kleinen Ortschaften folgten und folgen die Menschen den Empfehlungen des lokalen Capomafia. Dazu kommen die Stimmen einer Mafia-Familie selbst, die oft aus mehreren hundert Angehörigen besteht, die wiederum Verwandte und Freunde haben, die auf ihren Rat hören. Tommaso Buscetta sagte, um einen Kandidaten zu unterstützen, musste kein großer Wahlkampf geführt werden. Es genügte, wenn sich der Boss mit ihm zusammen bei einem Kaffee in der Bar oder bei einem gemeinsamen Spaziergang zeigte.

Wo in einem Viertel oder einem Ort die Mafia das Geschehen bestimmt, leistet man ihrer Wahlempfehlung Folge, weil die Erfahrung gezeigt hat, dass man damit Verhältnisse stützt, aus denen alle irgendwie ihren Nutzen ziehen. Außerdem mag sich manch einer denken: Wenn die Mafia so mächtig ist, dass sie über Leben und Tod entscheiden kann – wer sagt denn, dass sie nicht auch die Stimmabgabe kontrollieren lässt? Ist es also nicht besser, das zu tun, was die Mehrheit der Vernünftigen tut?

So wurde aus der geheimen Wahl eine Wahl mit Ansage. Jemand wie Buscetta, der den Corleonesen nie über den Weg getraut hatte, wollte auch mit Kandidaten wie Vito Ciancimino nichts zu tun haben. »Seine« Stimmen erhielt Salvo Lima. Ob Lima sich dafür erkenntlich zeigte, wissen wir nicht.

Der ehemalige Boss Antonino Calderone bestätigte das Gebot, niemals für Faschisten, Kommunisten »und Parteien der äußersten Linken ganz allgemein« zu votieren. In der Regel flossen die mafiösen Stimmen den »Kandidaten des Zentrums« zu, hier insbesondere der DC, die auch das Wohlwollen der Kirche genossen. Vom Mafioso empfohlen, vom Priester gefördert – wen wundert es, dass dank dieser doppelten Deckung die DC bei Wahlen auf Sizilien leichtes Spiel hatte. Doch wenn die Gegenleistung ausblieb, konnten auch schon mal Stimmen auf eine andere Partei umgeleitet werden, wie es Calderone von einem Vorgang aus Riesi berichtete: »Als Giuseppe Di Cristina Untersuchungshaft drohte, bekam er von der Democrazia Cristiana keinerlei konkrete Hilfe; also wandte er sich an den Abgeordneten Aristide Gunnella [einen Republikaner]. Ich weiß nicht, ob dieser dann in der Sache etwas Konkretes für Di Cristina unternommen hat, doch weiß ich – Di Cristina hat es mir selbst gesagt –, dass der Abgeordnete Gunnella die Anstellung Di Cristinas bei einer regionalen Einrichtung durchgesetzt hat. Symptomatisch für die Unterstützung Di Cristinas zugunsten des Abgeordneten Gunnella ist meiner Erinnerung nach, dass die Republikanische Partei bei einer Wahl in Riesi eine Lawine von Stimmen einfuhr, ganz anders als in der Vergangenheit.«

Die Petersilie auf dem Geschäft

Paolo Borsellino hat das Verhältnis Mafia und Politik einmal griffig auf einen Nenner gebracht: »Politik und Mafia sind zwei Mächte, die beide die Kontrolle desselben Territoriums anstreben – entweder führen sie Krieg gegeneinander, oder sie versuchen, sich zu einigen.«

Das System der Kartelle, das zunächst Angelo Siino und später Pino Lipari für die Cosa Nostra in den achtziger Jahren aufbauten, war solch ein Versuch einer Einigung. Was der Pentito Nino Giuffrè im Nachhinein bestätigte: »In Sachen Ausschreibungen hatte die Cosa Nostra einen perfekten Mechanismus im Zusammenspiel mit der politischen Welt und der Unternehmerklasse ausgetüftelt, der bis in kleinste Verästelungen reichte. Nach 1988 wurde dieser Mechanismus, der von Angelo Siino weitgehend kontrolliert worden war, noch verbessert. Es wurde der sogenannte Tavolino [siehe viertes Kapitel, Seite 119] eingerichtet, an dem auch ganz wichtige Persönlichkeiten teilnahmen. Das war der Augenblick, in dem Mafia, Teile der Politik und Teile der Wirtschaft zusammengeschweißt wurden.«

Wer von den Unternehmen Palermos in diesen Verästelungen keinen Platz fand, dessen Überlebenschancen waren nur noch minimal. So schloss ein Totò Riina bei seinen Geschäften ideologische Gegner, zum Beispiel von der kommunistischen Partei, kontrollierte Kooperativen, grundsätzlich aus. Angelo Siino gab nach seiner Verhaftung 1997 zu Protokoll: »Ein raffinierter Kopf wie Signore Provenzano hielt sich den Rücken frei und ließ auch die roten Kooperativen teilnehmen, wohingegen der Tölpel Riina sie in Corleone rausgeschmissen hatte.« Da fruchteten auch die eindringlichen Empfehlungen von Riinas christdemokratischen politischen Freunden Ciancimino, Lima oder sogar von Siino nicht.

Die von Provenzano beteiligten »roten« Unternehmen mussten sich natürlich wie alle anderen auch an die Spielregeln (etwa die Bezahlung von Schmiergeldern oder die Weitergabe spezieller Arbeiten an bestimmte Subunternehmer) halten. So ging ein kleiner Teil der Aufträge an Vertreter jenes politischen Lagers, das in seiner großen Mehrheit jedoch gegen die Mafia gerichtet blieb. Diese Beteiligung stellte auch nicht mehr als die Garnierung der gesamten Speise dar. Giovanni Brusca hatte bezüglich der linken Kooperative »De Bartolomeis« einen passenden Vergleich gefunden: »Das ist die Petersilie auf allen Arbeiten, die in Palermo ausgeführt werden.«

Die Kooperative wurde aber schließlich aufgelöst, die Verantwortlichen flogen aus der Partei, und von der Justiz wurde ihnen der Prozess gemacht. Der Makel jedoch blieb – als anschauliches Beispiel dafür, wie Mafia und Gesellschaft bereits miteinander verflochten waren.

In einem Urteil des Schwurgerichts von Palermo aus dem Jahr 1985 heißt es (zitiert nach Gambetta): »Die Verwicklung zahlreicher Unternehmer in strafrechtliche Ermittlungen über die Mafia ist der deutlichste Beleg dafür, dass das Klima der mafiösen Einschüchterung für die Überzeugung ausreicht, wonach der Staat unfähig zur Sicherung friedlichen Zusammenlebens ist und andererseits der ›Schutz‹ durch die Cosa Nostra in bestmöglicher Weise profitable Geschäfte ermöglicht. Angesichts dieser Lage ist es im jeweils konkreten Fall recht schwierig festzustellen, wo die von der Mafia erzwungene Tätigkeit endet und die Einbindung und die flankierende Förderung mafiöser Geschäfte beginnen.«

1 *Neubauwüste: Blick vom Monte Pellegrino auf den Westen Palermos, wo in den sechziger und siebziger Jahren eine Gartenlandschaft unter Betonburgen verschwand*

Ustica

TYRRHENISCHES MEER

Mondello
Terrasini ● Cinisi ● Capaci
Carini ● Palermo
Montelepre ● Monreale ● Bagheria
Valderice ● Castellammare ● Partinico Misilmeri Termini
del Golfo ● Imerese
Trapani Piana
Levanzo ● Alcamo *Lago Poma* d. Albanesi
● Paceco Marineo ● Caccamo
Favignana ● Rilievo ● Calatatimi ● Camporeale Ciminna
Montemaggiore
Belsito
Salemi ● ● Corleone
Marsala ● S. Ninfa Lercara
Partanna Prizzi Friddi
Castelvetrano ● ● S. Margherita
di Belice
Mazara ● Platani Mussome
del Vallo Campobello ● Menfi
di Mazara Casteltermini
Platani
Sciacca ● Ribera
Racalmuto
Raffadali ● Aragona
Agrigento ● Favara ● Naro
Porto Empedocle ●
Palma
di Montechia
Li

0 10 20 30 km

Alicudi

Filicudi

Salina

Lipari

L i p a r i s c h e   I n s e l n

Vulcano

Milazzo

Messina

Barcellona
Pozzo di Gotto

**Reggio
di Calabria**

Patti

S. Agata
di Militello

Tortorici

S. Stefano
di Camastra

alù

Castelbuono

Randazzo

Taormina

Gangi

Troina

Bronte

Etna ▲ *3323*

Nicosia

*Lago di
Pozzillo*

Simeto

Salto

Leonforte

Agira

Regalbuto

Centuripe

Adrano

Belpasso

Acireale

S. Caterina
Villarmosa

Enna

Paterno

Misterbianco

Catania

Caltanissetta

Valguarnera

*Lago di
Ogliastro*

Ramacca

Simeto

Pietraperzia

Piazza Armerina

Gornalunga

Barrafranca

*Biviere di
Leotini*

ommatino

Mazzarino

Palagonia

Lentini

Riesi

Scordia

Carientini

sa

Caltagirone

Grammichele

Francofonte

Augusta

Niscemi

Vizzini

Lago Dirillo

Gela

Florida

Siracusa

Palazzolo

Chiaramonte

Vittoria

Comiso

Ragusa

Noto

Avola

Modica

Rosolini

Scicli

Ispica

Pozzallo

Pachino

TYRRHENISCHES MEER

Capo Gallo

Sferracavallo ● ● Mondello

● Capaci   Golfo
● Villagrazia   di Palermo

Terrasini ●   ● Cinisi   ● Palermo

Golfo   ● Bagheria
di Castellam-   ● Monreale   ● Ciaculli ● Villabate
mare   ● Casteldaccia
                Belmonte ●
                Mezzagno   ● Misilmeri   Trabia
● Partinico

                ● Piana degli Albanesi

        Lago di Piana
        degli Albanesi   ● Marineo
        Lago Poma
● Alcamo   ● San Giuseppe
                   Jato   ● Villafrati

                                ● Mezzojuso

                    PROVINZ PALERMO

● Roccamanea   ● Corleone

                                Lercara Friddi

                            ● Prizzi
        Belice
                ● Bisacquino
● Partanna

        ● Sambuca   ● S. Stefano
        di Sicilia   Quisquina

● Menfi   ● Caltabellotta

4 *Über den Dächern der Stadt: Von der beschaulichen Postkartenansicht Anfang des 20. Jahrhunderts (rechts die Kathedrale und im Hintergrund der Monte Pellegrino) zu einer faszinierenden Metropole Südeuropas – heute leben im Großraum Palermo mehr als eine Million Menschen*

5 *Altstadtgasse: Nach dem Pro-Kopf-Einkommen ist Palermo eine der ärmsten Städte Italiens. Gerade die einfachen Leute stützen noch immer die Mafia*

6 *Im Lichterglanz: Auf den Märkten, wie hier auf dem Ballarò, spiegelt sich die ganze Lebendigkeit der sizilianischen Hauptstadt*

7 Palast der Intrigen: Im Justizpalast aus den dreißiger Jahren haben auch die Staatsanwälte der Antimafia-Direktion ihren Sitz – und führen manchmal Krieg gegeneinander

8 *Konkurrenten: Staatsanwalt Pietro Grasso (links)*
und sein Kollege Gian Carlo Caselli

9 *Mann der Cosa Nostra: Vito Ciancimino, Sohn eines Barbiers aus Corleone, als Baudezernent von Palermo*

10 *Abgang: Ciancimino (hier mit seinem Sohn Massimo) nahm bei seinem Tod im Jahr 2002 viele Geheimnisse mit ins Grab*

11 *Protest der Freunde: Bauarbeiter demonstrieren Mitte der achtziger Jahre für Ciancimino und die Mafia*

12 *Der Fall Notarbartolo: Der erste große Mafia-Prozess wegen eines politischen Mordes endete in letzter Instanz 1904 mit einem Freispruch für die Angeklagten*

13 *Hinter Gittern: Mafia-Prozess 1928, als der faschistische Präfekt Cesare Mori in Palermo mit harter Hand die organisierte Kriminalität unterdrückte*

14 *Schwerer Gang: Lucky Luciano, 1936 zwischen zwei Polizeibeamten auf dem Weg zum Supreme Court von New York*

15 *Ausgewiesen: Zurück aus den USA, organisierte Luciano ab 1945 die Zusammenarbeit von Cosa Nostra und Camorra*

16 *»Ein Ehrenmann«: Joe Bonanno aus Castellammare wurde Boss des stärksten Mafia-Clans von New York. Der Autor einer Biographie (»A Man of Honour«) blieb bis zu seinem Tod 2002 straffrei*

17 »Don Calò«: Calogero Vizzini aus Villalba baute nach dem Krieg die Mafia neu auf

18 »Unsere Gina Lollobrigida«: Diesen Spitznamen handelte sich der Padrino Giuseppe Genco Russo (rechts) ein, weil er sich für fotogen hielt

19 Begräbnisfeier für »Don Calò«, 1954: In der Todesanzeige stand: Seine Mafia war nicht verbrecherisch – es war Liebe

20 *Vater des Antimafia-Gesetzes: Pio La Torre, Abgeordneter und Regionalchef der Kommunistischen Partei, der 1982 von der Cosa Nostra ermordet wurde*

21 *Weitsichtig: Leonardo Sciascia, Autor mehrerer Mafia-Romane, kurz vor seinem Tod 1989*

22 *Engstirnig: Kardinal Ernesto Ruffini sah das Übel Siziliens in Schriftstellern wie Giuseppe Tomasi di Lampedusa*

23 *Symbolfigur: Peppino Impastato aus Cinisi rebellierte gegen die Mafia und machte ihre Bosse in den Sendungen seines Privatradios lächerlich. Dafür erlitt er 1978 einen grauenvollen Tod*

24 *Allein gegen die Mafia: Carlo Alberto Dalla Chiesa, Carabinieri-General und Präfekt von Palermo, wollte Anfang der achtziger Jahre die Verbindung von Mafia und Politik aufdecken*

25 *Im Todesauto: Am Abend des 3. September 1982 erschossen Killer der Cosa Nostra General Dalla Chiesa und seine junge Frau Emanuela, die am Steuer des weißen Autobianchi saß*

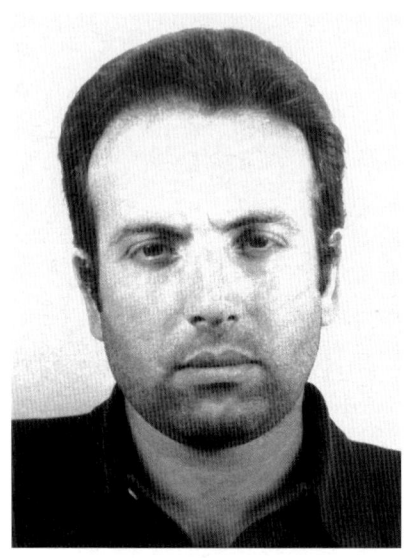

26 Der »Prinz von Villagrazia«: Stefano Bontate, der Padrino aus alter Mafia-Familie, stand den Corleonesen im Weg

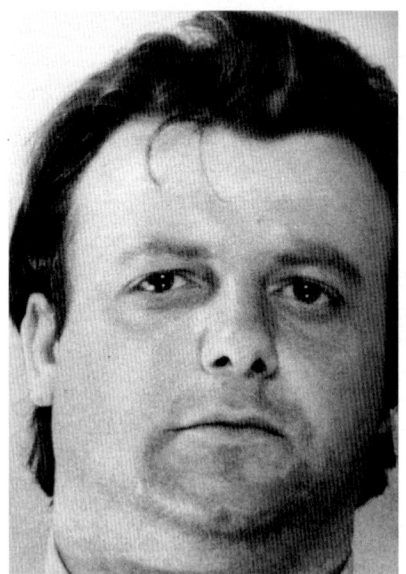

27 Der Amerikaner: Totuccio Inzerillo, Vetter eines New Yorker Bosses, organisierte den Drogenhandel mit den USA

28 Am helllichten Tage: Die Ermordung Inzerillos im Mai 1981 in der Innenstadt von Palermo

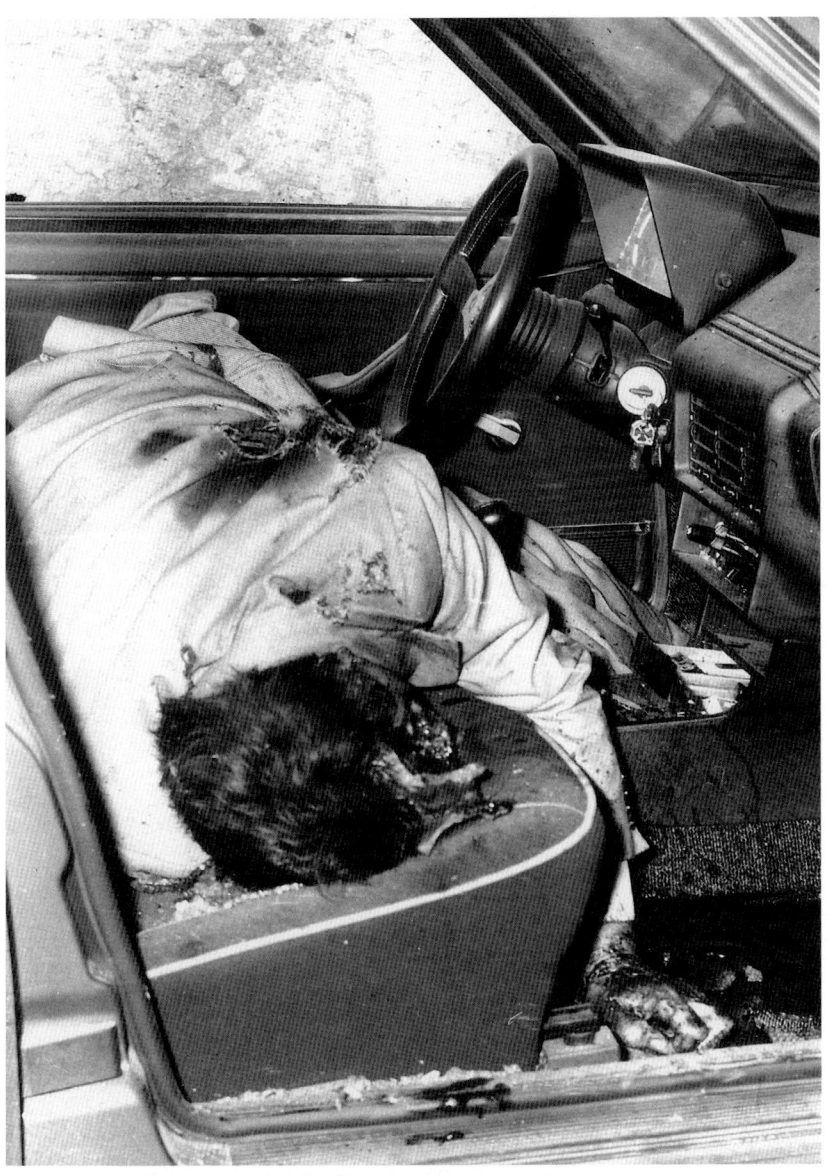

29 *Tod am Geburtstag: Die Erschießung von Stefano Bontate in seinem neuen Auto löste im April 1981 den zweiten Mafia-Krieg aus, der mit der Machtergreifung der Corleonesen endete*

30 *Gute Freunde: Salvatore Lima, christdemokratischer Politiker mit Mafia-Verbindungen, und sein römischer Ziehvater Giulio Andreotti (rechts) in Palermo 1981*

31 *Freispruch mit Tücken: Andreotti wurde 2004 in letzter Instanz von der Anklage wegen Mitarbeit bei der Mafia freigesprochen – für die Zeit vor 1980 war die Straftat verjährt*

32 *Warm verpackt: Tommaso Buscetta bei seiner Ankunft in Palermo 1986. Der »Boss zweier Welten« wurde zum wichtigsten Zeugen der Anklage im ersten Mammutprozess*

33 *Das Vorbild: Giovanni Falcone bereitete zusammen mit Paolo Borsellino den ersten Mammutprozess vor und organisierte später neue Formen der Verbrechensbekämpfung*

34 *Der Boss der Bauernbande: Luciano Liggio legte mit brutaler Gewalt die Basis für die Eroberung Palermos durch die Corleonesen – 1974 musste er hinter Gitter*

35 *Im Bunker: Der erste Mammutprozess gegen die Mafia fand 1986/87 innerhalb des Gefängnisses von Palermo statt und endete mit der Verurteilung der meisten Angeklagten*

36 *Staatsbegräbnis: Die pompöse Beisetzung von Giovanni Falcone, seiner Frau und den Männern seiner Begleitmannschaft, die im Mai 1992 bei einem Bombenattentat ums Leben gekommen waren*

37 *Der Hoffnungsträger: Paolo Borsellino, Kollege von Falcone, war den Corleonesen dicht auf der Spur*

38 *Wie in Beirut: Wenige Wochen nach dem Attentat auf Falcone fiel auch Paolo Borsellino einem brutalen Bombenanschlag in der Via D'Amelio von Palermo zum Opfer*

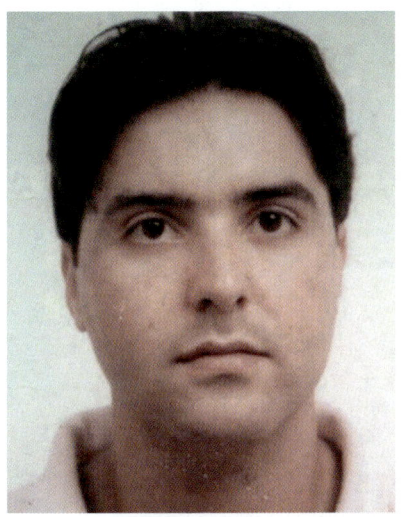

39 *Der Sohn: Giovanni Riina, geboren 1977, wurde wegen Mordes zu lebenslanger Haft verurteilt*

40 *Der Pate im Knast: Totò Riina führte die Corleonesen bis 1993 im mörderischen Krieg gegen die Staatsmacht*

41 *Der Killer der Corleonesen: Giovanni Brusca hatte mehr als 100 Morde auf dem Gewissen, als er 1996 verhaftet wurde – dann wurde er Pentito und entschloss sich zu reden*

42 *Vater des Rinascimento: Leoluca Orlando leitete zweimal als Bürgermeister von Palermo in den achtziger und neunziger Jahren die – kurzfristige – Erneuerung der Politik ein*

L'unico pizzo che vogliamo.

UN POPOLO
CHE PAGA IL PIZZO
E' UN POPOLO
SENZA DIGNITA'

COMITATO
ADDIO**ZZI**d
www.addiopizzo.org

43 *Doppeldeutiges Plakat der Antimafia: »Ein Volk, das den Pizzo [das Schutzgeld] bezahlt, ist ein Volk ohne Würde.« Klein oben links: »Den einzigen Pizzo [Spitzenstoff], den wir wollen.«*

44 *Blühende Landschaften: Eigentlich könnte Corleone (Provinz Palermo) ein ganz normales Städtchen sein, doch der Ort wurde zum Inbegriff der sizilianischen Mafia*

45 *Die Spur der Wäsche: Vom Wohnhaus der Familie Provenzano in Corleone, das die Ermittler jahrelang observiert hatten, führte ein Plastikbeutel zum Versteck*

46 *Der letzte Akt: Das Feldhaus am Ortsrand von Corleone, in dem sich Bernardo Provenzano versteckt hatte, im Überwachungsfilm eine Minute vor dem Polizeieinsatz*

47 Mit weißem Schal: Seine Festnahme am 11. April 2006 kommentierte der letzte Pate der Corleonesen mit folgenden Worten: »Ihr wisst ja nicht, was ihr tut.«

48 *Geschniegelt: Bernardo Provenzano auf dem letzten bekannten Foto vor seiner Festnahme*

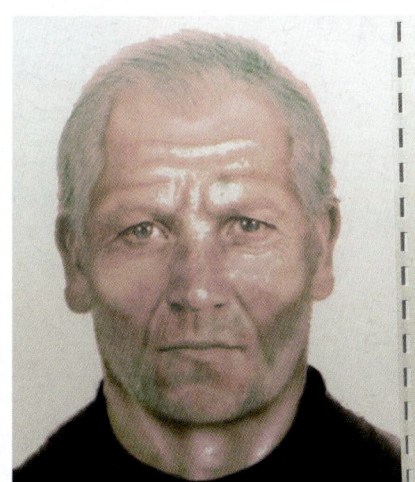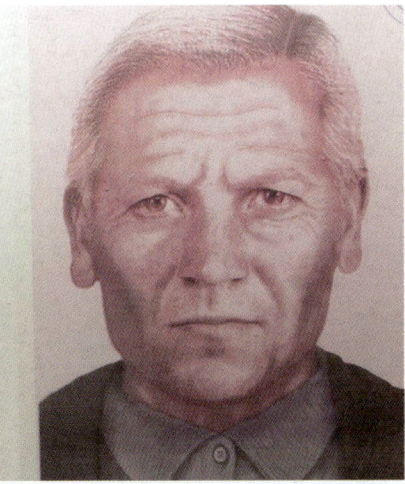

49 *Gealtert: Phantombild des Padrino, das in allen Polizeidienststellen aushing*

50 *Der Sieger: Pietro Grasso, leitender Staatsanwalt der nationalen Antimafia-Behörde, mit dem Foto des Verhafteten. Eine Jagd, die mehr als 43 Jahre gedauert hat, ist zu Ende.*

Cosa Nostra und Democrazia Cristiana

Die besonders gravierenden Gefälligkeiten, die aus Politikern begehrenswerte Kunden für die Mafia machten, beschrieb Antonino Calderone am Beispiel eines Kommissars der Kriminalpolizei Catania. Dieser, ein Dr. Cipolla, war 1976 »der Einzige, der uns gegenüber ernsthafte Ermittlungen durchführte und uns dabei Unannehmlichkeiten bereitete. Mein Bruder und ich hatten versucht, ihn von Catania wegversetzen zu lassen, jedoch keinen Erfolg damit. Wir wandten uns daher an Nino und Ignazio Salvo. Die trafen wir in ihrer Steuererhebungsstelle von Palermo. Wir sprachen ohne Gegenwart anderer mit den beiden. Als wir ihnen unser Problem erläutert hatten, antworteten sie, dass man sich sinnvollerweise an ›Salvino‹ wenden solle, an den Abgeordneten Salvo Lima also. Wir verabredeten uns mit ihm in Rom. Lima hörte sich unsere Bitte an und sagte, er werde sich um die Sache kümmern. Später wurde mein Bruder von Salvo darüber informiert, dass der Abgeordnete Lima versucht habe, Cipolla versetzen zu lassen, was ihm aber nicht gelungen sei. Der damalige Justizminister habe Lima jedoch mitteilen lassen, er solle sich etwas gedulden, weil Dr. Cipolla sowieso bald freiwillig weggehen werde, möglicherweise wegen der Arbeit seiner Frau.«

In dieser Geschichte werden zwei politische Mafia-Kontakte erwähnt, die für die Nachkriegsgeschichte Siziliens eine enorme Bedeutung haben: die Cousins Antonino (»Nino«) und Ignazio Salvo sowie Salvo Lima. Erstere stammten aus Salemi bei Trapani. Der Vater von Ignazio, Luigi Salvo, war zu seiner Zeit der Capomafia von Salemi. Dank ihrer Beziehungen stießen die beiden Cousins, die sich nach dem Krieg der Democrazia Cristiana angeschlossen hatten, auf eine wahre Goldader.

Es begann damit, dass Nino die Tochter eines Unternehmers, der eine kleine Firma zur Steuereinnahme betrieb, heiratete und das Geschäft des Schwiegervaters übernahm. Damals ließ der Staat auf Sizilien und in einigen Teilen Italiens seine Steuern durch Privatunternehmen eintreiben. Den Firmen fiel dabei eine

Provision von rund drei Prozent auf dem italienischen Festland, aber von bis zu zehn Prozent in der autonomen Region Sizilien zu. Nino, der seinen Vetter mit ins Geschäft nahm, gelang es dank nützlicher politischer und gesellschaftlicher Kontakte – er war wie Ignazio nicht nur Mafioso, sondern auch Freimaurer –, sich praktisch das Monopol der Steuereintreibung in Westsizilien zu sichern.

Die beiden gehörten bald zu den reichsten Männern der Insel, weil sie ihre Einnahmen aus dem Steuergeschäft in landwirtschaftliche Güter investierten und dafür wiederum Subventionen der Region erhielten (in manchen Jahren bis zu 40 Prozent der gesamten Agrarsubventionen Siziliens). Sie beherrschten die DC der Provinz Trapani und halfen mit dem Stimmenpotenzial, das ihnen zur Verfügung stand, in den späten sechziger Jahren dem jungen, aufstrebenden Christdemokraten Salvo Lima aus Palermo, innerparteiliche Gegner aus dem Weg zu räumen und zu einer Schaltstelle zwischen sizilianischer und römischer Politik zu werden.

Es war ein doppeltes Stimmenpotenzial: Einerseits waren das Wählerstimmen, auf die sie als Mafiosi Einfluss hatten, und andererseits die Delegiertenstimmen der DC, über die sie nicht nur in Trapani, sondern inzwischen auch in Palermo verfügten. Der innerparteiliche Aufbau der DC, bei dem derjenige Spitzenpolitiker das größte Gewicht bekam, der die meisten Delegiertenstimmen auf sich und seine Linie vereinen konnte, machte dieses Potenzial zu einer Ware. Sizilien war mit einem extrem hohen Mitgliederstand eine Art Kaufladen für Stimmen.

Und so konnte ein Giulio Andreotti, der bis 1968 zwar eine bedeutende Rolle gespielt hatte, doch letztlich als Außenseiter in der Partei gegolten hatte, plötzlich auf der obersten Ebene mitmischen, nachdem Salvo Lima sich vom Parteiflügel des Amintore Fanfani (er war mehrfach Ministerpräsident) losgesagt hatte und mit den Stimmenpaketen der Salvo-Cousins auf die Linie Andreottis eingeschwenkt war. In den siebziger Jahren hatte Giulio Andreotti fünfmal das Amt des Ministerpräsidenten inne. Zwei weitere Amtsperioden folgten Ende der achtziger und zu Beginn der neunziger Jahre. Als Gegenleistung deckte er die regionalen Machenschaften seines Gefolgsmanns Lima. Als der 1992 erschossen wurde, neigte sich auch die politische Karriere Andreottis ihrem Ende zu.

Salvo Lima, Sohn eines Gemeindearchivars aus Palermo, geboren 1928, hatte sich nach einem Jurastudium und einer Banklehre der DC angeschlossen. In der Fraktion, die damals in Rom noch Fanfani unterstützte, traf er auf einen anderen machthungrigen jungen Politiker: Vito Ciancimino, Sohn eines Barbiers aus Corleone, geboren 1924. Die beiden spielten geschickt ihre Beziehungen zwischen Politik und organisiertem Verbrechen aus. Das »Sacco di Palermo«, die Zerstörung der Stadt im Bauboom Anfang der sechziger Jahre, ging auf ihr Konto. Die Bevölkerung der Stadt stieg damals in kurzer Zeit um mehr als 100 000 Menschen an. Überall wuchsen Baukräne in den Himmel. Zunächst übte Lima und danach Ciancimino das Amt des Baudezernenten aus, ein Posten, auf dem sie Baugenehmigungen an Strohmänner von Mafia-Unternehmen vergaben. Von insgesamt 4205 Baugenehmigungen gingen rund 80 Prozent an immer dieselben fünf Personen.

John Dickie beschreibt die verschiedenen Ebenen dieser Plünderung der Stadt, die zur Zerstörung von Jugendstilhäusern, Parkbezirken und Zitrusplantagen geführt hatte, aus einer anderen Warte: »Betrachtet man die Plünderung Palermos nicht mit den Augen der Politiker, sondern aus der Sicht der ›Freunde‹, dann begann sie auf dem Grund und Boden: Jetzt beaufsichtigten Mafiosi die Baustellen, wie sie früher Zitrusplantagen beaufsichtigt hatten. Wenn der örtliche Boss es wollte, konnte jedes Bauprojekt durch Vandalismus und Diebstahl zum Stillstand gebracht werden. Auf einer zweiten Ebene übte die Mafia ihren Einfluss über ein dichtes Netz von kleinen Subunternehmern aus, die Arbeitskräfte und Material bereitstellten. Auf dieser Ebene hätten Politiker und Bauunternehmer sich selbst dann mit der Mafia arrangieren müssen, wenn es Lima und Ciancimino nicht gegeben hätte. Noch eine Ebene höher standen die großen Bauunternehmer, die in ein korruptes Netzwerk aus Freunden, Verwandten, Kunden, Arbeitskolonnen eingebunden waren. Je mehr man nachforscht, desto dichter wird dieses Geflecht: Es verband Lokalpolitiker, Kommunalbeamte, Anwälte, Polizisten, Bauunternehmer, Bankiers, Geschäftsleute und Mafiosi.«

Während Vito Ciancimino, ein Mann der Cosa Nostra, in Palermo blieb und Anfang der siebziger Jahre sogar kurzfristig Bürgermeister der Stadt wurde, wechselte Salvo Lima als Abgeordneter nach Rom. Und später, als die Regionalfonds der Europäischen Gemeinschaft immer wichtiger wurden, ging er als Europaparlamentarier nach Straßburg. Lima blieb aber immer die Schaltstelle zur römischen Politik und natürlich zu Giulio Andreotti.

Die Mafia mische sich nicht gerne in Politik ein, behauptete noch Giovanni Falcone. Was stimmt, wenn man dabei die Parteipolitik meint, die keine direkten Auswirkungen auf die Interessen der Cosa Nostra hatte. Falcone berief sich auf eine Aussage des Pentito Francesco Marino Mannoia. Ihm zufolge hatte es 1978 bei der Entführung des christdemokratischen Parteichefs Aldo Moro einen Kontakt von politischen Kreisen zur Cosa Nostra gegeben. Sie sollte mit den Roten Brigaden in Verbindung treten, um eine Freilassung der Geisel zu erwirken. Auf Veranlassung von Stefano Bontate, der den Christdemokraten am nächsten stand, trat daraufhin die Kommission zusammen. Zwei Lager prallten aufeinander: auf der einen Seite Bontate und seine Freunde, die ein Eingreifen befürworteten, auf der anderen Seite die Corleonesen, die sich schließlich mit ihrer ablehnenden Haltung durchsetzten: »Die Politik ist ihre Sache, nicht unsere.«

Der Mann im Pyjama

Zum Verhältnis von Politik und Cosa Nostra erzählt Pietro Grasso eine Begebenheit aus den achtziger Jahren kurz nach dem zweiten Mafia-Krieg. Es ging um den Bau eines Kongresspalastes in Palermo. Vito Ciancimino war wieder einmal als Baudezernent für die Vergabe der Arbeiten zuständig. Totò Riina favorisierte ein Konsortium aus Catania, mit dem die ostsizilianische Mafia bereits gute Geschäfte gemacht hatte. Auf der anderen Seite stand eine Firma aus Palermo, die von den Salvo-Cousins ins Rennen gebracht worden war.

Riina wollte direkt mit Ciancimino verhandeln. Der empfing ihn, wie es manchmal seine Art war, im Pyjama im Bett liegend, während Riina, der von Pino Lipari begleitet wurde, sich für diese Gelegenheit einen blauen Anzug angezogen hatte und darüber einen Kaschmirmantel trug. Als der von allen gefürchtete Mafia-Boss anfing, den Auftrag für die Gruppe aus Catania einzufordern, unterbrach ihn Ciancimino: Da sei nichts zu machen, die Sache sei bereits »politisch« entschieden, und den Zuschlag erhalte das Unternehmen aus Palermo.

Riina, der gezwungen war, mit einem Mann im Pyjama zu diskutieren, verhielt sich, so Grasso, »wie ein Padrino im Film«. Er vermochte sich nur mühsam zu beherrschen und zischte dem Mann, dem er am liebsten alle Knochen gebrochen hätte, zu: »Ich gehe in der Überzeugung, dass dieser Palazzo dei Congressi von Costanzo aus Catania gebaut wird. Ich wünsche mir, dass Sie darüber nachdenken und dass die Sache dann zu einem guten Ende kommt.«

Im Fahrstuhl explodierte seine ganze Wut, die sich nun gegen Pino Lipari richtete, wie dieser später der Staatsanwaltschaft erzählte. Ein paar Tage später kehrte Lipari zu Ciancimino zurück. »Don Vito, die Lage ist die: Sie können machen, was Sie für richtig halten, aber Riina lässt Sie wissen, dass Sie es sich heute nicht und in aller Zukunft auch nicht erlauben können, mit anderen solche Entscheidungen ohne eine vorherige Zustimmung zu treffen.« Daraufhin suchte Ciancimino um ein Treffen bei Riina nach, was dieser ablehnte. Als dann auch Provenzano die Position von Riina unterstützte, zog es Ciancimino vor, die ganze Angelegenheit platzen zu lassen. Der Kongresspalast wurde nie gebaut.

Vito Ciancimino wurde kurz darauf durch die Aussagen von Tommaso Buscetta schwer belastet, 1984 zum ersten Mal verhaftet und ein Jahr darauf aus der DC ausgeschlossen. Aber als eine Art graue Eminenz führte er weiterhin ein Dasein im Schatten der Politik und der Cosa Nostra

Die Salvos begingen den Fehler, sich während der siebziger Jahre in Palermo der Gruppe um Bontate und Inzerillo anzuschließen (wohl auch, um am Drogengeschäft teilzuhaben). Damit gerieten sie ins Visier der Corleonesen, die alles daransetzten, den Einfluss der Cousins zu schmälern. Ermittlungen des Präfekten Carlo Alberto Dalla Chiesa machten zum ersten Mal ihre Mafia-Beziehungen aktenkundig. 1983 riet man ihnen, die Partei zu verlassen. Zwei Jahre später wurden sie verhaftet. Nino starb kurz darauf. Ignazio büßte eine Gefängnisstrafe ab und wurde im Blutjahr 1992 von den Corleonesen ermordet.

Der Fall Andreotti

Siebenmal war Giulio Andreotti, geboren 1919, Ministerpräsident; er hatte alle wichtigen Ministerämter inne und war zuvor an den unterschiedlichsten Regierungen als Staatssekretär beteiligt gewesen. 1991 hatte ihn der Staatspräsident zum Senator auf Lebenszeit ernannt. Hat dieses Denkmal der Nachkriegsgeschichte Italiens mit Totò Riina den Wangenkuss getauscht? Hat ihn dieser Kuss beim Treffen im Herbst 1987 in der Wohnung von Ignazio Salvo, wenn nicht als Ehrenmann, so doch als Freund der Freunde verraten, wie es der Pentito Baldassare (»Balduccio«) Di Maggio behauptet hatte? Der Fall des Giulio Andreotti war ein Fressen für die Medien. Der langlebigste christdemokratische Spitzenpolitiker, der die italienische Nachkriegspolitik und ihre Geheimnisse seit seiner Zeit als Assistent von Alcide De Gasperi kennt, wurde beschuldigt, nicht nur die Cosa Nostra von außen unterstützt, sondern sich auch aktiv an einer »Vereinigung mafiöser Struktur« beteiligt zu haben.

Im Oktober 1999 erging ein erstes Urteil, das die Anschuldigungen gegen den Senator auf Lebenszeit weitgehend aufhob. Die Aussagen der Pentiti, allen voran Balduccio Di Maggio und Francesco Marino Mannoia, seien »konfus und widersprüchlich«. Die Staatsanwaltschaft rief das Appellationsgericht an. Es kam zu einem zweiten Verfahren in Palermo, das zwischen 2001 und 2003 stattfand. Am Ende stand wiederum ein Freispruch, und kurz darauf wurde Giulio Andreotti auch endgültig von dem Verdacht entlastet, Auftraggeber eines Mordes an einem Journalisten gewesen zu sein, der ihn angeblich erpresst hatte.

Politiker aller Parteien gratulierten dem Freigesprochenen, der mit »beispielhafter Würde« die »ungeheuren und falschen Anschuldigungen« im Prozessverlauf ertragen habe. Staatspräsident Carlo Azeglio Ciampi schickte ein Glückwunschtelegramm. Und das rechte Lager – Berlusconi amtierte seit 2001 als Ministerpräsident – nutzte das Urteil, um eine Propagandaschlacht gegen »ideologisch verblendete Staatsanwaltschaften« und die Glaubwürdigkeit »gar nicht so reuiger« Mitarbeiter der Justiz zu starten. Gegen das Urteil legten Verteidigung wie Anklage Widerspruch ein, der jedoch jeweils von der Kassation zurückgewiesen wurde. Seit dem Oktober 2004 ist das Urteil, so wie es vom Appellationsgericht verkündet und begründet worden war, rechtskräftig. Und wiederum jubelte ein Chor alter Christdemokraten. Andreotti selbst kommentierte, als er über die Entscheidung informiert wurde: »*Ottimo* – bestens!«

Aber warum hatte die Verteidigung überhaupt Einspruch eingelegt? Weil das Urteil des Appellationsgerichts jedem erlaubt zu behaupten, dass Giulio Andreotti eine »ernste, konkrete und andauernde Zusammenarbeit mit der Mafia verbundenen Persönlichkeiten« eingegangen war. Dies gilt jedenfalls für die Zeit vor dem Frühjahr 1980. Er habe unter anderem enge Kontakte zu den Salvo-Cousins gepflegt. Andreotti hatte bestritten, ihnen je begegnet zu sein, was ihm das Gericht als unwahr nachwies.

Was sein Verhältnis zu Salvo Lima anging, so leugnete er, jemals etwas von dessen Mafia-Kontakten gewusst zu haben. Noch 1992, nach dem Tod von Lima, erklärte der Ex-Ministerpräsident, Salvo Lima sei »ein Opfer falscher Anschuldigungen« geworden. Gleiches galt auch für Vito Ciancimino, der 1976 sein Wählerpotenzial ebenfalls in den Andreotti-Flügel innerhalb der DC eingebracht hatte. Andreotti, so die Richter, habe sich »wiederholt gleichgültig gezeigt« gegenüber den Verbindungen, die Ciancimino »bekanntermaßen zu kriminellen Strukturen pflegte«.

Im Januar 1980 hatte ein politischer Mord die Öffentlichkeit erschüttert: Die Cosa Nostra hatte sich auf brutale Weise eines wider Erwarten unbequemen Christdemokraten entledigt. Piersanti Mattarella, Präsident der Region Sizilien seit 1978 und Angehöriger einer neuen Generation christlicher Politiker, die in der linksdemokratischen und idealistischen Tradition eines Giuseppe Dossetti stand, hatte damit begonnen, innerparteiliche Verstrickungen mit der Mafia aufzudecken. Vor allem aber nahm er sich der öffentlichen Ausschreibungen an und ging damit gegen einen Kernbereich der mafiösen Wirtschaft vor. Es war Tommaso Buscetta, der das Attentat auf Mattarella, das zunächst terroristischen Kreisen zugeschrieben worden war, als ein Verbrechen der Cosa Nostra beschrieb.

Giulio Andreotti hatte im Vorfeld – so das Gericht – von dem Mordkomplott erfahren und sich mit Stefano Bontate und anderen Bossen der Cosa Nostra getroffen, um es zu verhindern. Nach der Tötung Matarellas habe es ein weiteres Treffen gegeben, bei dem es zum Bruch zwischen Andreotti und Bontate gekommen sei. Über diese Begegnungen vor und nach dem Tod Mattarellas heißt es in der Urteilsbegründung, habe Andreotti niemals Ermittlungsbehörden informiert. Der Strafbestand, der sich daraus und aus seiner Zusammenarbeit mit Persönlichkeiten der Cosa Nostra bis zum Frühjahr 1980 ergab, war beim Erlass des Urteils gerade verjährt.

Nach dem Frühjahr 1980 billigten die Richter dem Angeklagten ein verändertes Verhalten zu und ließen weitere Anklagepunkte gegen ihn trotz gegenteiliger Zeugenaussagen ebenfalls fallen. »Es war ein Freispruch«, so Oberstaatsanwalt Gian Carlo

Caselli, der noch im ersten Prozess die Anklage vertreten hatte, »der unbestreitbar der Argumentation ›aus Mangel an Beweisen‹ folgte.« Aber diese Formel gibt es in Italien nach einer Strafrechtsreform nicht mehr, sondern nur noch eine einzige Form von Freispruch mit der Formel *»il fatto non sussiste«* – es liegt keine Straftat vor.

Die Urteilsbegründung erweist sich bei genauerer Lektüre als ein Beispiel machiavellistischer Rechtsprechung: Sie verurteilt, indem sie freispricht. Aber diese differenzierte Sicht hat in der italienischen Öffentlichkeit zurzeit keine Chance auf Durchsetzung, wenn man von einigen Juristen oder wenigen Beobachtern wie dem Historiker Salvatore Lupo absieht. Weil nicht wahr sein kann, was nicht wahr sein darf, kann der greise Giulio Andreotti weiterhin als Star auf der politischen Bühne auftreten. Noch im Jahr 2007 spielte er wegen der knappen Mehrheitsverhältnisse im Senat, dem zweiten italienischen Parlament neben dem Abgeordnetenhaus, das Zünglein an der Waage.

Und so nimmt in Italien kaum einer auch andere Urteile wahr, etwa im Prozess gegen die Mörder von Salvo Lima, in dem es heißt (zitiert nach Caselli): »Die Mafiosi konnten auf die Unterstützung von Lima zählen und, was die nationale Ebene anging, auf die von Andreotti.« In einer anderen Passage ist von der Gefährlichkeit der Cosa Nostra die Rede und und von ihrer Fähigkeit, »auf das politische Gewebe des Landes einzuwirken auf der Suche nach neuen ›Freunden‹, die der mafiösen Vereinigung, wie in der Vergangenheit mit Lima, den Salvos und Andreotti, ›Wohlstand‹ und ›Solidität‹ verleihen können«.

Diskussionen im Hinterzimmer

Die Suche nach einem alternativen politischen Partner beschäftigte die Führung der Cosa Nostra von der zweiten Hälfte der achtziger Jahre an. Totò Riinas Stellung an der Spitze der Organisation hing auch davon ab, inwieweit er dem zunehmenden

Druck der Justizbehörden etwas entgegensetzen konnte: die Urteile im Mammutprozess, die verschärften Haftbedingungen, die Pentiti-Maßnahmen – und keiner, der die Dinge ins Lot bringen konnte. Die Enttäuschung über das Versagen der alten DC-Verbindungen saß tief. Riina sah sich nach neuen Verbündeten um.

Francesco Marino Mannoia berichtete, dass bereits 1987 die Anweisung erfolgte, die Sozialistische Partei (PSI) von Bettino Craxi und Claudio Martelli zu wählen. Und auch die Radikale Partei (Partito Radicale) soll mit Mafia-Geldern bedacht worden sein, nachdem ihr Führer Marco Panella sich demonstrativ bei der Beerdigung eines im Polizeigefängnis von Palermo zu Tode geprügelten Mafioso als Sargträger betätigt hatte. Außerdem erteilten Mafia-Gremien zu jener Zeit Direktiven, Kooperativen und Unternehmen, die den Sozialisten nahestanden, ebenfalls zu den Ausschreibungen für öffentliche Aufträge zuzulassen.

Beide politische Gruppen hatten diese Behauptungen empört dementiert. Doch waren sie es, die Anfang der achtziger Jahre mehr als andere versucht hatten, die Bedeutung der Aussagen von Pentiti für Strafprozesse zu relativieren. Einige Politiker des Partito Radicale demonstrierten sogar vor dem Obersten Richterrat zugunsten des Kassationsgerichts, dessen Haltung, aufgrund von Formfehlern viele Urteile gegen Angehörige der Cosa Nostra wieder aufzuheben, in die Kritik geraten war. Gambetta kommentiert zu Recht: »Wie dem auch sei, die bloße Konvergenz mafiöser Interessen mit diesen parteipolitischen Linien allein stellt natürlich noch keinen Beweis einer expliziten heimlichen Absprache dar.« Immerhin wurde im Juli 1988 der ehemalige PSI-Sekretär der Provinz Palermo wegen Zusammenarbeit mit der Mafia verhaftet.

Einer stand diesem Richtungswechsel eher skeptisch gegenüber: Bernardo Provenzano. Ihn verbanden immer noch gute Beziehungen zu Vito Ciancimino. Die DC schien ihm traditionell der zuverlässigere Partner zu sein, auch wenn er Lima stets für einen »Windhund« gehalten hatte. Und er sollte sich nicht irren – jedenfalls was die Sozialisten anging. Der in Sizilien mit vielen Stimmen gewählte Sozialist Claudio Martelli wurde Justizminister in Rom – und holte sich Giovanni Falcone, den größten Feind der Cosa Nostra, ins Ministerium, wo der ehemalige Staatsanwalt den Kampf gegen die Mafia zentralisierte und mit neuen, schlagkräftigen Organen sowohl bei der Polizei als auch bei der Staatsanwaltschaft fortsetzte.

Riinas Wahlempfehlung erwies sich als Flop. In der Organisation wuchs die Unzufriedenheit. »Provenzano hatte das vorausgesehen. Hier, an der Wegscheide DC–PSI, zeigte sich der erste Riss in der Mauer der Corleonesen, welche die beiden Nachfolger Liggios errichtet hatten und die von den Viehdiebstählen der fünfziger Jahre bis zum Angriff auf den Staat im Jahr 1992 hielt«, schreiben Giuseppe Lo Bianco und Sandra Rizza, zwei Journalisten aus Palermo. Doch noch machte Don Binnu »gute Miene zum bösen Spiel«.

Im März 1991 schien sich die Situation für die Cosa Nostra wirklich zu bessern. Das Kassationsgericht hatte einige im Mammutprozess verurteilte Bosse wegen Überziehung von Fristen auf freien Fuß gesetzt. Aber die aus einer Koalition von Christdemokraten, Sozialisten und anderen kleineren Parteien gebildete Regierung schickte sie wieder zurück ins Gefängnis – auf Anregung von Giovanni Falcone durch ein schnell erlassenes Dekret, das die Fristennorm restriktiv auslegte. »Da begriffen wir«, sagte einer der späteren reuigen Mitarbeiter der Justiz, »dass uns die Politiker den Rücken gekehrt hatten.«

Die hatten außerdem ganz andere Sorgen, als sich um die der Mafia zu kümmern. Der Skandal um Korruption und illegale Parteienfinanzierung läutete das Ende der sogenannten ersten Republik ein und revolutionierte die Parteienlandschaft Italiens.

Für Riina blieb jetzt nur noch der Weg durch die Wand. Zuerst musste Salvo Lima für den Verrat büßen. Lima starb kurz vor der Aprilwahl 1992. Dann folgte in der Nacht vor dem Wahlsonntag ein Maresciallo der Carabinieri, der dem Boss der Bosse dicht auf den Fersen war. Danach Falcone. Und schließlich Borsellino. »Es sah aus wie in Beirut«, erinnerte sich ein Augenzeuge nach dem Bombenanschlag in der Via D'Amelio.

Nach diesem Attentat gegen Borsellino schienen Riinas politische Beziehungen endgültig zu platzen. Die wichtigsten einsitzenden Bosse wurden in Hochsicherheitsgefängnisse auf Sardinien und andere Inseln transferiert. Der Paragraph 41b wurde auch auf die Kader angewandt: mit Angehörigen, Frauen und Kindern, durften Inhaftierte – getrennt durch Panzerglas – nur über eine Gegensprechanlage kommunizieren. 7000 Soldaten wurden nach Palermo abkommandiert, um die Polizei, die jetzt regelrecht Jagd auf Mafiosi machte, von Routinearbeiten zu entlasten. Ein weiterer Mord – an Ignazio Salvo im September 1992 – las sich wie ein verspäteter Racheakt an der DC. Hatte der Tod von Salvo Lima nicht genügt?

Das »Spielzeug«, wie die Organisation intern genannt wurde, war zerbrochen. Und die verunsicherten Capomafia der Familien Palermos – die der anderen Provinzen wurden von den Ermittlern eher links liegen gelassen – hielten Ausschau nach jemandem, der es wieder zusammenflickte.

Diskussionen über einen neuen politischen Partner beherrschten die Cosa Nostra in jenen Wochen und Monaten. Man traf sich in den Hinterzimmern der besten Restaurants von Palermo, und immer stand das gleiche Thema auf der Tagesordnung: »Sicilia Libera«. »Freies Sizilien« war der Name einer neuen politischen Bewegung. Ihr Ideologe hieß Tullio Cannella, ein mit der Cosa Nostra liierter Unternehmer aus Brancaccio, der später verhaftet und zum Pentito wurde.

Sicilia Libera verstand sich ähnlich wie in Norditalien die Lega Lombarda/Lega Nord von Umberto Bossi als autonome politische Bewegung gegen Rom und propagierte separatistische Ziele. Sie forderte ein unabhängiges Sizilien und sah sich damit in der Nachfolge der Separatistenbewegung, die bereits in der unmittelbaren Nachkriegszeit ein Anknüpfungspunkt für mafiöse Netze gewesen war, bevor sie von der DC verdrängt wurde. Sicilia Libera wurde zum Sammelbecken für Liberale und Republikaner, für versprengte Christdemokraten, Monarchisten, ehemalige Anhänger der neofaschistischen Sozialbewegung MSI und sogar einige

Ex-Kommunisten. Sie alle zusammen ergaben einen merkwürdig bunten Verein, der als Mafia-Partei den konfusen Zustand der Cosa Nostra widerspiegelte

Aber nach langen Debatten quer durch alle Familien und Clans kam eine Entscheidung von ganz oben, die wohl der Meinung der Mehrheit entsprach: Sicilia Libera stelle ein altes Modell für das Verhältnis von Mafia und Politik dar. Man dürfe den Kontakt nach Rom nicht verlieren. Die Zukunft gehöre anderen Ideen.

Und bald darauf sprach keiner mehr von Sicilia Libera.

Der geheimnisvolle Schatz des Don Vito

Am 15. Januar 1993 gelang Angehörigen der ROS, einer Spezialeinheit der Carabinieri, ein Riesencoup. Unter Führung von Hauptmann Sergio De Caprio, der den Decknamen »Capitano Ultimo« trug, konnten sie den Boss der Bosse, Totò Riina, festnehmen. Nach Überwachung einer verdächtigen Villa in der Via Bernini im Stadtteil Uditore wurde Riina verhaftet, kurz nachdem er in einem Auto das Anwesen verlassen hatte. Der entscheidende Hinweis auf die Villa in der Via Bernini kam von seinem ehemaligen Fahrer Baldassare (»Balduccio«) Di Maggio. Und während die Staatsanwaltschaft und die Öffentlichkeit die »Enthauptung« der Mafia feierten, passierte etwas Merkwürdiges. Die Carabinieri, die tagelang die Villa nicht aus den Augen gelassen hatten, bauten ihre Kameras ab, verließen ihre Beobachtungsposten und kehrten in ihr Hauptquartier zurück.

Angeblich lag ein »Missverständnis« zwischen Staatsanwaltschaft und Leitung der ROS vor. Wegen eines »Kommunikationsproblems« sei die Durchsuchung der Villa, in der sich Riina während der vergangenen fünf Jahre aufgehalten hatte, zunächst unterblieben. In einem späteren Prozess wegen Begünstigung der Mafia gegen den Leiter der ROS, die damals von Oberst Mario Mori befehligt wurde, und gegen »Capitano Ultimo« wurden die Angeklagten jedenfalls freigesprochen. Mori machte anschließend Karriere: Er wurde zum General befördert und später zum Chef des Geheimdienstes SISDE ernannt.

Tatsache bleibt: Als sich Beamte der Spurensicherung 18 Tage nach der Verhaftung die Villa dann doch noch vornahmen, fanden sie nichts mehr von Interesse. Das Gebäude war total »gesäubert« worden, die wenigen verbliebenen Möbel hatte man ordentlich mit Leinentüchern bedeckt, und der Tresor war leer. Kein Dokument, nichts. Die »Putzkolonne« der Cosa Nostra hatte sogar die Zeit gefunden, die Wände neu zu streichen.

Später erzählten Pentiti, dass ein Unternehmer aus Palermo die Wertgegenstände Riinas in einem Lager untergebracht habe: Gemälde, Bronzearbeiten, Silberbesteck und Porzellan. Und als Giovanni Riina, der Sohn von Totò, die Sachen schließlich abholte, soll er sich über das Fehlen von zwei, drei Bildern beklagt haben. Aber es ging weniger um schöne Kunst oder das Besteck von Totò Riina. »Gott sei Dank haben sie nichts gefunden«, wurde auch Bernardo Provenzano zitiert.

Was hätten die Carabinieri denn finden können: vielleicht Dokumente bezüglich etwaiger Verhandlungen zwischen der Mafia und dem Staat? Riinas Generalangriff auf die Institutionen sei mit einem Katalog von Forderungen verbunden gewesen. Erstens: Abschaffung der verschärften Haftbedingungen für inhaftierte Bosse (Paragraph 41b). Zweitens: Änderung des La-Torre-Gesetzes, nach dem das Eigentum verurteilter Mafiosi konfisziert werden konnte. Drittens: Reform des Gesetzes bezüglich der Pentiti. Viertens: Schrittweise Freilassung der wichtigsten Mafia-Bosse oder Umwandlung ihrer Strafen in Hausarrest. Dies, so hatte Giovanni Brusca nach seiner Festnahme zu Protokoll gegeben, seien Riinas Forderungen gewesen – wofür er als Gegenleistung auf weitere Anschläge verzichten wollte.

Im Juli 1992, nach der Ermordung Giovanni Falcones und kurz vor dem Anschlag auf Paolo Borsellino, hatte eine nicht ganz unbeteiligte Person den Kontakt ausgerechnet zu Oberst Mario Mori gesucht: Vito Ciancimino. Auch das kam beim Verhör Bruscas ans Licht. War das möglich: dass ein hoher Carabinieri-Offizier einen mehr als zwielichtigen Politiker in dessen römischer Wohnung unweit der Piazza di Spagna aufgesucht hatte? Was wurde besprochen? Wurde wirklich verhandelt? Und hatte etwa die zunächst unterlassene Durchsuchung der Villa in der Via Bernini mit diesen »Verhandlungen« zu tun? War das eine Art Prämie?

Mori bestätigte sogar, sich mehrmals mit Ciancimino getroffen zu haben. Dabei sei es ihm darum gegangen, dem Palermitaner Informationen über den Aufenthaltsort Riinas zu entlocken. »Wenn ich dagegen ein Dokument, einen Brief von Mafiosi bekommen hätte, hätte ich ihn beschlagnahmt und basta.« Mori gab an, dass Ciancimino, der »Signale der Kollaboration« gezeigt habe, sich weniger als Vermittler denn als Informant erweisen wollte. »Ich hatte immer den Eindruck«, so Mori, »dass Ciancimino wusste, wo sich Riina versteckt hielt.«

Aus diesen Aussagen lässt sich zwar keine Theorie über eine »Verhandlung« zwischen Staat und Mafia ableiten, die mit der Ablehnung der Forderungen geendet haben soll, woraufhin die Cosa Nostra mit den Bombenanschlägen von Rom, Florenz und Mailand reagierte. Aber Giuseppe Lo Bianco und Sandra Rizza verfolgen in ihrem Buch *Il gioco grande* (»Das große Spiel«) eine andere mögliche Handlungskette, die von Insidern zwar nicht bestätigt wurde, aber auch bislang nicht widerlegt werden konnte: Wenn Ciancimino vor allem ein Mann Provenzanos war und er durch seinen Kontakt mit Mori wesentlich zur Verhaftung von Totò Riina beigetragen hat, dann darf man vermuten, dass Ciancimos »Signale der Kollaboration« auf Veranlassung Bernardo Provenzanos ausgesandt worden waren.

Diese Hypothese besagt, dass Provenzano Riinas selbstmörderischen Kurs, auf dem die Cosa Nostra einen Rückschlag nach dem anderen hatte einstecken müssen, nicht bremsen konnte und er deshalb seinen Weggenossen aus Corleone schließlich den Männern der ROS ausgeliefert habe. Zur Hypothese gehört auch, dass Ciancimino ein doppeltes Spiel betrieben habe: als Unterhändler im Auftrag von Riina, als Judas im Auftrag von Provenzano.

Was hätte Don Vito als Gegenleistung für sein Engagement in dieser Angelegenheit erhalten können? Ein Teil seiner durch illegale Tätigkeiten erworbenen Reichtümer war von den Behörden konfisziert worden, ein anderer Teil ist nie aufgetaucht. Die Frage nach dem »Schatz« des Vito Ciancimino beschäftigt die Staatsanwaltschaft bis heute. Don Vitos Sohn Massimo, nicht ganz frei vom Stallgeruch der Cosa Nostra, wurde in den vergangenen Jahren sowohl von Giovanni Riina als auch von Matteo Messina Denaro der Unterschlagung von »Geschäftsgeldern« bezichtigt. Auf den Schatz angesprochen, erklärte er öffentlich, dass es sich vielleicht um einen »Schatz an Wissen« handeln könnte, ein Memorandum, das sein Vater »irgendwo« hinterlassen habe – eine geradezu klassische Warnung an seine Gegner innerhalb der Cosa Nostra und der mit ihr verstrickten bürgerlich-politischen Kreise mit dem Tenor: »Wenn mir etwas passiert, fliegen andere mit hoch.«

War es so – und ist es so? Wir wissen es nicht. Bernardo Provenzano schweigt, und Vito Ciancimino ist 2003 gestorben. Und es ist geradezu ein italienischer Nationalsport, geheimnisvolle Geschichten noch geheimnisvoller zu machen – und hinter jedem Mord eine Verschwörung zu suchen und hinter jeder Bombe die Machenschaften eines Geheimdienstes.

Sbirro lautet ein altes Schimpfwort für Polizisten, das mit »Häscher« oder »Scherge« zu übersetzen ist; bei uns würde man heute »Bulle« sagen. Sbirro ist zugleich eine tödliche Beleidigung für einen Mafioso, ein voller Verachtung ausgesprochenes Synonym für »mieser Verräter«. Als Bernardo Provenzano in den Hochsicherheitstrakt der Strafanstalt Terni eingeliefert wurde, hörte man den Ruf: »Und diesen Sbirro hat man hierhergebracht?« Der Ruf kam angeblich aus der Zelle eines kaum dreißigjährigen Mafioso, der in Terni eine lebenslange Haftstrafe wegen dreifachen Mordes absitzt: Giovanni Riina, Sohn von Totò Riina.

Der Botschafter der Cosa Nostra

Es gibt noch ein anderes Gedankengebäude, das sich mit »Verhandlungen« zwischen der Welt der Politik und der Welt der Cosa Nostra befasst. Diese Überlegungen erscheinen weitaus zeitgemäßer zu sein als die Bemühungen Riinas, über einen abgehalfterten Politiker wie Vito Ciancimino dem Staat eine Art Feuerpause im Tausch gegen Hafterleichterungen und dergleichen anzubieten. Frei nach dem Wort von Brecht: »Was ist der Einbruch in eine Bank im Vergleich zur Gründung einer Bank?«, könnte man fragen: »Was ist die Korruption einer Partei im Vergleich zur Gründung einer Partei?« Die Partei, um die es hier geht, heißt Forza Italia. Und sie ist die Partei von Silvio Berlusconi.

Dieses Gedankengebäude haben vor allem zwei Staatsanwälte aus Palermo, Antonio Ingroia und Domenico Gozzo, im Prozess gegen Marcello Dell'Utri errichtet. Der Palermitaner Dell'Utri, geboren 1941, ein Studienfreund Berlusconis, wurde von diesem 1974 nach Mailand geholt, wo er zunächst als Sekretär für den Medienunternehmer arbeitete und später die PR-Gesellschaft Publitalia leitete, welche die Werbung für die Berlusconi-Medien (Fernsehen, Zeitungen, Zeitschriften) akquiriert. Und schließlich war Dell'Utri entscheidend am Aufbau der politischen Partei Forza Italia beteiligt.

Nach offizieller Lesart war es Berlusconi, der sich nach dem Zusammenbruch des italienischen Parteiensystems und aus Sorge über einen Sieg der Linken bei der nächsten Parlamentswahl entschloss, selbst als Politiker in den Ring zu steigen. Er beauftragte Marcello Dell'Utri im September 1993 mit der Gründung einer politischen Kraft, die ihn unterstützen sollte. Dell'Utri machte sich an die Arbeit und stampfte mit 26 Mitarbeitern von Publitalia die Partei Forza Italia aus dem Boden. Berlusconi gewann daraufhin überraschend die Parlamentswahl 1994 und anschließend noch zweimal in den Jahren 2001 und 2008. Er ließ sich jeweils von einer Koalition mit anderen Parteien des Mitte-rechts-Lagers zum Ministerpräsidenten des Landes wählen.

Was hat das mit der Mafia zu tun? Die Dynamik der Ereignisse vor allem im Vorfeld sei etwas anders gewesen, behaupteten die Staatsanwälte und eröffneten einen Prozess gegen Marcello Dell'Utri wegen Mitarbeit von außen bei einer mafiösen Vereinigung. Nach ihrer These hatte Marcello Dell'Utri bereits im Jahr 1992 intensiv am Aufbau einer neuen politischen Kraft gearbeitet und schließlich Silvio Berlusconi gegen den Rat enger Mitarbeiter wie Fedele Confalonieri (Chef der Fininvest-Unternehmensgruppe) und Gianni Letta (Verbindungsmann zu politischen Parteien) dazu gebracht, selbst in die Politik zu gehen. Etwa zur gleichen Zeit 1992/93 habe es intensive Kontakte zwischen der Cosa Nostra und Dell'Utri gegeben. Die Staatsanwälte gingen dabei von einer Erklärung des Pentito Antonino Giuffrè (bis zu seiner Festnahme 2002 ein Spitzenmanager von Bernardo Provenzano) aus, die sich wie folgt zusammenfassen lässt:

– Der christdemokratische Politiker Salvo Lima wird erschossen, weil Riina wegen der Unzuverlässigkeit Limas nicht mehr in der Lage ist, Erleichterungen im Prozesswesen (Urteile, Haftbedingungen etc.) durchzusetzen. Ein Zyklus (Zusammenarbeit von DC und Mafia auf Sizilien) schließt sich, ohne dass klar ist, wie ein neuer aussehen könnte.

– Nach der Festnahme von Riina im Januar 1993 breiten sich innerhalb der Cosa Nostra Unsicherheit und Konfusion aus. Es bilden sich zwei Fraktionen: auf der einen Seite Bagarella, Brusca und die Gebrüder Graviano aus Brancaccio, die weiter auf die Strategie der Gewalt und radikale politische Lösungen (Gründung der Bewegung Sicilia Libera) drängen, auf der anderen Provenzano, Pietro Aglieri, Raffaele Ganci und andere wie Giuffrè selbst, die nach einer Vermittlung suchen.

– Mitte 1993 beginnt eine Phase der Beruhigung infolge neuer Anknüpfungspunkte wie etwa mit Marcello Dell'Utri, der mafiaintern als vertrauenswürdig eingestuft wird. In hitzigen Diskussionen mit Provenzano und weiten Teilen der Cosa Nostra sucht man nach dem richtigen Weg.

– Schließlich gibt Provenzano sein Einverständnis zur Unterstützung einer neuen politischen Gruppierung, für die Dell'Utri garantiert, dass sie die anstehenden Probleme der Mafia (Haftbedingungen, Pentiti etc.) löst.

– Der Pakt, der mit Dell'Utri ausgehandelt wird, besteht aus politischen Zusagen, dass innerhalb von zehn Jahren die Schwierigkeiten der Cosa Nostra ausgeräumt werden. Im Gegenzug verspricht die Mafia Wahlunterstützung und eine neue, weitgehend gewaltfreie Strategie sowie sich »unsichtbar« zu machen.

– Die Cosa Nostra hält in ihrem Umfeld Ausschau nach Kandidaten, die man dem neuen politischen Subjekt zuführen kann.

Diese Aussagen Giuffrès lassen an Brisanz nichts zu wünschen übrig, dürften aber kaum der Wahrheit entsprechen. Oder vielleicht doch? Demnach wäre Berlusconi zwar die Hauptfigur von Forza Italia, die Fäden aber hätte Marcello Dell'Utri (vielleicht sogar teilweise ohne Wissen seines Chefs?) gezogen. Konnte man einem Pentito wie Giuffrè in diesem Fall wirklich trauen? Ingroia und Gozzo, die Staatsanwälte, machten sich auf die Suche nach weiteren Zeugen. Wirtschaftsvertreter und reuige Mafiosi, Journalisten und Politiker, mehr als 300 Personen, wurden einvernommen. Unter ihnen Silvio Berlusconi selbst, der – zum Zeitpunkt seiner Befragung Ministerpräsident Italiens – jedoch das Recht auf Verweigerung der Aussage in Anspruch nahm.

Der Prozess gegen Marcello Dell'Utri, der 1996 begann und dem wegen dieser und anderer Anklagepunkte Untersuchungen seit 1984 vorausgegangen waren, endete im Dezember 2004. Dell'Utri wurde für schuldig im Sinne der Anklage befunden und – in erster Instanz – zu neun Jahren Haft verurteilt.

Sieben Monate später lag die rund 1800 Seiten dicke Urteilsbegründung vor. Das Gericht sah es als erwiesen an, dass Marcello Dell'Utri als »Botschafter« der Cosa Nostra »in Wirtschaftszweigen des Nordens« die Mafia über einen Zeitraum von dreißig Jahren hinweg unterstützt und gefördert habe, und dies besonders in folgenden Fällen:

– Um Silvio Berlusconi vor Mordanschlägen zu schützen, vermittelte er (in den siebziger Jahren) die Anstellung eines Mafia-

Bosses, Vittorio Mangano, Capofamiglia von Palermo-Porta Nuova, auf dem Berlusconi-Gut in Arcore bei Mailand, von dem aus der Palermitaner seine illegalen Aktivitäten weiterbetrieb.

– Zur Unterstützung des Aufbaus der Fininvest von Silvio Berlusconi leitete er (im selben Jahrzehnt) eine Finanzierung durch den Drogenkönig Stefano Bontate, der 1981 von den Corleonesen ermordet wurde, in die Wege.

– Nach Brandanschlägen gegen die Standa-Kaufhauskette (die Anfang der neunziger Jahre Berlusconi gehörte) organisierte Dell'Utri Schutzmaßnahmen durch die Mafia.

– Und schließlich baute Dell'Utri eine neue politische Kraft auf, die auch die Interessen der Cosa Nostra vertreten sollte, und überzeugte Berlusconi, politisch aktiv zu werden.

Wer sich im italienischen Justizwesen auskennt, weiß, dass die Urteile der zweiten Instanz häufig denen der ersten diametral entgegengesetzt sind. Trotzdem wäre es wohl ein Akt der politischen Hygiene gewesen, wenn sich Marcello Dell'Utri nach diesem Richterspruch (und anderen Urteilen gegen ihn) aus der aktiven Politik zurückgezogen hätte. Dennoch ließ er sich bei den Parlamentswahlen 2006 und 2008 wieder auf die Kandidatenliste setzen und wurde beide Male für die Forza Italia in seinem Wahlkreis Mailand-Mitte direkt in den Senat gewählt. Ein Aufruf des Antimafia-Staatsanwalts Pietro Grasso an alle Parteien, bei Wahlen grundsätzlich keine in juristische Verfahren verstrickten Kandidaten aufzustellen, verhallte ungehört.

Wenn man die Sache von der anderen Seite betrachtet, kann man nur feststellen, dass die Cosa Nostra Wort gehalten hat. Sie ist abgetaucht und hat laut Bekunden vieler Pentiti immer Wahlempfehlungen für Forza Italia und deren Verbündete, so etwa die christdemokratische UDC, ausgesprochen. Ganz deutlich wurde das bei dem »61:0« – als sich bei der Parlamentswahl des Jahres 2001 in allen 61 Direktwahlkreisen Siziliens der Kandidat der Berlusconi-Koalition durchsetzte. Vielleicht lag der Ehrenmann Gioacchino Pennino, ein geachteter Arzt und langjähriger Politiker der Democrazia Cristiana, doch nicht so ganz daneben, als er bei seiner Festnahme 1994 zu Protokoll gab: »Bernardo Provenzano ist derjenige, der das Wetter in der sizilianischen Politik macht.« Glauben wollte es ihm damals so recht keiner.

1997 wandte sich ein Capomafia aus San Giuseppe Jato mit Bitte um Rat an den Padrino. Der antwortete in einem inzwischen berühmt gewordenen Pizzino: »Du informierst mich, dass du einen guten politischen Kontakt auf wichtiger Ebene gefunden hast, was es dir gestatten würde, viele und große Arbeiten voranzubringen; aber erst mal willst du wissen, wie ich darüber denke. Doch was soll ich dir sagen, ohne ihre Namen zu wissen? Welche Verbindungen haben sie? Denn heute kann man keinem mehr trauen. Sind sie vielleicht Falschspieler? Sind sie vielleicht Sbirri? Sind sie Infiltrierte? Sind sie blauäugig? Das können gute Rechner sein, aber wenn jemand den Weg nicht kennt, kommt er nicht voran, so wie ich dir auch nichts sagen kann.« Mit anderen Worten: Die Politiker, welche die Cosa Nostra braucht, müssen handverlesen sein.

Siebtes Kapitel

Allein gegen die Mafia? –
Justiz und Polizei

Pio La Torre und das erste Antimafia-Gesetz –
Von Alberto Dalla Chiesa bis zu Giovanni Falcone – Missgunst
und Intrigen im Justizpalast – Die Rolle der Pentiti –
Begegnungen mit Polizisten

Das Capo-Viertel von Palermo gehört zu den ältesten Teilen der Altstadt. Es hieß früher Saralcadio: nach dem arabischen *Sari-al-qadi* (»Viertel des Kadi«). Capo ist das Viertel der Geschichten um die Beati Paoli. Einst wurde es vom Papireto durchströmt, der heute kanalisiert und aus dem Bild der Stadt verschwunden ist. Von der Porta Carini aus hat man Zugang zum Mercato di Capo, dem volkstümlichsten Markt von Palermo, wo riesige Thun- und Schwertfische – teilweise in dicken Scheiben aufgeschnitten – auf glitzerndem Eis liegen und man den besten *baccalà* (Stockfisch) der Stadt findet. Hier verbinden sich die Gerüche der Gewürzstände mit denen von Orangen und Zitronen und dem Duft frischen Brotes aus den Bäckereien.

Stimmen scheinen von überall her zu kommen: von den Ständen, aus den Bars und den Nebengassen. Musik plärrt aus Radios und den improvisierten Stereoanlagen der Verkaufsstände, auf denen illegal gepresste CDs angeboten werden. Mofas und Roller bahnen sich einen Weg durch die Käufer- und Besucherschlangen. Immer wird irgendetwas hierhin und dorthin transportiert. Der Fremde fühlt sich in den engen Gassen mit den heruntergekommenen Fassaden der Häuser und Kirchen rund um die Piazza Sant'Anna wie auf einem arabischen Souk. Manchmal tauchen auf den Hausmauern zwischen dem üblichen *Ti amo* und *Forza Palermo* solche hastig hingekritzelten Sprüche wie *Viva la mafia!* auf. Das Quartiere Capo wird im Osten von der monumentalen Kathedrale begrenzt, in der auf der Grabstätte des Stauferkaisers Friedrich II. jeden Tag von unbekannter Hand Blumen abgelegt werden, und auf der westlichen Seite von einem Monumentalbau aus dem Faschismus: Piacentinis Palazzo di Giustizia.

Der römische Architekt Marcello Piacentini war zwischen 1920 und 1940 in ganz Italien zuständig für die wichtigsten repräsentativen Bauwerke des faschistischen Regimes, darunter auch die Justizpaläste von Mailand und Messina. Der von Palermo wurde Ende der neunziger Jahre erweitert durch eine Art Gerichtsviertel, das mit Gebäuden, Gassen und einer Piazza irgendwie Anschluss an das Gassengewirr des Quartiere Capo zu suchen scheint, sich aber durch die strenge zeitgenössische Architektur und das Diktat des rechten Winkels deutlich von ihm absetzt. Die Piazza mit ihrer Treppenanlage wird von einer Mauer eingefasst, auf der in großen Lettern die Namen der im Kampf gegen die Cosa Nostra gefallenen Ermittler, Richter und Staatsanwalte gemeißelt sind und so dem Ambiente etwas Mausoleumhaftes verleihen.

Vom Gipsen eines Holzbeins

Wie teuer darf der Kampf gegen die Mafia sein? Über Kosten beklagte sich Anfang des Jahres 2007 ein Staatssekretär aus dem Justizministerium. Die Abhöraktionen sowie die Video- und Telefonüberwachungen der vergangenen drei Jahre hätten allein auf Sizilien mehr als 900 Millionen Euro an Leihgebühren für das hochsensible Instrumentarium verschlungen – die reinste Verschwendung angesichts der Tatsache, dass man die Geräte auch für nur rund 100 Millionen Euro hätte kaufen können.

Oberstaatsanwalt Francesco Messineo, der Nachfolger von

Pietro Grasso, antwortete ziemlich pikiert: »In 17 Dienstjahren in verschiedenen Staatsanwaltschaften habe ich nur Beschränkungen erlebt und nie Verschwendung.« Oft fehle den Ermittlern das Geld für den Toner der Kopiergeräte. Die Staatsanwälte müssten Büromaterial und Computerzubehör aus eigener Tasche bezahlen. Und es seien bürokratische Klauseln, die zum Beispiel verhindern würden, die Abhörgeräte direkt zu kaufen. »Eine effiziente Justiz kostet«, erklärte Messineo, »es wäre nützlich zu wissen, ob man sie will oder nicht will.«

Dieses kleine Wortgefecht fand bei der traditionellen Zeremonie zur Eröffnung des Justizjahres 2007 in Palermo statt. Bei dieser Veranstaltung wird in den Regionalhauptstädten Italiens regelmäßig zu Anfang des Jahres Bilanz über den Verlauf der Straf- und Zivilprozesse gezogen und ein Überblick über die Verbrechensbekämpfung in der jeweiligen Region gegeben. Meist wird dabei die katastrophale Länge der Strafverfahren in Italien von der Anklageerhebung bis zur letzten Instanz (im Durchschnitt mehr als 12 Jahre) bemängelt. In Palermo konnte man diesmal nicht nur Klagen hören, immerhin war es im Jahr 2006 gelungen, Bernardo Provenzano nach 43 Jahren Flucht endlich festzusetzen. So stellte der neue Oberstaatsanwalt die Entwicklung des Kampfes gegen die Cosa Nostra in den Mittelpunkt seiner Ansprache.

Das war nicht immer so. Es hat lange gedauert, bis die Justizbehörden Palermos die Mafia überhaupt als ein juristisches Problem erkannten. Im Jahr 1954, als zum ersten Mal nach dem Krieg eine Eröffnung des Justizjahres feierlich begangen wurde, war die Mafia etwas Unbestimmtes, Ungreifbares und nicht viel mehr als »eine diffuse, dunkle Macht«. 1956 erklärte man, das Phänomen Mafia sei völlig verschwunden. Ein Jahr später wurden für einige Kapitalverbrechen unbestimmte Täter verantwortlich gemacht. 1967 – der erste Mafia-Krieg war gerade vorbei – hieß es wieder, dass das Mafia-Unwesen im allmählichen Aussterben begriffen sei.

1968 empfahl man für Mafiosi als Strafmaß den Zwangsaufenthalt weit vom Heimatort entfernt, »weil der Mafioso außerhalb seiner gewohnten Umgebung gleichsam harmlos wird«. Diese Auffassung änderte sich auch in den siebziger Jahren kaum. Ein Vorläufer der Pentiti, ein gewisser Leonardo Vitale, der 1973 von einer potenten Verbrecherorganisation namens »Cosa Nostra« erzählte, wurde für verrückt erklärt und ins Irrenhaus gesteckt (siehe Seite 198). Für den Justizpalast gab es weiterhin nur Einzelfälle, von organisiertem Verbrechen konnte keine Rede sein.

Ein prominenter Untersuchungsrichter wie Giovanni Falcone kommentierte kurz vor seinem Tod diese Fehleinschätzungen: »Einer der Gründe für die starke Rolle, welche die Mafia heute spielt, liegt gerade darin, dass der Staat dieses mehr als hundert Jahre alte Problem über Jahrzehnte hinaus grob vernachlässigt hatte.«

Dabei war es sicher auch von Bedeutung, dass der Aufklärung von Mafia-Verbrechen sowohl gesellschaftliche als auch juristisch-technische Schwierigkeiten gegenüberstanden. Auf der einen Seite erhob sich die Mauer des Schweigens, die Omertà, die jedes Verbrechen dieser Art umschloss. In der Omertà vermischten sich Angst vor Repressalien, ein diffuser Konsens breiter Bevölkerungskreise mit der Mafia und das traditionelle Schweigegebot der sizilianischen Kultur: dass man nicht über Dinge spricht, die einen nicht persönlich betreffen – und schon gar nicht zu Vertretern eines Staates, der als fremd, wenn nicht als feindlich, als antisizilianisch empfunden wurde.

In diesem Umfeld fehlten den Staatsanwälten außerdem gesetzliche Mittel – von der mangelnden finanziellen Ausstattung ganz zu schweigen. Die Ermittlungen etwa nach der Ermordung des Kriminalkommissars Boris Giuliano 1979 in Palermo oder des Carabinieri-Hauptmanns Emanuele Basile ein Jahr später in Monreale verliefen bald im Sande, weil man nicht genügend Beweise fand, um gegen einzelne Personen eine Anklage wegen Mordes zu erheben. Es blieb in solchen Fällen nur die Anklage der Mitgliedschaft in einer Verbrecherbande, die – ohne konkrete weitere Strafvorwürfe – vom Gesetz relativ milde bestraft wurde.

Denn auch wegen Omertà konnte niemand belangt werden. Mafia als Verbrechen war vom Gesetz (noch) nicht vorgesehen.

Giovanni Falcone: »Man stellte den Antrag vor Gericht und vermittelte der Öffentlichkeit den Eindruck, man tue etwas. In Wirklichkeit gipste man damit ein Holzbein. Eines Tages dann setzte man die mutmaßlichen Täter wieder auf freien Fuß, weil sie ihre Strafe für die Mitgliedschaft in einer kriminellen Vereinigung abgebüßt hatten oder freigesprochen wurden. Und alles fing wieder von vorne an.«

Pio La Torre und sein Gesetz

Pio La Torre, Jahrgang 1927, wuchs als Sohn armer Eltern am Stadtrand von Palermo auf. Er wurde zum Urheber eines Gesetzes, das bei der Bekämpfung der Mafia eine entscheidende Wende einleiten sollte. Allerdings erlebte er selbst dessen Inkrafttreten nicht mehr. La Torre kam aus der Gewerkschaft der Landarbeiter und stieß nach dem Krieg zur Kommunistischen Partei Italiens (PCI). Hier machte der geradlinige Mann, der die Sprache des Volkes nicht verlernt hatte, schnell Karriere. 1960 wurde er ins Zentralkomitee (ZK) der Region Sizilien berufen, 1962 wählte ihn die Partei zum Regionalsekretär. Enrico Berlinguer holte ihn bald ins ZK der PCI nach Rom, 1972 bewarb er sich um einen Abgeordnetensitz im Parlament und wurde gewählt.

Der sizilianische Politiker, der gleichsam vor seiner Haustür Zeuge des ersten Mafia-Kriegs geworden war, hatte eine klare Vorstellung davon, wie man die Mafia zu bekämpfen hatte. Erstens müsse man sie als Organisation ernst nehmen und bereits die Zugehörigkeit zu ihr bestrafen. Zweitens müsse man sie in ihrem Kerninteresse treffen, nämlich bei ihren Besitztümern, die bei erwiesenen illegalen Tätigkeiten vom Staat einzuziehen wären. Ähnliche Bestimmungen hatten kurz zuvor die Behörden der USA zur Bekämpfung des organisierten Verbrechens erlassen. Es war bezeichnend, dass ausgerechnet ein italienischer

Kommunist auf das amerikanische Vorbild zurückgriff und nicht etwa seine christdemokratischen Parlamentskollegen, die gewöhnlich die Vereinigten Staaten als das Mekka der Demokratie und der Freiheit ansahen.

Die siebziger Jahre waren in Italien von sozialen und politischen Unruhen gekennzeichnet, die schließlich in terroristische Auswüchse rechter wie linker Gruppierungen mündeten. Im Dezember 1970 hatte es sogar unter der Führung des Prinzen Junio Valerio Borghese den stümperhaften Versuch eines Rechtsputsches, an dem auch Mafia-Angehörige mitwirken sollten, gegeben. Der Putsch wurde jedoch noch am Abend des 7. Dezember abgebrochen, wenige Stunden, nachdem er gerade angelaufen war. Eine Beteiligung von Mafia-Gruppen (die angeblich den Auftrag hatten, den obersten Polizeichef Italiens in Rom zu töten) scheiterte zudem an der Forderung Borgheses, dass sich die Mafiosi mit einer grünen Armbinde kenntlich machen sollten – als hätte die Mafia sich je zu erkennen gegeben. Der Höhepunkt der Terrorbewegung dieses Jahrzehnts wurde dann mit der Entführung und der Ermordung Aldo Moros durch die Roten Brigaden erreicht. Auch hier ging die Mafia – trotz eines Versuchs, sie einzubeziehen (siehe sechstes Kapitel, Seite 164) – auf Distanz.

Sizilien und die Mafia wurden von den Szenarien der siebziger Jahre, der Jugend- und Studentenrevolte, der von rechts betriebenen Strategie der Spannungen und dem Terrorismus linksextremer Gruppen, höchstens am Rande berührt. Im römischen Parlament blieb das Gesetzesvorhaben von Pio La Torre in den Ausschüssen stecken. Der sizilianische Kommunist entschied sich dann 1981, Rom den Rücken zu kehren und wieder als Regionalsekretär der PCI in Palermo tätig zu werden.

La Torre kümmerte sich hier besonders um drei Themenbereiche. Innerhalb der Partei setzte er eine Art Säuberungsprozess in Gang, um beispielsweise Bestrebungen im Umfeld der Kooperativen, sich mafiöser Methoden zu bedienen, bereits im Keim zu ersticken. In einer friedenspolitischen Offensive mobilisierte er die Bevölkerung für den Widerstand gegen die Stationierung amerikanischer Cruise Missiles in Comiso im Südosten der Insel. Vor allem aber suchte er im gerade ausgebrochenen zweiten Mafia-Krieg die Verbindungen zwischen Mafia, Politik und Freimaurerei aufzudecken. Infolge seiner Enthüllungen mussten in Palermo schließlich der Polizeichef und auch der Chef der Kripo im November 1981 zurücktreten: Sie waren beide Freimaurer (einer sogar Mitglied der Loge P2 von Licio Gelli), leiteten aber die Ermittlungen unter anderem im Fall des Bankrotteurs Michele Sindona (ebenfalls Mitglied der P2) und seiner Kontakte zur Mafia.

Ausschreibungswesen, Immobilienspekulation, Drogenverbindungen: Pio La Torre ließ kein Thema aus, was nicht auch die Mafia umtrieb. Und er warb weiterhin für ein, für sein Antimafia-Gesetz. Am Morgen des 30. April 1982 holte ihn sein Fahrer und Freund Rosario Di Salvo mit dem Dienstwagen, einem Fiat 132, von zu Hause ab, um ihn zum Parteisitz zu bringen. In einer engen, wenig befahrenen Straße zwang ein Motorrad den Wagen des Regionalsekretärs zum Halten. Eine Sturmgewehrsalve traf den Politiker. Sein Fahrer konnte noch eine Pistole ziehen und ein paar Schüsse abgeben, die aber ins Leere gingen. Dann starb auch er in den Feuerstößen einer Kalaschnikow. Aus einem Auto stiegen weitere Killer und gaben den beiden die Gnadenschüsse. Als die Polizei eintraf, konnten keine anderen Spuren sichergestellt werden als rund 40 Patronenhülsen. Die Körper der Opfer waren schrecklich zugerichtet – ihre Augen waren weit geöffnet, so als hätte man ihnen keine Zeit zum Sterben gelassen.

Was zunächst als ein terroristischer Akt ausgegeben wurde, stellte sich später als kaltblütiger Mafia-Mord heraus. Ein Pentito sagte 1992 aus, dass Riina selbst den Auftrag zur Tötung Pio La Torres erteilt habe. Ohne den Kommunisten werde es kein Gesetz geben, mit dem der Staat illegal angeeignetes Mafia-Besitztum konfiszieren könne – wird sich wohl Riina gedacht und auf seine christdemokratischen Freunde gesetzt haben.

Die Einsamkeit von Carlo Alberto Dalla Chiesa

100 000 Menschen kamen zur Beerdigung von Pio La Torre und Rosario Di Salvo, bei der PCI-Generalsekretär Enrico Berlinguer die Trauerrede hielt. Ein Aufruf gegen die Stationierung von Raketen in Comiso, den Pio La Torre noch initiiert hatte, wurde binnen weniger Tage in ganz Italien von einer Million Menschen unterschrieben. Und der Innenminister zog die für später geplante Ernennung eines neuen Präfekten für Palermo vor: Carlo Alberto Dalla Chiesa kehrte so nach Sizilien zurück

Der zweiundsechzigjährige General der Carabinieri hatte sich gerade einen Namen im Antiterrorkampf gemacht. Sizilien kannte er aufgrund seiner Stationierung in Corleone (siehe erstes Kapitel, Seite 36) und weiterer Einsätze in den sechziger Jahren. Dalla Chiesa, ein Piemontese, hatte es nicht leicht, im misstrauischen und verängstigten Milieu von Palermo Fuß zu fassen, wie umgekehrt auch er den dort herrschenden politisch-mafiösen Verhältnissen mit Argwohn und Skepsis begegnete. Wenige Wochen zuvor hatte er für Ministerpräsident Giovanni Spadolini einen Bericht verfasst, in dem er die sizilianische Parteiströmung der Christdemokraten, auf die sich Andreotti stützte, als eine von der Mafia vergiftete politische Familie nannte. So versuchte er, sich im Alleingang durchzusetzen, und verzichtete auch auf die Zusammenarbeit mit den Untersuchungsbehörden – wie Giovanni Falcone, der damals gerade erste Erfahrungen sammeln konnte, enttäuscht zur Kenntnis nehmen musste.

Der General wollte nach einer Serie von Morden an Polizisten und Politikern direkt an die Wurzeln des Übels heran und die Verbindungen von Mafia und Politik aufdecken. Was ihm fehlte, waren vor allem die Mittel, um seine Untersuchungen zu führen: juristische, finanzielle und personelle. »Sie haben mich nach Palermo geschickt«, beklagte er sich in einem Interview, »aber mich ausgestattet, als wenn ich der Präfekt von Forlì wäre.« Womit er eine beschauliche Kreisstadt an der romagnolischen Adria meinte.

Und die Mafia demonstrierte ihm gleich, dass Palermo nicht Forlì war. Im Juni überfiel ein Killerkommando der Corleonesen einen Häftlingstransport auf der neuen Umgehungsstraße der Stadt, um einen festgenommenen Angehörigen des verfeindeten Calderone-Clans aus Catania zu ermorden. Dabei starben auch die drei Carabinieri der Wachmannschaft. An einem Samstagnachmittag im August wurden die Leichen zweier getöteter Mafiosi in einem Auto provokativ zehn Meter von einer Carabinieri-Wache entfernt zurückgelassen. Die Zahl der Mordopfer in Palermo seit dem Jahresbeginn hatte bis zu diesem Wochenende bereits die 80 überschritten; am Jahresende sollten es 148 sein.

Giovanni Falcone bemängelte in seinem zusammen mit Marcelle Padovani geschriebenen Buch, »dass die Ermittlungen nicht in den Händen einer einzigen Person liegen dürfen, sondern die Frucht der Arbeit eines Teams sein müssen. Die übertriebene Personifizierung ist nach der Leichtfertigkeit die größte Gefahr, der sich die Antimafia-Kräfte aussetzen können. Ich denke an General Dalla Chiesa. Er war allein. Er hatte nicht einmal genügend Zeit, um sich der militärischen Macht der Mafia voll bewusst zu werden.«

In einem berühmt gewordenen Interview mit Giorgio Bocca von der Tageszeitung *la Repubblica* erläuterte der General: »Ich habe eines begriffen, etwas ganz Einfaches, vielleicht Entscheidendes. Der größte Teil des Schutzes der Mafia, der Privilegien, die sich die Mafiosi von den Bürgern mit hohen Preisen bezahlen lassen, ist nichts anderes als die elementaren Rechte der Bürger selbst. *Wir* sollten sie ihnen zusichern, *wir* müssen diese Macht der Mafia brechen, indem wir die Bürger, ihre Abhängigen, zu unseren Alliierten machen.«

Die Falle schnappte in der Via Carini zu. Rund 100 Tage war Alberto Dalla Chiesa im Amt gewesen, viel hatte er nicht erreicht, aber er war in diesen wenigen Wochen bereits zu einem Symbol im Kampf gegen die Mafia geworden. Zehn Killer eröffneten am Abend des 3. September 1982 das Feuer auf den Autobianchi A 112, den die junge Frau des Generals steuerte, der neben ihr auf dem Beifahrersitz mitfuhr. Der Polizist Domenico Russo im Wagen dahinter hatte ebenfalls keine Chance – es war ein Blutbad. Nando Dalla Chiesa, der Sohn des Generals, forderte kurz darauf in einem Interview: »Sucht die Auftraggeber in der DC.«

Noch immer weiß man nicht genau, was genau die Drahtzieher mit diesem Attentat bezweckten. Es drückt bis heute Größenwahn und Verachtung aus – die Verachtung eines Staates, der nicht ernst zu nehmen war. Die Cosa Nostra hielt sich, auch durch die Milliardengewinne aus den Drogengeschäften, für mächtig und unangreifbar wie nie zuvor. Waren verbündete Politiker früher ihre Partner gewesen, so wollte man sie jetzt als Befehlsempfänger. Wer da nicht hören wollte, musste eben fühlen.

Auf Außenstehende wirkte dieser Anschlag wie eine strategische Bankrotterklärung der Mafia. Die Proteste der Öffentlichkeit rüttelten das sommerschläfrige Italien wach. Sogar die Kirchenhierarchie bezog in Palermo – zum ersten Mal in ihrer Geschichte – eindeutig Position gegen die Mafia. Die Ermittlungsbehörden wurden kurz darauf mit neuen Mitteln (darunter auch der Befugnis zur Telefonüberwachung) ausgestattet, die der General vergeblich gefordert hatte. Und in Rom verabschiedete das Parlament in einem Eilverfahren endlich jenes Gesetz, welches Pio La Torre initiiert hatte.

Mit diesem Gesetz wurde der Paragraph 416b ins Strafgesetzbuch eingefügt, in dem zum ersten Mal in der Geschichte Italiens das Wort »mafiös« auftaucht: »Jeder, der sich an einer Vereinigung mafiöser Art beteiligt, die von drei oder mehr Personen gebildet wird, wird mit einer Haft zwischen drei und sechs Jahren bestraft.« Für Führungskader der Mafia sieht der Paragraph 416b noch höhere Strafmaße vor, während unter anderem auch die Omertà als »mafiöses Verhalten« aufgefasst wird. Mit diesem Gesetz wurde ebenfalls das Bankgeheimnis gelockert. Außerdem hatten die Gerichte jetzt die Möglichkeit, aus illegaler wirtschaftlicher Betätigung erworbenen Besitz einzubeziehen und einer neuen, sozialen Nutzung zuzuführen. Und gerade das hatten Riina & Co. verhindern wollen.

Der Antimafia-Pool

Von dem neuen Gesetz profitierten junge, engagierte Untersuchungsrichter, die unter der Leitung von Rocco Chinnici im Palazzo della Giustizia arbeiteten. Einer von ihnen war Giovanni Falcone, 1939 in Palermo geboren. Er machte sich in jenen Jahren einen Namen, als er bei seinen Nachforschungen über die Mafia den Weg des Geldes aus den Einnahmen illegaler Geschäfte untersuchte und dafür seine Recherchen bis in die Schweiz und die USA ausdehnte. Daraus resultierende Erfolge brachten ihm aber auch den Neid einiger Kollegen sowie die Kritik der besonders von christdemokratischer Seite gesteuerten Lokalmedien ein, denen die Untersuchungen über das rein kriminell-militärische Umfeld hinaus viel zu weit gingen.

Im Sommer 1983 hatte sich schließlich die Empörung der Öffentlichkeit über den Mord an Alberto Dalla Chiesa bereits gelegt, und in Palermo war nach dem Blutjahr 1982 wieder etwas Ruhe eingekehrt. »Mafia« schien kein Synonym für »Notstand« mehr zu sein, und außerdem gab es neue Gesetze und weiter reichende Vollmachten für die Ermittler in Polizei und Justizbehörden. Die wurden in ihrem Kampf gegen das organisierte Verbrechen wieder alleingelassen – mit dem guten Gewissen des Restes der Gesellschaft. Rocco Chinnici, der dem 1979 ermordeten Cesare Terranova als leitender Untersuchungsrichter nachgefolgt war, sah die Gefahr einer Isolierung. Er forderte seine Kollegen auf, an die Öffentlichkeit zu gehen: »Den Jugendlichen, den Leuten zu erzählen, wer die Mafiosi sind und wie sie sich bereichern, gehört zur Pflicht eines jeden Richters. Ohne ein neues Bewusstsein werden wir es allein niemals schaffen.«

Rocco Chinnici starb im Juli 1983 bei einem Bombenattentat vor seiner Wohnung in Palermo. Dieser Mord, der erneute Tod eines hohen Justiz- und Ermittlungsbeamten in einer scheinbar nicht enden wollenden Serie, weckte die Zivilcourage eines eher zurückhaltenden Richters, der aus Sizilien stammte, aber die größte Zeit seiner Laufbahn in der ruhigen Toskana verbracht hatte: Antonino Caponnetto. Mit 63 Jahren bewarb er sich um den Posten Chinnicis und zog in die sizilianische Regionalhauptstadt. Um die Ermittlungen gegen die Mafia effektiver zu gestalten, regte er die Einrichtung eines »Antimafia-Pools« an, einer Gruppe von vier Untersuchungsrichtern, darunter Giovanni Falcone und Paolo Borsellino, deren Mitglieder sich ausschließlich mit Verbrechen dieser Art beschäftigen und alle Informationen untereinander austauschen sollten.

Das war leichter gesagt als getan. Denn die Strafprozessordnung sah damals keine Kollegialformen von Untersuchungsrichtern vor und schloss jede Spezialisierung aus. Das heißt, das Betätigungsfeld eines Untersuchungsrichters umfasste die verschiedensten Delikte: vom Mord über Diebstahl bis hin zum Sexualverbrechen. Caponnetto holte sich Rat unter anderem bei Gian Carlo Caselli in Turin, der ähnliche Probleme bei der Terrorismusbekämpfung dadurch überwand, dass er als leitender Untersuchungsrichter, dem die Verteilung der Fälle im Kollegium oblag, sämtliche Angelegenheiten dieser Art persönlich übernahm und sie in Einzelaspekten an immer dieselben Richterkollegen delegierte. Diesem Trick verdankte der Antimafia-Pool seine Entstehung, und Caponnetto und seine vier Untergebenen trafen sich jeden Abend im Arbeitszimmer von Falcone (weil das am besten gesichert war), um die Untersuchungen zu koordinieren.

So konnte der erste Maxiprocesso (»Mammutprozess«) 1986/87 gegen 474 Angeklagte vorbereitet werden (siehe drittes Kapitel, Seite 102), dem die Aussagen erster Pentiti wie Tommaso Buscetta vorausgegangen waren. Zur Formulierung der Anklageschrift zogen sich Falcone und Borsellino für ein paar Wochen auf die Gefängnisinsel Asinara bei Sardinien zurück, um in aller Abgeschiedenheit – und vor allem Sicherheit – zu arbeiten. Die Anklage selbst wurde dann nach der damaligen Strafprozessordnung von der Staatsanwaltschaft vertreten, und die konnte mit der Verurteilung von 360 Angeklagten zu insgesamt 2665 Jahren Haft und in 19 Fällen lebenslänglich einen sensationellen Erfolg verzeichnen. »Wir haben«, resümierte Giovanni Falcone stolz, »die Aura der Unverwundbarkeit und Unbesiegbarkeit der Mafia zerstört. ... Man kann die Mafia vor den Richterstuhl bringen und ihre obersten Köpfe verurteilen.«

Der »Palast der Intrigen«

Antonino Caponnetto kehrte im Januar 1988 nach Florenz zurück, nachdem er aus Sicherheitsgründen viereinhalb Jahre in einem kleinen Zimmer in einer Carabinieri-Kaserne von Palermo gewohnt hatte. Er wünschte sich Giovanni Falcone zu seinem Nachfolger. Doch wieder regten sich Neid und Missgunst im *Palazzo dei Veleni*, dem (frei übersetzt) »Palast der Intrigen«, wie das Justizgebäude seit den inneren Auseinandersetzungen und ersten Anfeindungen Falcones gern genannt wurde. Zeitungen, darunter auch der *Giornale di Sicilia*, starteten eine Kampagne gegen den angeblichen Protagonismus von Richtern und Staatsanwälten. Die Sicherheitsmaßnahmen für Falcone, der sich nur unter Begleitschutz und mit Blaulicht durch Palermo bewegen konnte, gingen offensichtlich auch seinen Wohnungsnachbarn auf die Nerven, die Bombenanschläge und damit auch um ihre eigene Sicherheit fürchteten. Jedenfalls veröffentlichte der *Giornale di Sicilia* Leserbriefe mit dem Tenor, man möge doch alle Richter, die die Sicherheit der anderen gefährdeten, am besten in einer Art Festung verschanzen.

Auch auf nationaler Ebene, im »Consiglio Superiore della Magistratura« (CSM), dem Obersten Justizrat, der über die Spitzenbesetzungen entschied, regte sich Widerspruch – was dazu führte, dass Falcone in einer Nachtsitzung des CSM Anfang 1988 seinem dienstälteren Gegenkandidaten Antonino Meli mit 10 zu 14 Stimmen unterlag, obschon Meli in Mafia-Fragen völlig unerfahren war. Der neue leitende Untersuchungsrichter hielt denn auch wenig von den Arbeitsmethoden seines Vorgängers, löste bald den Pool auf und beschäftigte Mafia-Experten wie Falcone und Borsellino vor allem mit Fällen gewöhnlicher Kriminalität.

Caponnetto schrieb später in seinem Buch *»I miei giorni a Palermo«* (»Meine Tage in Palermo«) über die Abstimmung im CSM: »Von diesem Tag an begann Giovanni Falcone langsam zu sterben.« Paolo Borsellino, enttäuscht von der Entwicklung, ging als Oberstaatsanwalt nach Marsala. In einem Gespräch mit Saverio Lodato kurz nach seiner Versetzung sagte er: »Ich habe das unangenehme Gefühl, dass jemand zurückrudern möchte.«

Giovanni Falcone blieb zunächst verbittert im Amt, folgte dann jedoch als Leiter der Abteilung Strafrecht einem Ruf des Justizministers Claudio Martelli nach Rom, der ihn unter anderem mit der Planung zum Aufbau neuer Strukturen zur zentralen Bekämpfung der einheimischen Mafia (und des allmählich in Italien Fuß fassenden internationalen organisierten Verbrechens) beauftragte.

Inzwischen reformierte eine neue Strafprozessordnung auch die Rolle des Untersuchungsrichters. Der hatte bis dahin nach eigenen Ermittlungen, die sich auf die Arbeit der Polizeikräfte stützte, nach der Beweisaufnahme entscheiden können, ob gegen einen Verdächtigen das Hauptverfahren eröffnet wurde, in dem dann die Staatsanwaltschaft die Anklage übernahm (inquisitorisches Strafverfahren). Nach dem neuen italienischen Recht sind es die Staatsanwälte selber, die nun die Ermittlungen führen. Sie beantragen dann bei dem für die Voruntersuchungen zuständigen Richter die Prozesseröffnung und vertreten in der ersten Instanz des Hauptverfahrens auch selber die Anklage. Wobei im Gegensatz zu vorher die Beweisaufnahme in der Hauptverhandlung stattfindet (kontradiktorisches Strafverfahren).

In Rom schuf Falcone die Grundlagen für eine koordinierte Strafverfolgung. Im Dezember 1991 wurde per Gesetz die »Direzione investigativa antimafia« (DIA) geschaffen (hierzulande würde man es vielleicht »Bundesbehörde zur Verfolgung von Mafia-Verbrechen« nennen), die beim Innenministerium angesiedelt ist und nach dem Rotationsprinzip jeweils von einem hohen Beamten der Staatspolizei, der Carabinieri oder der Finanzpolizei geleitet wird. Die DIA koordiniert die Verbrechensbekämpfung auf nationaler Ebene und unterhält außerdem eigene operative Einheiten in sieben verschiedenen Städten in Italien (auf Sizilien in Palermo, Caltanissetta und Catania).

Im Januar 1992 wurde die »Direzione generale antimafia« (DNA) aus der Taufe gehoben. Diese Einrichtung beim Nationalen Kassationsgericht (dem in Deutschland der Bundesgerichtshof entspricht) hat die Aufgabe, die Ermittlungen wegen Mafia-Verbrechen der verschiedenen Staatsanwaltschaften zu koordinieren. Der Behörde steht der »Procuratore nazionale antimafia« (eine Art Generalstaatsanwalt) vor, der sich für seine eigenen Untersuchungen auf die DIA stützen kann.

Und schließlich wurde bei den Staatsanwaltschaften der jeweiligen Distrikte eine »Direzione destrettuale antimafia« (DDA) geschaffen, gleichsam ein Antimafia-Pool, dem die zugeordneten Staatsanwälte mindestens zwei Jahre angehören und in dem sie sich ausschließlich mit Mafia-Verbrechen beschäftigen sollen.

Als es dann 1992 darum ging, das Amt des leitenden Staatsanwalts der DNA zum ersten Mal zu besetzen, rechnete ganz Italien damit, dass der Oberste Justizrat sich für Giovanni Falcone entscheiden würde. Dann kam der 23. Mai. In der Nacht zuvor hatten ein paar Männer 13 Fässer Sprengstoff (insgesamt 400 Kilogramm) mit Hilfe eines Skateboards in ein Kanalisationsrohr auf Höhe der Ausfahrt nach Capaci unter der Autobahn versteckt, die den Flughafen Punta Raisi mit Palermo verbindet, und die Stelle mit einem alten Kühlschrank markiert. Kurz vor 18 Uhr passierte eine kleine Wagenkolonne von drei Fahrzeugen mit Giovanni Falcone, seiner Frau Francesca Morvillo und seinen Bodyguards den Punkt, an dem der Kühlschrank stand. Giovanni Brusca, Riinas gefürchteter Killer, der mit seinen Leuten auf einem Hügel bei der Autobahn versteckt lag, löste die Zündung aus.

Der Irrsinn der Wahrheit

Genauere Einzelheiten zum mörderischen Anschlag von Capaci erfuhr die Staatsanwaltschaft im Jahr darauf durch Santino Di Matteo. Der hatte zur Gruppe von Brusca gehört, kannte die technischen Details, wusste, wo der Sprengstoff beschafft worden war, und konnte eine detaillierte Schilderung vom Ablauf des Attentats geben. Ohne die Aussagen dieses Pentito, so der damalige Oberstaatsanwalt Gian Carlo Caselli, der im Januar 1993 die Leitung der »heißesten Staatsanwaltschaft Italiens« übernommen hatte, wäre es nicht zu einer raschen und umfassenden Aufklärung des Mordes an Falcone und später, 1996, auch zur Festnahme von Giovanni Brusca gekommen.

Informanten aus dem Inneren der Mafia, die mit der Polizei zusammenarbeiteten, hatte es immer schon gegeben. Früher schickten sie anonyme Briefe, suchten vertrauliche Unterredungen »und praktizierten ein reges do ut des [»ich gebe, damit du gibst«]«, schreibt Salvatore Lupo in seiner Geschichte der Mafia. Neu war ab Mitte der achtziger Jahre, dass Ehrenmänner wie Tommaso Buscetta nicht nur redeten, sondern auch bereit waren, vor Gericht auszusagen. Und neu war auch, dass man sie auf der Gegenseite ernst nahm.

Die Geschichte des Kampfes gegen die Mafia ist voller verpasster Gelegenheiten. Da gab es zum Beispiel im Herbst 1973 den bereits erwähnten Leonardo Vitale, der sich eines Tages bei der Polizei meldete und anfing, aus der Schule zu plaudern. Er sagte den protokollführenden Beamten, dass er aus religiösen Gründen nicht mehr mitmachen wolle bei der Mafia mit ihren »falschen Gesetzen, ihren falschen Idealen«.

Vitale erzählte vom Aufnahmeritus, von den Beati Paoli, vom inneren Aufbau der Organisation. Er berichtete, wie er selbst in die Mafia-Familie von Altarello, einem Vorort von Palermo, aufgenommen wurde, nachdem er auf Befehl seines Onkels einen Mann umgebracht hatte. Weitere Morde, mindestens vier, waren gefolgt. Vitale wurde von der Organisation eingesetzt, um säumige Zahler zu mahnen oder zu bestrafen. Er tötete mit Strychnin die Wachhunde auf einer Baustelle, zerschnitt die Seile eines Krans, steckte Autos und Lastwagen in Brand, schrieb Drohbriefe und führte anonyme Telefonate. Zwar war er nur ein kleiner Fisch, aber er hatte viel gehört. Und so erzählte er den staunenden Polizisten von Totò Riina und Vito Ciancimino und von Pippo Calò, dem Finanzverwalter der Cosa Nostra.

Vitale, kettenrauchend und zitternd, durchlebte offensichtlich eine religiös-mystische Krise. Er beschmierte sich mit seinen Exkrementen, um sich von seinen Sünden zu reinigen. Man hielt ihn für unglaubwürdig, für verrückt gar, und überwies ihn in eine psychiatrische Anstalt. Er selbst notierte auf einem Zettel (zitiert nach Lupo): »Verminderte Zurechnungsfähigkeit = psychisches Übel; Mafia = soziales Übel; politische Mafia = soziales Übel; korrupte Autoritäten = soziales Übel; Prostitution = soziales Übel; Syphilis und Tripper = körperliche Übel, die sich von Kind an auf die kranke Psyche auswirken; Religionskrisen = psychische Erkrankungen, die auf dieses Übel zurückzuführen sind. Das sind die Übel, deren Opfer ich geworden bin, ich, Leonardo Vitale, wiedergeboren im Glauben an den wahren Gott.«

Als Leonardo Vitale 1984 aus dem Irrenhaus entlassen wurde, warteten schon die Killer auf ihn. Kurz darauf bestätigte Buscetta die Aussagen, die Vitale zwölf Jahre zuvor gemacht hatte.

Es gehörte das psychologische Geschick eines Giovanni Falcone dazu, Ehrenmänner wie Buscetta zum Reden zu bringen. Wobei Buscetta laut Falcone es von Anfang an ablehnte, als »Reumütiger« zu gelten: »Ich bin kein Spitzel. Ich bin kein Pentito. Ich war ein Mafioso, und ich habe Fehler gemacht. Deshalb bin ich bereit zu zahlen, was ich der Gerechtigkeit schuldig bin. Die Mafia ist ein Krebsgeschwür.«

Zum erfolgreichen Umgang mit den Pentiti gehörte es außerdem, ihre Sprache nicht nur zu verstehen, sondern auch zu deuten. Falcone machte das zum Beispiel durch die Anrede *Signore* (»Herr«) deutlich. Wenn ein Mafioso diese Anrede gebrauchte, dann aus Verachtung des anderen, der keinen Titel hatte. Wäre das Gegenüber eine Persönlichkeit der Cosa Nostra, so würde er sie mit »Zu« oder »Don« anreden. Während des ersten Mammutprozesses sagte ein Pentito über den Padrino Michele Greco: »Il Signor Michele Greco …«, und drückte damit aus, dass Greco in seinen Augen ein Nichts war.

Als Falcone einmal in Deutschland einen Mafia-Boss verhörte, sprach dieser ihn an: »Signor Falcone …« Falcone wurde wütend, stellte sich vor ihn hin und blaffte ihn an: »Nein, Sie sind der Signore Soundso. Ich bin der Richter Falcone.« Der verstand die Botschaft sofort und entschuldigte sich. »Unsere Arbeit als Richter«, so Giovanni Falcone, »besteht also auch darin, über einen guten Interpretationsschlüssel zu verfügen, der es ermöglicht, die Zeichen richtig zu dechiffrieren.«

Der Psychologe Girolamo Lo Verso erläutert, dass sich ein Mafioso nicht als schuldig oder niederträchtig empfindet und auch nicht als Verbrecher: »Der Mafioso fühlt sich als derjenige, der die Familie verteidigt, der die Ehre verteidigt. Er kommandiert, die anderen gehorchen. Nicht er ist korrupt, sondern die, die sich von ihm korrumpieren lassen.« Und Lupo kommentiert: »Warum zeigt man Reue? In erster Linie, weil man verliert, weil man mit einer anderen Methode die Schlacht fortsetzen und Rache üben will. Buscetta zeigt die Delikte der Feinde an und vertuscht die der Freunde und der Verwandten; und in diesem Sinne stimmt es, dass er außer seinem ›mafiösen Fühlen‹ auch das ›mafiöse Handeln‹ beibehält.«

Doch ohne Buscetta würden wir heute nicht einmal den Namen der sizilianischen »ehrenwerten Gesellschaft« kennen, denn er war es, der Falcone zum ersten Mal die wirkliche Bezeichnung offenbarte. Was Antonino Calderone kurz darauf bestätigte: »Die Mafia heißt in Wirklichkeit ›Cosa Nostra‹. Wir sprechen niemals das Wort ›Mafia‹ aus.«

Mitarbeiter, Verräter oder Lügner?

Das Wort *pentito*, der »Reuige«, das nicht nur von den Medien, sondern auch von Teilen der Justiz aufgegriffen wurde, stammt eigentlich aus der Bekämpfung des Terrorismus. Hier hatte man gute Erfahrungen damit gemacht, ehemaligen Linksterroristen, die sich aus ideologischen Gründen von ihrer Vergangenheit lossagten und Pläne ihrer Organisation offenlegten, Strafnachlass zu gewähren. Ein erstes Gesetz, betreffend die Zusammenarbeit mit der Justiz bei der Terrorismusbekämpfung, wurde 1980 entlassen. Falcone und Borsellino versuchten, es ebenfalls für Mafiosi anzuwenden. Dabei kam es ihnen allerdings weniger auf einen Akt der Reue an, als vielmehr darauf, dass diese ehemaligen Mafiosi sich selbst beschuldigten, ihre Straftaten gestanden und als Mitarbeiter der Justiz ihr gesamtes Wissen über die Mafia zur Verfügung stellten. Dafür durften sie auf Strafnachlass, Schutz und unter Umständen auch auf die finanzielle Unterstützung ihrer Familien hoffen, wie es neue Bestimmungen aus dem Jahr 1991 vorsahen, die sich jetzt ebenfalls auf mafiöse Verbrechen bezogen.

Nach den blutigen Attentaten von 1992 erwiesen sich diese Bestimmungen als goldene Brücke für Aussteiger. Falcone sprach noch von 35 Mitarbeitern, bald waren es mehrere hundert. Wissenschaftler des linkskatholischen Gruppo Abele haben kürzlich eine große Untersuchung zur Pentiti-Frage unter dem Titel *»Dalla mafia allo Stato«* (»Von der Mafia zum Staat«) vorgelegt. Im Vorwort benutzt Staatsanwalt Gian Carlo Caselli das Bild von der Mafia als Fels. Herkömmliche Ermittlungsmethoden würden wie ein Meißel nur an der Oberfläche kratzen oder die eine oder andere Kante abschlagen können. Die Pentiti aber seien gleichsam der Sprengstoff, der diesen Felsen von innen aufgebrochen habe.

Eine Kettenreaktion war die Folge. Jeder Fall eines Aussteigers führte zu neuen Festnahmen von Mafiosi, die sich wiederum zur Mitarbeit mit der Justiz entschlossen, was weitere Verhaftungen nach sich zog. Dabei wurden nicht nur einzelne Verbrechen aufgeklärt (oder teilweise erst entdeckt), sondern die Ermittler bekamen zudem ein immer genaueres Gesamtbild der Organisation, was ihnen wieder die Möglichkeit verschaffte, traditionelle Fahndungsmethoden, von der Beschattung bis hin zu Lauschaktionen, besser einzusetzen. »Der Beitrag der Mitarbeiter der Justiz«, schreibt Caselli, »bleibt unersetzbar.«

Die Aussagen der Pentiti führten dazu, dass sich nun ebenfalls die Urteile gegen Provenzano häuften. Im Juni 1996, im dreiunddreißigsten Jahr seiner Flucht, wurde er zum ersten Mal definitiv wegen Mordes verurteilt. Außerdem wurden ihm alle Ehrenrechte aberkannt sowie das Recht, Verträge abzuschließen. Das Urteil, so die Anordnung, musste in der Handelskammer und in den Rathäusern von Palermo und Corleone öffentlich ausgehängt werden. Kurz darauf folgten weitere abschließende Verurteilungen wegen Mordes an einigen Gegnern der Corleonesen innerhalb der Mafia. Und schließlich wurde er wegen der Ermordung von Polizisten wie dem Commissario Beppe Montana und dem Vicequestore Ninni Cassara aus dem Jahr 1985 zu lebenslänglicher Haft verurteilt. Für die meisten dieser Prozesse, bei denen Pentiti als Hauptbelastungszeugen auftraten, hatte der Padrino nicht mal einen Verteidiger bestellt.

Die Mafia reagierte auf diese enorme Welle von Aussteigern zunächst auf die gleiche Weise wie in den achtziger Jahren. Leonardo Vitale musste sterben, weil er geredet hatte. Zwar hatten ihn die Behörden für verrückt erklärt, aber bei der Cosa Nostra wusste man es besser. Als Buscetta und die anderen Pentiti vor Gericht aussagten, bedeutete dies den Tod für ihre Eltern, ihre Geschwister und Verwandten. Gigi Ilardo, der, in Kontakt mit einem Carabinieri, Provenzano ausliefern wollte, wurde ermordet aufgefunden. Giovanni Brusca ließ den dreizehnjährigen Sohn von Santino Di Matteo entführen und zwei Jahre lang foltern. Als Brusca 1996 durch die Fernsehnachrichten erfuhr, dass er aufgrund der Aussagen von Di Matteo wegen der Bomben von Capaci zu lebenslänglicher Haft verurteilt worden war, befahl er, den Jungen mit einem Draht zu erdrosseln und anschließend seine Leiche in Salzsäure aufzulösen.

Doch diese Schreckensspur und vor allem die Ermordung des jungen Di Matteo führten den Behörden nur immer noch weitere Aussagewillige zu. Wie beim Wechsel der Strategie hinsichtlich der Attentate war es auch hier wieder Bernardo Provenzano, der das Steuer herumlegte und die Losung von den »verlorenen Söhnen« ausgab. Besonders bei einfachen Mafiosi wurde eine Rückkehr in den Schoß der Organisation nicht mehr ausgeschlossen, zumindest blieben ihre Familien verschont. Wer neu verhaftet wurde, bekam jetzt eine wirtschaftliche Unterstützung, welche die des Staates übertraf.

Ein neues Gesetz und neue Intrigen

Diese Entwicklung verlief in der zweiten Hälfte der neunziger Jahre etwa zeitgleich mit einem wachsenden Unmut in der Gesellschaft gegenüber den Pentiti. Aus verschiedensten Quellen und Interessen gespeist, mündete dieser Unmut schließlich in eine Art öffentlicher Verachtung. Da war zunächst das traditionelle Bild vom Verräter, der den feindlichen Linien zwar nützlich sein mochte, aber trotzdem eine abstoßende Figur blieb. Außerdem wurden in den Medien Zahlen veröffentlicht – beispielsweise umgerechnet rund 250 000 Euro Unterstützung für Balduccio Di Maggio –, die Empörung auslösten. Und zu allem Übel wurden einige der Pentiti wieder rückfällig und verübten, gleichsam unter dem Deckmäntelchen des Staates, neue Verbrechen. Da half es wenig, dass diese Rückfallquote mit etwa fünf Prozent weit unter den Erfahrungen lag, die man etwa in den USA (rund 20 Prozent Rückfälle) bei ähnlichen Bestimmungen gemacht hatte.

Es war wohl kein Zufall, dass der Angriff gegen die Behörden hinsichtlich des Problems der Pentiti gerade zu dem Zeitpunkt erfolgte, als diese nicht nur über die gewaltsamen Aktivitäten der Cosa Nostra redeten, sondern auch über die wirtschaftlichen und politischen Verbindungen. Der Höhepunkt der Antipentiti-Stimmung wurde im Andreotti-Prozess erreicht, als nach dem ersten

Freispruch 1999 in der Öffentlichkeit grundsätzlich jede Aussage eines ehemaligen Mafioso angezweifelt wurde. Dabei hatten die Richter sie im Einzelnen zwar als »widersprüchlich« und im Ganzen als »unzureichend« für eine Verurteilung Andreottis bewertet, aber nicht ihre Glaubwürdigkeit an sich in Frage gestellt oder gar als Falschaussagen verworfen. Doch im Klima jener Jahre war eine differenzierte Betrachtung der Problematik kaum möglich. Staatsanwalt Gian Carlo Caselli kommentierte: »Dabei muss man sich schon fragen, warum die Pentiti willkommen sind, wenn es um bestimmte Dinge geht, und ein Problem werden, wenn sie andere Bereiche streifen und berühren.«

Infolgedessen wurde im Jahr 2001 ein neues Gesetz verabschiedet, das die Nutzung dieser Überläufer einschränkt (zum Beispiel dürfen seitdem nur Aussagen verwendet werden, die während der ersten sechs Monate der Mitarbeit gemacht werden). Doch das Problem stellte sich kaum noch. Seit Antonino Giuffrè im September 2002 die Seite wechselte, hat es keinen bedeutenden Pentito mehr gegeben.

Die Debatten um die Pentiti hatten für eine gewisse Zeit die inneren Spannungen überdeckt, die im Justizpalast, dem Palast der Intrigen, jedoch nie ausgeräumt werden konnten. Als Casellis Nachfolger Pietro Grasso andere Mitarbeiter bevorzugte als sein Vorgänger, kam es zu wochenlangen Polemiken und sogar zu Rücktritten von Staatsanwälten aus der Antimafia-Gruppe. Zu diesen Querelen gesellten sich auch wiederholt Anschuldigungen bezüglich undichter Stellen in den Ermittlungsbehörden, die es zum Beispiel einem Bernardo Provenzano jahrelang ermöglichten, sich immer wieder der Verhaftung zu entziehen. Ein verdächtigter Carabinieri-Offizier beging 1995 unter nie ganz geklärten Umständen Selbstmord. Ein Abhörexperte der Carabinieri und ein weiterer Kollege der Spezialeinheit ROS entpuppten sich 2003 als Mafia-Informanten. Das Resultat war, dass die Festnahme Provenzanos im April 2006 von den beteiligten Ermittlern unter strikter Geheimhaltung geplant und durchgeführt wurde.

Im Jahr 2005 eskalierte ein erneuter Streit um die Besetzung des Staatsanwalts-Postens der römischen Antimafia-Behörde (DNA). Um diesen bewarben sich unter anderen Pietro Grasso, der gerade seinen Stuhl in Palermo geräumt hatte, und Gian Carlo Caselli. Letzterer galt aber innerhalb der regierenden Berlusconi-Administration als »rote Robe«. Die Regierung erließ schnell eine Bestimmung, wonach ein Richter keine neue Stellung mehr antreten dürfe, wenn er innerhalb seiner vorgesehenen Amtszeit die Altersgrenze erreiche. Damit diese Bestimmung auf Caselli (und allein auf ihn, weil die anderen Kandidaten jünger waren) zutreffen konnte, verlängerte die Berlusconi-Regierung die Amtszeit des scheidenden leitenden Staatsanwalts kurzerhand um ein halbes Jahr.

So wählte der CSM, der Oberste Justizrat, im Oktober 2005 Pietro Grasso zum neuen Leiter der Antimafia-Behörde. Es war keine schlechte Entscheidung – doch mit dem faden Beigeschmack des offensichtlich politischen Ausschlusses von Gian Carlo Caselli.

Das Ohr am Puls der Unterwelt – Eine Begegnung

Der Blutzoll, den Justiz und Polizeieinheiten im Kampf gegen die Mafia seit den siebziger Jahren entrichten mussten, war ein Beweis für die Ernsthaftigkeit und Aufrichtigkeit, mit der sich große Teile der italienischen Ermittlungsbehörden dem Problem stellten. Das Vorbild der Richter, Staatsanwälte und Polizisten spornte zugleich junge Menschen an, sich in den Dienst der Justiz zu stellen – so auch Renato Cortese, den späteren Chef des »Gruppo Duomo«, der Spezialeinheit, die Bernardo Provenzano im April 2006 festnehmen konnte. Cortese kam nach Jurastudium und Polizeischule im August 1992 zum ersten Diensteinsatz nach Palermo. Für ihn waren die Anschläge auf Falcone und Borsellino ein Schlüsselerlebnis, »das uns jungen Polizisten den letzten, vielleicht entscheidenden Anstoß gegeben hatte, die eingeschlagene Laufbahn – jetzt erst recht – anzugehen«.

Ähnlich äußert sich Piergiorgio Di Cara aus Palermo, der, etwas jünger als Cortese, in jenem Jahr 1992 gerade sein Studium der politischen Wissenschaften abgeschlossen hatte. »Zusammen mit einigen meiner Kommilitonen begriff ich damals, dass wir unsere Ideale von Demokratie, von Gerechtigkeit nur verteidigen konnten, wenn wir uns auf die Seite der Institutionen stellten und die Barbarei der Mafia bekämpften.«

Zwei Jahre nach seinem Eintritt in die Polizei hatte Di Cara bereits das Glück, dass man ihn einer der Spezialeinheiten zur Verfolgung flüchtiger Mafiosi zuteilte. Zu seinen Aufgaben gehörten auch das Abhören der Überwachungsgeräte in der *sala d'ascolto*, dem »Hörsaal« der Polizeizentrale von Palermo, und das Verfassen von Berichten, gleichsam im Stil eines Drehbuchs, für seine Vorgesetzten. Der junge Polizist vermochte sich dabei eine besondere Dialogtechnik zu erarbeiten, denn er ist auch Schriftsteller – unter anderem Verfasser mehrerer Kriminalromane über die Mafia, darunter des auch auf Deutsch erschienenen Krimis »*Schwarze Erde*«, und Mitautor des Dokumentarfilms der RAI, »Scacco al re« (»Schach dem König«), über die Festnahme Provenzanos.

Wir sitzen beim Bier in einer Bar im Viale Strasburgo, wo Palermo – auch infolge der Immobiliengeschäfte der Cosa Nostra – einen Hauch von Mailand vermittelt. Im Hintergrund plärrt eine Musikbox. Piergiorgio Di Cara ist ein stämmiger, fast vierzigjähriger Mann, dessen Muskelpakete an den Armen und Oberschenkeln tägliche Besuche im Fitnesscenter vermuten lassen. Als Sbirro könnte er einem Angst einjagen, als Polizist gewinnt er durch ein sympathisches Lächeln.

Di Cara, der jetzt als Hauptkommissar ein Ermittlungsbüro leitet, hatte jahrelang das Ohr am Puls der Unterwelt von Palermo. Die Zeit als Abhörexperte und die Beschattung von Personen aus dem Umfeld der Flüchtigen haben ihn sozusagen hautnah den Alltag von Menschen miterleben lassen, die sich mit Schwiegereltern streiten, gegenseitige Intrigen schmieden, um die Gesundheit des kleinen Kindes und den Ausgang einer Schulprüfung des großen Sohnes besorgt sind oder einen Toten beweinen. Er habe, erzählt der Polizist, die Zielpersonen, wie sie in der Fachsprache genannt werden, nie als Feinde betrachtet. Eine Personalisierung sei gefährlich, »das darf kein Spiel zwischen dir und ihm werden, sonst verliert man alle Klarheit«. Mafia, das spüre man an den Abhörgeräten, sei ein Phänomen, das nicht nur mit den Mitteln des Strafgesetzbuches bekämpft werden könne, sondern auch ein soziales Problem, »voller menschlicher Dramen«, darstelle.

Als Di Cara einen Killer festnehmen musste, der genau sein Alter hatte, sah er vor sich, wie leicht es ist, in jenes Milieu abzugleiten. »Mein Vater hatte mir immer die Bücher gekauft, die ich zum Studium, aber auch zum Vergnügen lesen wollte. In dem Viertel, in dem mein Altersgenosse aufgewachsen ist, gab es keine Bibliothek, kein Jugendzentrum – nichts.« Nur Verfall und soziales Elend. Die Eltern, ehrliche Leute, aber arbeitslos, konnten ihrem Sohn keine Perspektive bieten. Dafür bot ihm die Cosa Nostra eine Zukunft, Ansehen, Einfluss und das Gefühl von Stärke. »Ich weiß nicht, wie ich an seiner Stelle gehandelt hätte.«

Piergiorgio Di Cara ist sicher ein untypischer Polizist, der den Leuten, die er festnimmt, auch schon mal Bücher schenkt: Texte von Solschenizyn zum Beispiel oder Stevensons *Schatzinsel*. Einem Jugendlichen drückte er eine CD der italienischen Gruppe »Modena City Ramblers« in die Hand, um ihm klarzumachen, dass man Freiheitsidealen auch auf andere Weise nachträumen kann. In seinen Büchern stellt Di Cara Mafiosi nicht als Monster dar, sondern er versucht sie als Menschen wahrzunehmen. Denn sie gehören zu einem System, »das weit in die Gesellschaft vorgedrungen ist und das wir Polizisten nicht allein bekämpfen können«.

Das schließt aber nicht aus, dass man schon mal in Jubel ausbricht, wenn eine Mafia-Größe wie Giovanni Brusca im Mai 1996 endlich festgenommen werden konnte. Piergiorgio Di Cara war dabei, trug wie die anderen eine den ganzen Kopf bedeckende Art Wollmütze, die nur Augen und Mundpartie freiließ und den Polizisten ein martialisches Aussehen verlieh. Dass sie nach der erfolgreichen Aktion aus den Streifenwagen triumphierend die Fäuste zum Himmel reckten, wurde ihnen am Tag darauf von Teilen der italienischen Presse übel genommen.

Nach all den Mühen, den Opfern, den Nachtschichten, die dieser wie vielen anderen Festnahmen vorausgegangen seien, sei es nur allzu natürlich, dass sich die Anspannung in Jubel entladen habe. Außerdem habe man dabei der langen Kette der ermordeten Polizisten, Richter und Staatsanwälte gedacht »und ihnen Ehre« erwiesen. Er würde, so Piergiorgio Di Cara, keinem gestatten, sich darüber zu mokieren.

Mehr als alle anderen Verbrechen beschäftigt den Polizisten und Schriftsteller Piergiorgio Di Cara der Mordanschlag auf Paolo Borsellino im Juli 1992. Sein Roman *»L'anima in spalla«* (etwa: »Die Last der Seele«) beginnt mit diesem verheerenden Bombenattentat, das die Via D'Amelio von Palermo in eine Kriegsszenerie mit demolierten Hausfassaden, brennendem Pflaster und verkohlten Leichenteilen verwandelt hatte. Zwar wisse man über das Attentat auf Falcone inzwischen alles bis ins letzte Detail, jedoch sei der Mord an Borsellino und seiner Begleitmannschaft noch von vielen Rätseln umhüllt.

Wie die ganze Geschichte der Mafia.

Achtes Kapitel

»Addiopizzo« und roter Wein: Zivilgesellschaft und Antimafia

Danilo Dolci und der gewaltfreie Widerstand – Die hundert Schritte von Peppino Impastato – Die Einsamkeit des Libero Grassi – Von »Addiopizzo bis zu »Libera« und Telejato – Leoluca Orlando und seine Elefanten

Palermo ist eine durstige Stadt. Wasser, ohne das es kein Überleben gibt, ist hier im Süden ein Ausdruck von Reichtum. Besonders während der heißen Sommermonate ist Wasser nicht nur unabdingbar in den Haushalten, sondern es bedeutet auch Fruchtbarkeit für Gärten und Plantagen sowie Erfrischung für die Bewohner. Nachdem die Normannen im 12. Jahrhundert das arabische Balerm erobert hatten, nutzten sie die technische und kulturelle Überlegenheit ihrer muslimischen Vorgänger. Arabische Architekten errichteten ihnen auch das Sommerschloss Zisa (nach dem arabischen *al-aziz*, was so viel wie »das Herrliche« bedeutet). Der Bau, der um 1185 fertiggestellt wurde, fängt geschickt die Brisen ein, die vom Meer herüberstreichen, und kühlt sie in Wasserkammern ab. Mit einem ausgeklügelten Leitungssystem entsteht eine phantastische Klimaanlage, die effektiver nicht sein könnte und ohne zusätzliche Energie auskommt. Die Zisa, später zur Festung und dann zu einem Adelssitz umgebaut, wurde nach langer Zeit des Verfalls in den neunziger Jahren des vergangenen Jahrhunderts restauriert. Jetzt ist man auch dabei, den Garten davor neu anzulegen. Der – diskutable – architektonische Rahmen ist bereits geschaffen. Immerhin lässt er mit langen Becken die klimatechnische wie die ästhetische Bedeutung der Wasserspiele erahnen.

Die etwas höher gelegene Zisa erreicht man, wenn man in südlicher Richtung den Palazzo della Giustizia hinter sich lässt und in eine Gegend gelangt, in der sich die Stadt allmählich in ihrer Peripherie auflöst. Unmittelbar an das normannische Sommerschloss angrenzend, erstreckt sich hinter einem Torbogen der merkwürdig zerschnittenen Piazza Zisa eine paradiesisch anmutende Gartenanlage mit Orangen, Zitronen und Bergamottbäumen, aus der manchmal Musik zu hören ist oder Stimmen sich lebhaft unterhaltender Menschen dringen. Hier hat Libera Dolci zusammen mit ihrem Mann, einem Erziehungswissenschaftler der Universität Palermo, das kleine Kulturzentrum »Il Baglio alla Zisa« eingerichtet, wo in Werkstätten Kurse der Musikerziehung, aber auch traditioneller Handwerksarten bis hin zur Kochkunst angeboten werden. Eine zugehöriges Bed & Breakfast ist auf anspruchslose Übernachtungsgäste vorbereitet.

Danilo Dolci und die Gartenmafia

Libera Dolci ist die Tochter von Danilo Dolci, der nach dem Krieg mit seinen gewaltfreien Aktionen zu einer herausragenden Persönlichkeit im Kampf für soziale Gerechtigkeit und gegen die Mafia geworden war. Als »Gandhi von Sizilien« wurde er mehrfach für den Friedensnobelpreis nominiert. Dolci, der aus dem Raum Triest stammte, ging Anfang der fünfziger Jahre nach Sizilien, wo er sich in Palermo und Umgebung, besonders in Partinico, mit den Lebensbedingungen der Menschen auseinandersetzte. Mit sogenannten »umgekehrten Streiks«, beispielsweise dem Wiederaufbau einer zerstörten Straße durch Freiwillige, übte er Druck auf die lokalen Verwaltungen aus und setzte sich für die Gewährleistung der öffentlichen Wasserversorgung ein. Gegen mafiöse Interessen gelang es ihm, mit Hungerstreiks cinerseits und Massendemonstrationen andererseits die öffentliche Hand zum Bau eines Staudamms im Jato-Tal südlich von Palermo zu zwingen. Unterstützung erhielt Danilo Dolci unter anderem auch durch Schweizer Gruppen oder die deutsche evangelisch-lutherische Bewegung »Brot für die Welt«. Pastor Martin Niemöller verglich seine Aktionen gegen das System der Illegalität auf Sizilien mit dem antifaschistischen Widerstand.

Die Kontrolle einer so wertvollen Ressource wie Wasser gehörte von Anfang an zum Interessengebiet mafiöser Gruppen. 1874 war die Ermordung eines Brunnenwächters bei Monreale Anlass zur ersten blutigen Fehde innerhalb der Mafia, von der wir Kenntnis haben. Die meisten Konsortien zur Wassergewinnung und Verteilung blieben bis in die sechziger und siebziger Jahre des vergangenen Jahrhunderts im Einflussbereich der Mafia, die Dolci als »Gartenmafia« anprangerte. In Melfi, klagte Dolci in seinem Buch *Vergeudung*«, floss trotz der Armut im Sommer Süßwasser im Wert von einer Milliarde Lire (damals 1,7 Millionen Mark) buchstäblich ins Meer. »Jeder kann es in den Aquädukten schimmern sehen, die sich durch 3500 Hektar ausgedörrter Stoppelfelder ziehen.«

Wer Wasser haben wollte, musste es sich kaufen. Zu den Paradoxien der Entwicklung Siziliens gehört, dass die Wasserverteilung öffentlich ist, aber privat kontrolliert wird, weil sich die meisten Brunnen in privater Hand befinden. Als in Palermo im Sommer 2002 der Wassernotstand ausgerufen wurde, fuhren neben den kommunalen Tankwagen ebenso viele private Versorgungsfahrzeuge durch die Stadt.

Dolcis Auseinandersetzungen mit der Mafia, bei denen er auch deren Verbindungen zur Politik offenlegte, brachten ihm eine Verleumdungsklage des christdemokratischen Politikers und mehrfachen Ministers Bernardo Mattarella, des Vaters des später von der Mafia ermordeten Regionalpräsidenten Piersanti Mattarella, ein. In mehreren Instanzen während der sechziger und siebziger Jahre wurden Dolcis Rechtsmittel zu seiner Verteidigung auf fragwürdige Weise eingeschränkt und er schließlich 1973 zu einer zweijährigen Haftstrafe verurteilt, die ihm aber wegen einer Amnestie erspart blieb – eine wahrhaft italienische Problemlösung.

Danilo Dolci, den Kardinal Ruffini (siehe fünftes Kapitel, Seite 151) zusammen mit »*Der Leopard*«, dem Roman von Giuseppe Tomasi di Lampedusa, zu den Schandflecken Siziliens zählte, starb 1997. Seine Kinder Libera und Amico Dolci führen vor allem seine pädagogische Arbeit unter anderem im »centro per lo sviluppo creativo« von Partinico weiter. Umberto Santino vom »centro Impastato« nennt ihn »gleichzeitig einen Apostel und einen Volkstribun, einen Poeten und einen Agitator«.

Um die Ordnung aufrechtzuerhalten

Die Geschichte der Mafia, schreibt Santino, sei auch eine Geschichte der Gegenbewegungen, der Proteste, der Kämpfe gegen die Mafia. Es sei nicht so, dass man auf Sizilien erst nach den Morden an Dalla Chiesa oder Falcone und Borsellino angefangen habe, sich des Phänomens bewusst zu werden.

Das Grundproblem hatte bereits Leopoldo Franchetti in seiner Untersuchung zusammen mit Sidney Sonnino in den siebziger Jahren des 19. Jahrhunderts beschrieben. »In Sizilien findet sich der Staat in dieser schmerzlichen Lage: Wenn er der ersten Pflicht eines modernen Staates nachkommen und also die materielle Ordnung aufrechterhalten will, verteidigt er nicht das Gesetz, sondern die Anmaßungen und die Übergriffe eines Teils der Bürger zum Schaden der anderen. In der Tat sind die Maßnahmen der Regierung höchst wirksam und schnell gegenüber den Unruhen des Volkes, aber sie bleiben kläglich unwirksam gegenüber denjenigen, die wie das Bandenunwesen und die Mafia sich mit der besitzenden Klasse vermischen oder wenigstens mit dem Teil, der von ihnen beherrscht wird.«

Es waren vornehmlich die Bauern, die unter dieser Diskrepanz zu leiden hatten: während der Kämpfe der Fasci Siciliani um die

Wende vom 19. zum 20. Jahrhundert, bei den Auseinandersetzungen nach dem Ersten Weltkrieg und im Zusammenhang mit der halbherzigen Bodenreform nach 1945. Jedes Mal verteidigte der Staat die »Anmaßungen und die Übergriffe eines Teils der Bürgers«, die mit den mafiösen Kräften gemeinsame Sache gegen den Widerstand von unten machten. Und jedes Mal kam es in der Folge zu einer Auswanderungswelle. Sizilien verlor so in gut hundert Jahren Millionen wertvoller Arbeitskräfte.

Das faschistische Regime, das Cesare Mori nach Sizilien beorderte, wo er als Präfekt von Palermo daranging, die Mafia wenigstens für ein paar Jahre mit allen Mitteln zu unterdrücken (siehe zweites Kapitel, Seite 66), stoppte seinen Statthalter, als dieser auch die inzwischen mit dem Besitzbürgertum und der Partei liierten oberen Mafiosi ins Visier nahm. Nach dem Zweiten Weltkrieg begann dann das alte Spiel um die Aufrechterhaltung von Recht und Ordnung von vorn ...

Erst nach dem Massaker von Ciaculli 1963 im ersten Mafia-Krieg, bei dem sechs Carabinieri starben und eine Welle der Empörung Italien überrollte, setzte das Parlament einen Antimafia-Ausschuss ein. Der schloss 1976 seine Arbeiten mit einem Mehrheitsbericht ab, der eine formelle Mafia-Organisation leugnete und das Phänomen kulturhistorisch als Überbleibsel des 19. Jahrhunderts abtat. Nur zwei Minderheitsberichte, der eine von der Kommunistischen Partei Italiens, der andere von der neofaschistischen MSI, setzten sich mit der Organisation der Mafia und ihren Verbindungen auch zur politischen Klasse und besonders zu den Christdemokraten auseinander. Die Akten der Befragungen aus 13 Jahren bleiben aber bis heute der Öffentlichkeit verschlossen.

Wieder war es landesweite Empörung, die 1982 nach dem Mord an Dalla Chiesa das organisierte Verbrechen in Sizilien – kurzfristig – zu einer nationalen Frage machte. Das hektisch erlassene Antimafia-Gesetz (siehe siebtes Kapitel, Seite 192) führte auch zur Wiederbelebung eines parlamentarischen Untersuchungsausschusses, der jetzt zur Dauereinrichtung werden sollte. Aber die Tätigkeit dieser Commissione Antimafia musste folgenlos bleiben, solange sich die politischen Lager blockierten. Erst im Augenblick des gesamtitalienischen Korruptions- und Finanzskandals und der daraus resultierenden Parteienkrise gelang es dem Ausschuss in seinem Bericht von 1993, die Verflechtungen von Cosa Nostra und Politik offen und vorurteilslos darzulegen.

Nachdem sich jedoch die Wogen der Erregung über die Anschläge auf Falcone und Borsellino im Land wieder geglättet hatten und neue Parteien an die Stelle der alten getreten waren, kehrte auch der Antimafia-Ausschuss in die gewohnten rituellen Bahnen zurück: Das Instrument, ursprünglich dazu gedacht, politische Mittel zum Kampf gegen die Mafia zu entwickeln, musste in einem Aktivismus, der parallel zu den Empörungswellen der Öffentlichkeit verlief, ohne Wirkung bleiben. Beredtes Beispiel ist die Erklärung nach dem letzten Urteil im Andreotti-Prozess, worin der Ausschuss den völligen Freispruch des ehemaligen christdemokratischen Politikers, der durch einen Prozess ohne Beweismittel »verfolgt« worden sei, begrüßte, obwohl die Mitglieder wissen mussten, dass es sich bei dem Andreotti-Urteil nur um einen halben Freispruch und infolgedessen um eine halbe Verurteilung gehandelt hatte.

Immerhin verabschiedete die Commissione Antimafia im Jahr 2000 einen Bericht, in dem deutlich wurde, dass Carabinieri und andere staatliche Einrichtungen bei den Ermittlungen im Fall von Giuseppe (»Peppino«) Impastato wissentlich falsche Spuren verfolgt und die Öffentlichkeit in die Irre geführt hatten. Impastato, der sich als Jugendlicher in Cinisi gegen die Mafia seines Ortes aufgelehnt hatte, war im Mai 1978 im Auftrag von Gaetano Badalamenti umgebracht worden. Während Freunde und Verwandte immer wieder Belege für den Mafia-Hintergrund der Tat beibrachten, unterdrückten die Carabinieri diese Beweismittel und knüpften dagegen eine Indizienkette für einen angeblichen Selbstmord Peppinos. Das erste Urteil im Fall wurde erst im Jahr 2001 gefällt – also 23 Jahre nach dem Verbrechen. Tano Badalamenti, der Boss von Cinisi, der bereits in einem Gefängnis von New

Jersey eine Haftstrafe wegen Drogenhandels in den USA absaß, wurde im Jahr darauf wegen ebendieses Mordes zu lebenslänglich verurteilt.

»Die hundert Schritte«

Wo ist die Gedenkstätte von Felicia und Peppino Impastato? Wenn man in Cinisi den zentralen Corso Umberto entlanggeht, der, von der Staatsstraße Palermo–Trapani abzweigend, zum ehemaligen Benediktinerkloster ansteigt, in dem heute das Rathaus des 8000 Seelen zählenden Ortes untergebracht ist, bekommt man eher ausweichende Antworten. Manchmal ist es nur ein Schulterzucken, einer gibt den Hinweis: »Weiter oben eben«, der Nächste den Rat, in der Bar nebenan zu fragen.

Peppino Impastato, eine der ganz wichtigen Symbolfiguren der Antimafia-Bewegung, scheint in seiner Heimatstadt auch dreißig Jahre nach seinem Tod als Störenfried zu gelten. Seine politische Einstellung war links, er schwärmte für kommunistische Utopien und machte die Mafia lächerlich. Aus dem konnte ja nichts werden! Noch im Frühsommer 2007 war es zu zwei Säureattentaten gegen das Haus am Corso Umberto gekommen, in dem Peppinos Mutter Felicia bis zu ihrem Tod im Dezember 2004 gelebt hatte und in dem heute die Erinnerung an ihn wachgehalten wird.

In der Casa Impastato kann man anhand von Fotos und Dokumenten die Geschichte dieses Jugendlichen nacherleben, der sich 1965 im Alter von 17 Jahren mit seinem Vater, einem einfachen Mafioso im Badalamenti-Clan, überwarf. Kurz zuvor war ein Onkel bei einem Mafia-Attentat zusammen mit seinem Auto, einem Alfa Romeo Giulietta, in die Luft gesprengt worden. Leichenteile mussten anschließend von den Bäumen rund um die Unglücksstelle gesammelt werden – ein traumatisches Erlebnis für den Jungen, der sich fragte, was das Opfer wohl gefühlt haben müsste, Nichts, war die Antwort der Männer seiner Familie, TNT zerreiße alles in wenigen Sekunden – sogar die Gefühle.

Als Peppino anfing, für sozialistische Ideen zu schwärmen und öffentlich gegen die Mafia zu protestieren, warf ihn der Vater aus dem Haus. Der Junge engagierte sich in den Jahren um die 68er-Revolte herum bei der neuen Linken. Unter anderem organisierte er den Widerstand von Bauern, deren Land wegen einer dritten Start- und Landebahn des nahen Flughafens Punta Raisi enteignet worden war. Der junge Mann, der sich an der philosophischen Fakultät der Universität Palermo immatrikuliert hatte, ließ keine Gelegenheit vergehen, um gegen die Mafiosi seines Heimatstädtchens zu polemisieren. *Mafia è merda*, verkündete er auf seinen Flugblättern, »Mafia ist Scheiße«. Er gründete einen Kulturclub in Cinisi, in dem er unter anderem eine Fotoausstellung über »Landschaft und Mafia« veranstaltete, mit der er die Auswirkungen der Zementierung der Umwelt durch einen ungezügelten Straßenbau dokumentierte.

Als 1976 in Italien lokale Privatradios zugelassen wurden, baute er zusammen mit Freunden den Sender »Radio Aut« auf. Am Mikrofon der Satiresendung »Verrückte Welle« machte er die Mafiosi von Cinisi und Terrasini und die christdemokratischen Lokalpolitiker lächerlich, die mit ihnen unter einer Decke steckten – an erster Stelle den alten Indianer-Mafioso »Sitzender Tano«, womit er natürlich Tano Badalamenti und seine Drogenverbindungen in die USA meinte. Badalamentis Wohnsitz am Corso Umberto lag nur 100 Schritte vom Haus der Impastatos entfernt.

Warnungen schlug Peppino in den Wind. Die Mutter, Felicia Bartolotta Impastato, hatte sich inzwischen von ihrem Ehemann losgesagt. Doch sie wusste, wie sie später in einem Interview eingestand, Mafiosi waren wie Tiere, denen das Ausblasen einer Kerze nichts bedeutete. Frau und Sohn gegen die Mafia – so ein Ehemann und Vater war in den Augen der Bosse ein Versager und konnte nicht länger in der Organisation geduldet werden. Luigi Impastato starb im September 1977 unter dubiosen Umständen bei einem Autounfall. Bei der Beerdigung seines Vaters verweigerte Peppino den anwesenden Mafiosi, die ihm das Beileid aussprechen wollten, den Händedruck. In einem kleinen Gedicht schrieb er: »Meine Augen ruhen / am Grund des Meeres / im Herzen der Algen / und der Korallen.«

Im Frühjahr 1978 kandidierte der Dreißigjährige auf der Liste der linksextremen Organisation »Democrazia Proletaria« für die Wahl zum Gemeinderat. Mitten in der Wahlkampfzeit wurde er entführt, gefoltert und dann, mit fünf Kilo Sprengstoff um den Leib gewickelt, auf die Bahngleise der Strecke Palermo–Trapani gelegt. Die Explosion war verheerend, Leichenteile wurden in einen Umkreis von bis zu 300 Metern geschleudert. Nur die Beine Giuseppe Impastatos ermöglichten noch seine eindeutige Identifizierung. An der Stelle der Schienen klaffte ein tiefes Loch. Der Mailänder *Corriere della Sera* meldete den Vorfall unter der Überschrift »Linker Fanatiker wird auf Eisenbahngleisen von der eigenen Bombe zerrissen«. Es war der 9. Mai, derselbe Tag, an dem in Rom die Leiche des von den Roten Brigaden ermordeten Aldo Moro gefunden wurde.

»Die Mafia bei mir zu Hause«

Die These von einem missglückten Terroranschlag wurde bald durch die des Selbstmords ersetzt. Die Ermittlungsbehörden taten alles, um diesen Todesfall eines »Irregeleiteten« und »Linksradikalen« möglichst bald abzuschließen, wobei die Presse bis auf ganz wenige Ausnahmen auf ihrer Seite stand. Freunde von Peppino wurden verhört, als wären sie die Schuldigen. Die Wohnungen der Mutter und anderer Familienangehöriger wurden durchsucht. Und nach wenigen Monaten wurde der Fall ganz im Sinne der christdemokratischen Gemeinderatsmehrheit ad acta gelegt: ein klarer Fall von Selbstmord.

Aber Freunde und Verwandte ließen nicht locker und suchten nach neuen Hinweisen. Inzwischen hatte sich das 1976 in Palermo von Umberto Santino gegründete Institut zur Dokumentation und Erforschung der sizilianischen Mafia den Namen »Centro Siciliano di Documentazione ›Giuseppe Impastato‹«

(CSD) gegeben. Das CSD organisierte Demonstrationen, veröffentlichte Materialien, druckte Zeugeninterviews und gab ein Buch mit den Erinnerungen der Mutter unter dem Titel »*La mafia in casa mia*« (»Die Mafia bei mir zu Hause«) heraus. 1984 wurde der Fall dank dieser Materialien erneut aufgerollt, doch das zuständige Gericht, das zum ersten Mal die Vermutung von einem mafiösen Verbrechen bestätigte, sah es zu diesem späten Zeitpunkt als unmöglich an, noch die Täter zu ermitteln.

Dem CSD gelang es zusammen mit Familienangehörigen schließlich 1996, eine abermalige Aufnahme der Ermittlungen zu erreichen, nachdem ein enger Mitarbeiter von Badalamenti verhaftet werden konnte und sich entschlossen hatte, vor den Justizbehörden auszupacken. Mit den Urteilen von 2001/02 konnte dann der Fall, der als Vorlage für den Kinofilm »I cento passi« (»Die hundert Schritte«) von Marco Tullio Giordana diente, wenigstens mit der Verurteilung der Auftraggeber abgeschlossen werden. Die Namen der Täter, von denen einige vielleicht den zweiten Mafia-Krieg der achtziger Jahre nicht überlebten, bleiben weiter im Dunkeln.

Das Haus mit der Nummer 220 am Corso Umberto von Cinisi mit seinen Erinnerungsstücken soll laut Bekunden seiner Betreiber nicht als Museum fungieren. Insbesondere Peppino Impastatos jüngerer Bruder Giovanni möchte es als aktives Zentrum der Antimafia verstanden sehen. Peppino sei damals kein Held gewesen und solle heute nicht zum Mythos verklärt werden. Aber er sei ein Bezugspunkt für alle gewesen, »die der Kultur der Illegalität eine Kultur der Legalität entgegenstellen wollten«. Das Bewusstsein für die Legalität zu stärken, so Giovanni Impastato, sei »unsere beste Waffe im Kampf gegen die Mafia«.

In Palermo führt Umberto Santino zusammen mit seiner Mitstreiterin Anna Puglisi seit über dreißig Jahren diesen Kampf. Ihre vor Akten, Dokumenten und Büchern berstende Wohnung ist eine der ergiebigsten Fundgruben, was Geschichte und Gegenwart der Cosa Nostra betrifft. Etliche Untersuchungen zur Mafia und zur Antimafia nahmen von hier aus – auf selbst finanzierter Basis – ihren Ausgang: allen voran das Standardwerk »*Storia del movimento antimafia*« (»Die Geschichte der Antimafia-Bewegung«) von Umberto Santino selbst. Ein wesentlicher Teil der Arbeit besteht in der Gestaltung von Unterrichtseinheiten über die Mafia für die Schulen von Palermo und ganz Sizilien. Aber das CSD versteht sich nicht nur als intellektuelles Zentrum, sondern es wurden von hier aus auch mit großen Hoffnungen Initiativen zur Bekämpfung der Mafia gestartet, die allerdings nicht selten in Ernüchterung und Frustration endeten.

So ist man auch in den achtziger Jahren mehrfach gescheitert, die verschiedenen, oft spontan sich bildenden Antimafia-Gruppierungen zu koordinieren. Geeint in ihrer Empörung über ein brutales Mafia-Verbrechen, finden sich, so die Erfahrung von Umberto Santino, viele Menschen bereit, sich kurzfristig zu engagieren. Es gab Massendemonstrationen nach den Attentaten auf Giovanni Falcone und Paolo Borsellino. Palermo schien sich in jenen Jahren auf sich selbst zu besinnen. Aus den Aktionen der Antimafia entstanden Bewegungen zur Stärkung des Selbstwertgefühls der Menschen auch in der Beziehung zum Leben in der Stadt. Man fing an, das historische Zentrum Palermos wiederzuentdecken, den Wert der alten Palazzi und Kirchen zu erkennen, die meistens verschlossen waren und verfielen. Man forderte ihre Öffnung und ihre Restaurierung. Das waren die Jahre des sogenannten *rinascimento*, der »Wiedergeburt« von Palermo, an der die Stadtregierung unter Leoluca Orlando einen wesentlichen Anteil hatte.

Sobald aber der Notstand vorbei zu sein scheint, wieder Alltag herrscht, die Mafia gar untertaucht und nicht mehr mordet, nimmt die Bereitschaft zur Mitarbeit ab. Auch das Rinascimento ging zu Ende, und Orlando (siehe Seite 232) trat angesichts der wechselnden parteipolitischen Landschaft Italiens im Jahr 2000 zurück. Das Problem der Antimafia innerhalb der Zivilgesellschaft sei, so Umberto Santino, genau dies: Sie speise sich aus Empörung, die, wenn sie nicht in konkrete Maßnahmen und Änderungen der Verhaltenskultur münde, hilflos bleibe und mit dem Nachlassen der Empörung an Durchschlagskraft verliere.

Der Tod eines mutigen Menschen

Hilflos fühlte sich auch Libero Grassi, wie Pina, seine Frau, heute erzählt. »Mein Mann war Unternehmer. Seine Firma stellte Herrenwäsche her. Das Unternehmen hieß SIGMA und hatte 100 Angestellte, fast ausnahmslos Frauen. Das Geschäft florierte in Italien, aber auch im Ausland. Anfang der achtziger Jahre wurde der Mafia, die in diesem Mandamento im Westen von Palermo das Sagen hatte, bewusst, welche Bedeutung das Unternehmen hatte, und sie forderte Schutzgeld.«

Pina Grassi sitzt an einem langen Arbeitstisch eines Büros für Innenarchitektur, das von ihrer Tochter geleitet wird. Ihre Geschichte hat die siebzigjährige Frau mit den hellwachen dunklen Augen sicher schon viele Male erzählt, doch immer noch ballen sich ihre Hände zu Fäusten, wenn sie schildert, wie ihr Mann sich weigerte, den Pizzo, das Schutzgeld, zu zahlen. Er zeigte den Erpressungsversuch sofort bei den Behörden an, was seinerzeit allein schon ein mutiger Schritt war.

»Dann haben sie 60 Millionen gefordert, damals galt ja noch die Lira, also rund 30 000 Euro. Natürlich haben wir das abgelehnt. 1981 überfielen sie dann unser Unternehmen. Ende Juli, als gerade die Löhne und das Urlaubsgeld für die Angestellten bereitlagen. Sie haben alles gestohlen, auch die Schecks, alles. Das war ungefähr die 60 Millionen Lire wert, die sie von uns haben wollten.«

Es folgten Drohanrufe und kleinere Brandanschläge. Mal wurden die Scheiben der Büroräume eingeschlagen, mal verfolgten Unbekannte die Grassi-Kinder auf dem Nachhauseweg von der Schule. Die Jahre vergingen, das Klima wurde unerträglich. Libero Grassi schrieb schließlich Anfang der neunziger Jahre einen offenen Brief, der mit den Worten begann: »*Caro estorsore*, lieber Erpresser...« In dem Brief, den der *Giornale di Sicilia* auf seiner Titelseite veröffentlichte, machte Libero Grassi den Mafiosi deutlich, dass alle Einschüchterungsversuche sinnlos seien, weil er niemals den Pizzo entrichten werde.

Der Fall erregte nationales wie internationales Aufsehen. Die RAI, der staatliche Fernsehsender, lud Libero Grassi in politische Talkshows, Journalisten gingen in seinem Unternehmen ein und aus. Derweil ersuchte Grassi den Unternehmerverband von Palermo um Unterstützung, bekam jedoch zur Antwort, die Mafia fordere bekanntlich lediglich Schutzgeldzahlungen von Händlern; Industriebetriebe seien nicht bedroht. Er wolle sich nur interessant machen. Libero Grassi und seine Familie schrieben daraufhin die Geschäftsführer anderer Unternehmen in Palermo und dem Umland an und luden sie ein, über das Problem der Schutzgeldzahlungen und eine mögliche Gegenstrategie zu diskutieren. Von 2000 namentlich Eingeladenen erschienen ganze 20 Personen. Man dürfe Leute wie Libero Grassi nicht isolieren, warnte Umberto Santino auf dieser Veranstaltung.

»Danach ging das Leben weiter«, erzählt Pina Grassi. »Es gab die typischen kleinen Signale, umgebogene Stoßstangen und dergleichen Zeichen mehr. Freunde und Rechtsanwälte rieten meinem Mann, das Auto nicht mehr in der Nähe der Wohnung zu parken und sich ein bisschen in Acht zu nehmen. Und dann, Ende August 1991, am 29. August – das war ein Donnerstag, am Tag darauf sollte die Firma nach den Ferien wieder geöffnet werden –, verlässt mein Mann morgens um sieben die Wohnung. Er hat im Büro einen Termin. Er geht um die Ecke, und dort, in der Via Alfieri, strecken sie ihn mit fünf Pistolenschüssen nieder.«

Die Kultur der Legalität

Dieser Anschlag löste ein internationales Echo aus. In Straßburg verabschiedete das Europaparlament eine Resolution zur Unterstützung von Mafia-Opfern. In Rom reagierte die Politik wieder einmal hektisch. Ein Gesetz, dem zufolge Unternehmen, die sich gegen Schutzgeldzahlungen wehren und Schaden erleiden, finanzielle Hilfe erhalten sollen, wurde ins Parlament eingebracht und binnen kürzester Zeit verabschiedet. Doch die *Legge antiracket*, das Gesetz vom Februar 1992, war viel zu schwerfällig, um sich wirklich als nützlich zu erweisen. Unternehmen, die nun beim Staat Unterstützung beantragten, mussten Jahre warten, um wenigstens einen Teil ihrer Schäden ersetzt zu bekommen. Dabei waren die meisten auf Soforthilfe angewiesen.

Wie der Soziologe Danilo Dolci und der linke Aktivist Giuseppe Impastato wurde der Unternehmer Libero Grassi für die Antimafia zu einer Symbolfigur, an der sich besonders Organisationen der Zivilgesellschaft orientieren. Die »Coop Solidaria« zum Beispiel kümmert sich um Menschen, die Opfer von Anschlägen geworden oder in den Kreislauf von Verschuldungen mit Wucherzinsen geraten waren, sowie um die Angehörigen Ermordeter. Die meist freiwilligen Mitarbeiter der Kooperative – Ärzte, Pädagogen, Juristen – versuchen, ihnen nicht nur in psychologischer Hinsicht beizustehen. Sie bieten Familienberatung an, unterstützen sie bei den verschlungenen bürokratischen Verfahren zur Erlangung staatlicher Hilfe oder veranstalten Sammlungen, um die erste Not Betroffener zu lindern. Auch auf diesem Gebiet zeigt sich der Staat von einer ernüchternd abweisenden Seite: Im Sommer 2007 erklärte das römische Finanzministerium sogar, dass es ihm nicht möglich sei, Familien, deren Angehörige (zum Beispiel als Mitglieder der Begleitmannschaften) bei Attentaten ums Leben gekommen waren, eine finanzielle Beihilfe zu gewähren.

Wer sich in Palermo im Winter mit Vertretern der »Solidaria« trifft, muss damit rechnen, in kalten, ungemütlichen Räumen zu sitzen, und sollte sich lieber einen Schal mitbringen. Denn die Kooperative steckt jeden Cent in ihre Arbeit und kann sich keine Heizung leisten. An den Wänden hängen Poster für einen »Premio Libero Grassi«, mit dem die Kooperative in den vergangenen Jahren Plakate gegen Mafia, Schutzgeldzahlungen und Wucher ausgezeichnet hatte. Zuletzt wurde der Libero-Grassi-Preis für eine Untersuchung zum Verhältnis von Mafia und Politik und daraus folgende mögliche gesetzliche Regelungen vergeben. Wie in den Vorjahren, bei denen man gleichermaßen Plakatentwürfe von Profidesignern wie jene von Schülern prämierte, wurden dabei neben wissenschaftlichen Arbeiten auch die von Jugendlichen ausgezeichnet. Ziel ist auch hier die Verbreitung der »Kultur der Legalität«.

Aber was bedeutet diese Zauberformel, auf die man in Palermo ebenso wie in Reggio Calabria oder Neapel immer wieder trifft? Oder besser: Existiert eine Kultur der Illegalität? Die Antimafia weiß: Je mehr die Gesellschaft bereit ist, legale Vorschriften zu umgehen, sich auf vermeintlich einfacheren, informellen Wegen zu arrangieren, desto größer ist die Chance für mafiöse Gruppen, ihre Schutzangebote in alltäglichen Auseinandersetzungen und Bedrohungen erfolgreich durchzusetzen.

Das gilt übrigens ebenfalls für Besucher Siziliens. Noch in den neunziger Jahren gab ein sonst gut recherchierter deutschsprachiger Reiseführer für Sizilien im Falle eines Diebstahls den Tipp, sich nicht an die Questura, die Polizei, zu wenden. Anzeigen seien eine reine Zeitvergeudung und nur sinnvoll, wenn man eine Bestätigung für die Versicherung benötige. Aber wenn man in der nächsten Bar sein Klagelied über den Verlust der Brieftasche mit allen Dokumenten anstimme und hinzufüge: »Zur Polizei? Niemals gehe ich dorthin. Was soll ich dort?«, dann deutet vielleicht der Wirt oder einer der Gäste, »der scheinbar unbeteiligt seinen Espresso getrunken hat«, an, man möge doch morgen wieder vorbeischauen. Ein Fremder, der Trost suche und nicht gleich zu den Carabinieri laufe, schreiben die Autoren dieses Reiseführers, habe die Sympathien auf seiner Seite. So manche Brieftasche habe anderntags tatsächlich auf der Theke gelegen, ohne Banknoten natürlich, aber mit dem Inhalt, dessen Verlust man so bitterlich und lautstark beklagt habe. Das ist, auf unterster Stufe, ein Beispiel für die Verquickung von Mafia und Gesellschaft, das ist »Kultur der Illegalität«. Vermutlich würden die Autoren heute so etwas nicht mehr schreiben.

»Schutzgeld, ade!«

Der bekannteste Ausdruck der Kultur der Legalität aber ist zurzeit die Bewegung *Addiopizzo*, frei übersetzt: »Schutzgeld, ade!« Wenn es stimmt, was die Staatsanwaltschaft behauptet – nämlich dass 80 Prozent aller Händler in Palermo (und 70 Prozent in ganz Sizilien) Schutzgeld zahlen –, dann trägt jeder Kunde der Stadt indirekt zur Mafia-Steuer bei. Die Höhe des Pizzo schwankt zwischen 50 Euro im Monat bei kleinen Geschäften, 200 Euro bei größeren und kann etwa bei Supermarktketten auch schon mal 2000 Euro im Monat betragen. Auf ganz Sizilien gibt es etwa 300 000 Handelsbetriebe (Gaststätten- und Hotelbetriebe mitgerechnet), da kommt für die Cosa Nostra eine hübsche Summe zusammen: rund zehn Milliarden Euro Schutzgelder im Jahr nach Berechnungen des römischen Wirtschaftsinstituts Euripes. Das entspricht ungefähr dem operativen Jahresgewinn der global agierenden Allianz-Versicherungsgruppe.

Pizzo (im Dialekt: *pizzu*) hat im Italienischen neben anderen die Bedeutung von »Spitze« für kunstvoll durchbrochenes Gewebe. Im übertragenen Sinne wird das Wort auch als Ausdruck für Schmier- oder Schutzgeldzahlungen benutzt. Im Juni 2004 wurden die Palermitaner überall in ihrer Stadt mit Aufklebern überrascht, die einen weinroten Damenslip aus Spitzenstoff zeigten und folgenden Text enthielten: »Ein Volk, das den Pizzo bezahlt, ist ein Volk ohne Würde.« Und ganz klein neben dem Slip stand geschrieben: »Der einzige Pizzo, den wir wollen.«

Es gab eine Riesenaufregung in der Stadt. In der Präfektur kam die Direktion der Polizeiverbände zusammen, um den Anonymus herauszufinden, der sich diesen bösen Scherz erlaubt hatte. Dann die Entdeckung: Dahinter steckte eine Gruppe von Studenten, Universitätsabgängern, jungen, meist arbeitslosen Frauen und Männern, die vielleicht nicht die Welt, so doch ein Stück Palermo verändern wollten. Kaufleute und Händler sollten öffentlich bekannt geben, dass sie kein Schutzgeld zahlen würden. Und Konsumenten sollten sich bereit erklären, nur in pizzofreien Läden einzukaufen. Die jungen Leute haben sich zu der Vereinigung des kritischen Konsums, »Addiopizzo«, zusammengeschlossen und inzwischen eine erste Liste mit gut 200 Händlern, Gaststätten und Freiberuflern von Palermo und Umgebung in einer Broschüre veröffentlicht. Ein weiterer Erfolg: Knapp 10 000 Bürger haben sich gegenüber Addiopizzo zu einem kritischen Konsumverhalten verpflichtet.

Palermos Stadtkarte gleicht aus kriminalistischer Warte einem Leopardenfell. Neben dunklen Flecken mit hoher »mafiöser Durchdringung«, wie das in den Polizeiberichten heißt, stehen helle Bereiche, die verschont bleiben: vielleicht weil dieser Geschäftsinhaber hier einen Polizisten in der Verwandtschaft hat oder der andere dort sich in der Antimafia-Bewegung engagiert. Wenn ein lokaler Boss die Kontrolle nicht als zwingend erachtet, sieht die Organisation bei problematischen Geschäftsleuten schon mal vom Risiko eines Eingreifens ab.

Antonella Sgrillo betreibt zum Beispiel ein Restaurant in der zentralen Via Principe di Granatelli und macht bei der Addiopizzo-Bewegung mit. Auch wenn sie noch keinen Ärger mit der Mafia hatte, ist sie nicht blind für das, was im Viertel passiert. »Man redet nicht darüber. Ich habe versucht, befreundete Geschäftsleute anzusprechen. Leute, die ich gut kenne. Das war schrecklich.« Sie habe eine böse Enttäuschung nach der anderen erleben müssen, weil sich kein Einziger Addiopizzo angeschlossen habe. »Ist das nicht furchtbar? Schauen Sie sich unsere Liste an, da stehen acht Restaurants und Pizzerien drauf. In Palermo gibt es aber 300 oder sogar 400. Das Problem ist, die Leute haben Angst, Angst, Angst!«

Die Leibwächter von Telejato

Einschüchterung gehört zum Alltagsgeschäft der Cosa Nostra. Diese leidvolle Erfahrung hat jemand wie Pino Maniaci, 54 Jahre alt, schon des Öfteren machen müssen. Mal wurden ihm die Reifen seines Autos zerstochen, mal die Bremsschläuche gelockert oder mal die Scheiben der Studioräume eingeworfen. Pino betreibt die lokale TV-Station Telejato in Partinico, wo sich bereits Danilo Dolci mit der örtlichen Mafia angelegt hatte. Der Sender wird aus einer Dreizimmerwohnung betrieben. Ein Zimmer, in dem Computer und Videoschirme meist älterer Bauart installiert sind, dient als Bildregie- und Schneideraum. Im zweiten Raum steht eine fest installierte Kamera vor einem Schreibtisch, hinter dem auf der Wand das TV-Nachrichten-Emblem »TG Telejato« prangt – der Studioraum also. Und im dritten Zimmer ist das Archiv untergebracht. Die Regale sind prall gefüllt mit Videokassetten und DVDs – ein brisantes Archiv voller Interviews und Berichte über lokale Vorgänge, die es in sich haben.

Denn Partinico mit seinen 27 000 Einwohnern im oberen Jato-Tal liegt im Herzland der Mafia. Im Ort residiert der Clan der Vitali – soweit seine Mitglieder nicht im Gefängnis sitzen. Corleone ist nicht weit entfernt, und der Ort San Giuseppe Jato, wo die Familie Brusca das Sagen hatte, gehört ebenfalls noch zum Sendegebiet. Telejato geht in seinen Direktsendungen Verbrechen und Ungereimtheiten nach, nennt die Namen von Verdächtigen und stellt kritische Fragen. Dafür handelte sich der Sender eine Verleumdungsklage nach der anderen ein – rund 170 in den vergangenen Jahren. Auch das ist eine Praxis der »stillen Mafia«, die weniger ihre Schläger und Killer, sondern nun verstärkt ihre Anwälte in Bewegung setzt.

Eine Brennerei bei Partinico, die als größte Europas gilt, hatten die Fernsehleute ganz besonders aufs Korn genommen. Die Distilleria Bertolino verschmutzte seit Jahren die Luft des Ortes mit Abgasen und verseuchte den Boden des Tals durch illegale Ableitungen. Der Vater der Firmenchefin hatte in den siebziger und achtziger Jahren mehrfach in Mafia-Prozessen auf der Anklagebank Platz nehmen müssen, und von den Aktivitäten ihres Schwagers Angelo Siino als einstigem »Minister für öffentliche Arbeiten« der Cosa Nostra war bereits an früherer Stelle dieses Buches ausführlich die Rede. Mit allen legalen Tricks versuchte die Brennerei, Telejato zum Schweigen zu bringen. Doch nach jahrelangen Ermittlungen ließen die Gerichte im März 2005 nicht den Sender, sondern die Werkseinrichtungen des Unternehmens beschlagnahmen – vorläufig jedenfalls. Pino Maniaci von Telejato eröffnete daraufhin das »Telegiornale« mit der Meldung: »Der kleinste Fernsehsender Italiens schließt die größte Brennerei Europas.«

Seine dreiundzwanzigjährige Tochter Letizia ist derweil für ihre Beiträge im väterlichen Fernsehen mit einem vom Mailänder *Corriere della Sera* gestifteten Medienpreis ausgezeichnet worden. Unentgeltlich sind für TG-Telejato zudem rund ein Dutzend freie Mitarbeiter tätig, darunter Jugendliche ebenso wie ein pensionierter Lehrer namens Sandro Vitale. Der heute Vierundsechzigjährige war ein Freund und Kollege von Peppino Impastato bei »Radio Aut«. Und natürlich waren sie alle mit ihren Videokameras dabei, als im April 2006 Bernardo Provenzano von Corleone nach Palermo ins Polizeipräsidium gebracht wurde: »Das war ein Festtag für uns.«

Muss man nicht Angst haben, in solch einem Umfeld zu arbeiten? Angst? Jedenfalls ist bei Pino und seinem Team nichts davon zu spüren. »Uns schützen die Menschen von Partinico«, sagt Maniaci. Die Einwohner hätten durch Telejato neues Selbstvertrauen gefunden. Der Fernsehsender zeige täglich das wahre Gesicht der Mafiosi: miese, kleine Kriminelle, die man besiegen könne, auch wenn ihre Macht manchmal ungebrochen scheine. Dank der Beiträge von Telejato sei die Omertà, der schützende Ring des Schweigens um die Mafia, durchlässiger geworden. Und als im vergangenen Jahr die Rechtsabteilung der Bertolino-Brennerei erneut die Schließung des Senders erreichen wollte, zogen in Partinico 10000 Menschen, mehr als ein Drittel der Bevölkerung, mit einem Fackelzug durch die Straßen. »Man stelle sich vor – 10000!« Pino, der am Computer die Bilder der Demonstration vorbeiflimmern lässt, hat ganz glänzende Augen. »Das sind unsere Leibwächter«, sagt er.

Ferien im Mafia-Land

»Solidaria Coop« oder »Addiopizzo«, Telejato und viele andere kleine Organisationen der Antimafia, darunter die Wucherhilfe »Sportello della Legalità«, oder Einzelpersonen wie Nando Dalla Chiesa gehören zum Humus einer Bewegung, die trotz aller Schwäche Hoffnung macht. Hoffnung, dass es die Mafia in Zukunft immer schwerer haben wird, den Konsens in der Bevölkerung zu finden, den sie zur Kontrolle ihres jeweiligen Territoriums benötigt. Eine ganz wichtige Rolle spielen dabei die Güter, die aufgrund des La-Torre-Gesetzes aus Mafia-Besitz eingezogen werden können. Denn hier wird die Mafia wirklich in ihrem Kern, in ihrem Besitzstreben, getroffen.

Nach Erweiterung des Gesetzes im Jahr 1996 ist das Enteignungsverfahren noch vereinfacht worden (auch wenn es immer noch mehrere Jahre dauern kann). Außerdem können die so konfiszierten Güter (Grundstücke, Häuser, Unternehmen) einer neuen Nutzung für öffentliche und soziale Zwecke zugeführt werden: zum Beispiel als Einrichtungen der Polizei, als Schulen und Turnhallen und dergleichen. In der Villa, die sich Totò Riina in Corleone hat errichten lassen und die mit schwerem Marmor, massiv vergoldeten Wasserhähnen und gusseisernen Verzierungen nicht nur den Reichtum, sondern auch den schlechten Geschmack der Cosa-Nostra-Bosse widerspiegelt, ist heute eine Landwirtschaftsschule mit 300 Ausbildungsplätzen untergebracht.

Im Gebiet zwischen Piana degli Albanesi, Portella della Ginestra und San Giuseppe Jato bearbeitet eine Kooperative seit einigen Jahren Ländereien, die der Familie Brusca enteignet worden waren. Stallanlagen von Bernardo Brusca haben Jugendliche zu einem Landgasthof umgebaut. Die Kooperative »Placido Rizzotto-Libera Terra« betreibt ihr Landgasthaus mit eigenen Produkten. Als *agriturismo* bezeichnet man in Italien solche rustikalen Unterkünfte, die sich im deutschen Sprachraum als »Ferien auf dem Bauernhof« großer Beliebtheit erfreuen. Im Jato-Tal handelt es sich gleichsam um Ferien im Mafia-Land.

In dem rustikal eingerichteten Gebäude gibt es einen Saal mit 50 Essplätzen, während im ersten Stock neun Schlafplätze angeboten werden. In dieser Gegend bewirtschaftet die Kooperative ungefähr 200 Hektar Nutzfläche. Auf rund 50 Hektar baut man Getreide für die eigene Pastaherstellung an, auf weiteren 50 wachsen Hülsenfrüchte wie Linsen, Kichererbsen oder Futterbohnen. Einen anderen Teil nutzt man für die Viehzucht, und auf 25 Hektar schließlich wachsen die Reben für ihren Wein. Dieser »Vino Placido« wird aus der Rebsorte Catarratto, einer autochthonen weißen Traube, gewonnen. Der Name Placido nimmt – wie der der Kooperative – auf den von der Mafia erschossenen Gewerkschafter Placido Rizzotto, eine Symbolfigur der historischen Antimafia, Bezug (siehe erstes Kapitel, Seite 31).

Ähnliche Kooperativen sind in Partinico oder Castelvetrano (bei Trapani) entstanden. Auf Feldern, die ehemals Bernardo Provenzano und anderen Mafiosi gehört haben, baut in Corleone die Kooperative mit dem schönen Namen »Lavoro e non solo« (»Nicht nur Arbeit«) Tomaten und inzwischen auch Wein an – roten Wein aus der Nero-D'Avola-Traube, der in den Gläsern funkelt.

Die Kooperativen gehören zum Dachverband »Libera«, einer Organisation, die der Priester Don Luigi Ciotti 1995 ins Leben gerufen hat und die in Italien über 1000 Gruppierungen von Freiwilligen im Kampf gegen das organisierte Verbrechen vernetzt. Auf der Homepage von Libera kann man die Produkte der Kooperative aus dem Jato-Tal und die Erzeugnisse ähnlicher Gemeinschaften weltweit kaufen. Sie tragen ein Markensiegel mit der Aufschrift »Von mafiabefreitem Boden«. Mafia-frei ist das Umfeld allerdings noch lange nicht.

Einige Mitglieder der Kooperative Placido Rizzotto waren dem psychologischen Druck nicht gewachsen. Sie haben aufgegeben, weil sie in ihren Ortschaften schief angesehen wurden. Sie fühlten sich nicht mehr sicher. In Sicherheit dürfen sich auch nicht die Kooperativen wiegen. Immer wieder kommt es zu Anschlägen, zuletzt im Frühjahr 2007, als 700 neue Weinstöcke von

»Lavoro e non solo« zerstört wurden. In den Jahren zuvor war die Ernte von »Placido Rizzotto« geschädigt worden, ein Traktor wurde gestohlen und in ein Lager eingebrochen.

Die Antimafia braucht neue Regelungen

Die Enteignung seines Besitzes durch den Staat stellt für jeden Mafioso eine Beleidigung dar – und der Öffentlichkeit wird mit einer solchen Maßnahme vor Augen geführt, dass die Cosa Nostra nicht unverwundbar ist. Deshalb unternehmen die Herren der ehrenwerten Gesellschaft alles, um sich wenigstens symbolisch der Konfiszierung der entsprechenden Besitztümer zu widersetzen: Sie lassen brandschatzen, zerstören oder die Felder mit Hundekadavern verseuchen. Libera und andere Antimafia-Organisationen halten dagegen: Sie veranstalten nationale wie internationale Sommercamps für Jugendliche und Studenten auf den ehemaligen Mafia-Besitzungen. Oder sie laden Schüler der benachbarten Orte ein, sich als Erntehelfer zu betätigen.

In Italien sind zwischen 1996 und 2007 rund 7500 Güter aus Mafia-Besitz (die Hälfte davon auf Sizilien) enteignet worden, aber nur etwa 3400 (auf Sizilien 1200) konnten einer neuen Bestimmung zugeführt werden. Don Ciotti, der Leiter von Libera, fordert deshalb eine schnellere Umsetzung der mit dem La-Torre-Gesetz eingeleiteten Maßnahmen. Nachdem es zunächst eine gute Zusammenarbeit zwischen Justiz, Verwaltung und Antimafia-Organisationen gegeben habe, überwiege jetzt der bürokratische Hindernislauf. Kooperativen und Firmenneugründungen müssten oft jahrelang warten, bis sie die Güter, die ihnen überschrieben worden seien, auch bewirtschaften könnten.

Eine Zentralstelle der Güterverwaltung wurde im Jahr 2003 von der Berlusconi-Regierung aufgelöst und ihr Aufgabengebiet dem nationalen Liegenschaftsamt übertragen, das sämtliche Immobilien, die sich im Besitz des italienischen Staates befinden, verwaltet und mit der Handhabung einer so delikaten Materie überfordert scheint. Es bestehe jetzt die Gefahr, so hört man bei Libera, dass sich die Mafiosi über Mittelsmänner ihre Güter wieder zurückkaufen, weil das Liegenschaftsamt daran interessiert sei, nicht-profitable Einrichtungen zugunsten der Staatskasse abzustoßen. Außerdem versuchen gerade die Rechtsanwälte der Erben von Gaetano Badalamenti, die in Cinisi enteigneten Güter zurückzuklagen.

Am westlichen Rand von Palermo liegt im Viertel San Lorenzo, von den Neubauten der Immobilienspekulation umgeben, die spätbarocke Villa Pantelleria mit einem kleinen Park. Sie gefiel den Brüdern Domenico und Gaspare Caravello, also kauften sie das Anwesen 1990 (und konnten so ganz nebenbei einen Teil ihrer durch Erpressung angehäuften Gelder waschen). Nach der Festnahme der Caravellos 1995 wurde der Herrensitz beschlagnahmt, nach ihrer endgültigen Verurteilung 2001 enteignet. Die Enteignung wurde 2003 rechtskräftig, und das nationale Liegenschaftsamt übertrug die Villa Pantelleria der Stadt Palermo, die einen Teil des Parks sogleich parzellieren und veräußern ließ. Die Villa selbst, inzwischen aller beweglichen Gegenstände beraubt und infolge Vandalismus schwer zerstört, sollte nach ihrer Restaurierung eine »Bibliothek der Legalität« aufnehmen und Sitz verschiedener Antimafia-Vereinigungen wie des Centro Impastato von Umberto Santino sowie der Stiftungen der ermordeten Staatsanwälte Costa und Terranova werden – Kosten der Restaurierung: rund zehn Millionen Euro.

Die Stadt Palermo hat kein Geld, und die Antimafia-Organisationen sind froh, wenn sie ihre monatliche Internet-Flatrate bezahlen können, also passiert nichts. Zwölf Jahre nach der Beschlagnahme verfällt die Villa, die 1995 noch in einem bewohn- und nutzbaren Zustand war, weiter. Der nach der Parzellierung verbliebene Teil des Parks wurde jetzt von der Stadtverwaltung für sechs Jahre einer Resozialisierungseinrichtung überlassen. Für die Bibliothek der Legalität scheint sich die Stadtregierung unter dem Bürgermeister Diego Cammarata (Forza Italia) nicht weiter zu interessieren.

Antimafia-Verbände wie Libera, aber auch Kreise innerhalb der Justiz sind sich darüber einig, dass es in jeder Region Italiens eine Agentur für die Verwaltung von enteignetem Besitz geben sollte, deren Arbeit von einer zentralen Agentur koordiniert werden müsste. Außerdem müsste der Verkauf enteigneter Güter einem strikten Verbot unterliegen. Und schließlich sollten, um das weit gespannte Netz der bürgerlichen Mafia zu zerreißen, das sich um die Verbrecherorganisation herum gebildet hat, auch Besitztümer von Personen mit konfisziert werden, die sich durch Mitarbeit von außen illegal bereichert haben. Aber wie es scheint, hat das Thema »Mafia« für die italienische Politik keine Priorität. Solange die Mafia nicht von sich reden macht, will auch in Rom keiner über die Mafia reden

Die Elefanten des Leoluca Orlando

Das Haus von Leoluca Orlando in der Via Dante ist voller Elefanten. Sie sind überall, in allen Größen und Formen, aus wertvollem Holz wie aus billigem Plastik, aus Glas oder Metall, kunstvoll gearbeitet oder wie ein Luftballon aufgeblasen. Seitdem bekannt ist, dass er Elefanten sammelt, werden sie ihm von überall her mitgebracht. Und wie ein kleiner Junge eilt der sizilianische Professor und Politiker durch die riesigen Räume seiner Villa voraus, um Besuchern seine Elefanten zu zeigen, die sich in alle Winkel verkrochen haben. Sogar hinter ein Gemälde von Mirò, das achtlos auf dem Boden neben einem Tisch steht. Eigentlich hätte man erwartet, dass der Professor seine Gemäldekollektion vorstellt, die Werke von Chagall, Monet, den Meistern der klassischen Moderne. Aber nein, er läuft weiter mit kurzen, schnellen Schritten durch die Räume, um überall seine Elefanten aufzustöbern.

Jemand, der in der sizilianischen Politik als Querkopf überleben will, muss eine dicke Haut wie ein Elefant haben. Kaum ein Politiker wie Orlando hat so viele Niederlagen einstecken müssen und ist doch immer noch ein Bezugspunkt für viele Menschen auf Sizilien und in Palermo, die sich eine andere Politik wünschen. Leonardo Sciascia nannte ihn Ende der achtziger Jahre – in einem Atemzug mit Paolo Borsellino – abschätzig einen »Professionisten der Antimafia«. Mit diesem bösen und zugleich von den entsprechenden Kreisen gehässig interpretierten Wort brachte er Orlando vielleicht die größte intellektuelle Niederlage seines Lebens bei. Obgleich der Bürgermeister die Stadt Palermo zum ersten Mal in der Geschichte als Nebenklägerin in einem Mafia-Prozess hatte auftreten lassen.

Eine Aussprache zwischen Orlando und Sciascia kurz vor dessen Tod konnte das Böswillige zwischen den beiden ausräumen, nicht aber den Dissens. Orlando dachte optimistisch, dass man durch konkretes Handeln und Ändern der Regeln das Phänomen Mafia wenigstens blockieren und später einmal ganz bändigen könnte. Sciascia, der in seinen Büchern wie kaum ein anderer die Mentalität der durch die Mafia pervertierten Gesellschaft Siziliens beschrieben hatte, sah dagegen pessimistisch in jedem berufspolitischen Handeln nur karrieristisches Denken. Die einen Politiker nutzen dabei die Mafia, die anderen die Antimafia. Sein Rat an Orlando: »Herr Bürgermeister, vergessen Sie nicht, immer Ihre eigene Opposition zu sein.« Kurz nach dem Gespräch im Herbst 1989 starb Leonardo Sciascia. Orlando schreibt in seinem Buch *»Der sizilianische Karren«*: »Zwei Monate nach Sciascias Tod machte ich meine Niederlage deutlich, indem ich vom Amt des Bürgermeisters von Palermo zurücktrat.«

Orlando hatte versucht, die christdemokratische Partei in Palermo, in der noch kurz zuvor Vito Ciancimino das Sagen gehabt hatte und ein Salvo Lima noch immer die Fäden zog, zu reformieren. Er war damit ebenso gescheitert wie mit dem Versuch, aus Kräften der linken Parteien und des Zentrums eine Art Antimafia-Koalition zu zimmern. Die eigene Partei bremste ihn aus. Und Sozialisten (PSI) wie Radikale (Partito Radicale) schienen sich mehr um die bürgerlichen Rechte der Angeklagten in den großen Prozessen gegen die Mafia zu sorgen als um die Bekämpfung der Kriminalität. Dennoch gingen diese ersten fünf Jahre der Stadtregierung Orlando als *primavera*, als »Frühling von Palermo«, in die Geschichte ein. Die Antimafia hatte, wenn auch zersplittert und in sich uneins, die Stadt verändert und ein neues Bewusstsein geschaffen.

Das zahlte sich 1993 aus. Auf dem Höhepunkt der Gewaltstrategie hatte die Mafia ihre kulturelle Hegemonie verloren. In der Organisation herrschte Konfusion, Riina war gerade verhaftet worden, es gab keine klare Wahlanweisung, denn alle früheren Bezugspunkte, insbesondere die Christdemokraten, waren dabei, vom Finanz- und Korruptionsskandal weggefegt zu werden. Orlando, der bereits 1990 die DC verlassen und sich mit der Bewegung »Rete« ein politisches Netzwerk quer zu allen Lagern geschaffen hatte, gewann die erstmals durchgeführte Direktwahl zum Bürgermeister mit 75 Prozent der Stimmen. Vielleicht war dies bis heute die einzige wirklich freie Wahl, die nach dem Krieg auf Sizilien stattgefunden hat. Wenig später konnte die Cosa Nostra unter der Herrschaft Provenzanos ihre alte Dominanz wiedererlangen und eindeutige politische Wahlaussagen treffen (siehe sechstes Kapitel, Seite 180).

In Palermo folgten die Jahre des Rinascimento, der »Wiedergeburt«. Leoluca Orlando wollte aus seiner Stadt ein Zentrum der Antimafia machen. Er setzte ganz auf Kultur und Identität. Er ließ Gebäude restaurieren. Zum ersten Mal seit Jahrzehnten gab es wieder ein regelmäßiges Opernprogramm, und die Altstadtgassen, wo vorher Schmutz und Angst geherrscht hatten, hallten jetzt wider von der *movida* einer neuen Freizeitkultur. Doch etliches blieb nur Fassade. Zu viele (oft übertriebene) Hoffnungen auf einen schnellen Wechsel, dass die Stadt sauber und mafiafrei sein sollte sowie Arbeit für alle bieten müsste, blieben unerfüllt.

Und während die Mafia an Konsens zurückgewann und sich neue politische Parteien und Mehrheiten in Italien und auf Sizilien bildeten, riss das Netz der Orlando-Bewegung. Im Jahr 2000 trat er zurück, um 2001 als Regionalpräsident zu kandidieren – und verlor die Wahl gegen Totò Cuffaro, einen ehemaligen Christdemokraten, dem trotz aller gegenteiliger Beteuerungen immer ein leichter Geruch von Mafia anhing. Dass Leoluca Orlando auch in Palermo die kulturelle Hegemonie verloren hatte, zeigte die Bürgermeisterwahl vom Frühjahr 2007, als er dem amtierenden Stadtoberhaupt Diego Cammarata von der Forza Italia klar unterlag. Dieser Sieg des politisch eher unbedarften Cammarata war sicher nicht auf dessen Charisma zurückzuführen.

Und nun? Leoluca Orlando arbeitet im römischen Parlament, beschäftigt sich mit Regionalpolitik und hält Vorträge über den sizilianischen Karren, der zwei Räder habe: Das eine seien Legalität und wirtschaftliche Entwicklung, das andere sei die Kultur. Nur wenn beide parallel liefen, könne sich der Karren vorwärtsbewegen. Die Antimafia dürfe nicht wie in den achtziger und frühen neunziger Jahren allein auf Empörung aufbauen. Weil die Cosa Nostra heute ein Beziehungsgeflecht aus Wirtschaft, Politik und Verbrechen verkörpere, müsse die Antimafia eine Kultur der Legalität errichten, in der es sich lohne, ehrlich zu sein und mit offenen Karten zu wirtschaften. Empörung sei gut, Nutzen sei besser. Und in diesem Szenario falle Kirche, Gewerkschaft, Schule, Medien und anderen Kultureinrichtungen eine zentrale Rolle zu.

Wie man die Antimafia also in ein System des Widerstands umwandeln kann, bleibt eine Zielformulierung ohne Wegbeschreibung. Denn plötzlich verstummt der beredte Orlando, der sonst um keinen Nebensatz verlegen ist. Und dann scheinen seine dunklen Augen noch geheimnisvoller zu leuchten, und mit jugendlicher Geste wischt er schwarze Haarsträhnen aus der Stirn. Er wisse nur, wie man anfangen müsse: nämlich »nicht vergessen. Wir dürfen nicht vergessen, was die Mafia der sizilianischen Kultur angetan hat. Der Mafioso, der im Namen der Familie, der Ehre, der Freundschaft getötet hat, tötete zweimal – einmal sein Opfer und dann die Kultur der Familie, der Ehre und der Freundschaft.«

In heutigen Zeiten, in denen es wieder still um die Mafia geworden ist, braucht die Antimafia dafür ein sehr gutes Erinnerungsvermögen – das Gedächtnis eines Elefanten.

Nachwort

Der letzte Pate?

Diskussionen um die wirkliche Rolle von Bernardo Provenzano –
Die jüngste Entwicklung – Zukunftsszenarien für die Cosa
Nostra

Der alte Mann steht jeden Morgen pünktlich um fünf Uhr auf, trinkt einen Schluck Wasser und beginnt zu schreiben: Notizen zu den Prozessakten, die sich im Raum stapeln, Gedanken zu Bibelversen, nachdem man ihm eine neue Bibel (zusammen mit einem italienischen Wörterbuch) gekauft hatte. Die alte, voller Unterstreichungen und Kommentare, war ihm weggenommen worden – Experten des amerikanischen FBI untersuchen sie auf geheime Codes hin. Nach einer Stunde beginnt Bernardo Provenzano mit Freiübungen, oder er lässt sich in einen Nebenraum führen, wo ein Ergometer ganz für ihn allein steht.

Seine vier mal drei Meter große Zelle mit Bett, Tisch, Fernseher und einem abgetrennten WC-Bereich liegt in einem Sonderflügel des Hochsicherheitsgefängnisses von Terni, der von den anderen 350 Gefangenen streng abgeschirmt wird. In diesem Gefängnis innerhalb eines Gefängnisses, wo TV-Kameras jeden Winkel 24 Stunden am Tag überwachen, verbringt der Padrino seine Tage. Neben seiner Zelle befindet sich ein weiterer Raum, von dem der Häftling, als Zeuge gerufen, in Videokonferenzen verschiedenen Prozessen in Palermo, Mailand oder anderswo beiwohnen kann. Aber Don Binnu verweigert jedes Mal die Aussage, gibt keinen Kommentar ab, spricht höchstens am Telefon mit seinem Rechtsanwalt. Die nächsten Angehörigen, seine Lebensgefährtin Saveria Palazzolo und seine beiden Söhne, darf er einmal im Monat sehen und sprechen.

Gegenüber seiner Zelle, hinter einem Gang, befindet sich ein schmaler Hof, in dem Bernardo Provenzano jeden Tag zwischen 17 und 19 Uhr Ausgang hat – allein. Er nimmt nur leichte Kost zu sich, Reis oder Pasta *in bianco*, mit Öl oder Butter, Hühnerfleisch, viel Gemüse. Und trinkt stilles Mineralwasser. Ein Unteroffizier wählt die Speisen in der Mensa der Angestellten der Strafanstalt aus, versiegelt die Behälter und bringt sie persönlich in die Zelle. Trotz dieser Diät hat der Gefangene, der Jeans aus leichtem Stoff und Polohemden trägt, einige Kilo zugenommen, seitdem er, nach 43 Jahren Flucht und zu mehreren lebenslangen Haftstrafen verurteilt, hinter Gittern lebt.

Abends, wenn er nicht liest oder schreibt, guckt der alte Mann Fernsehen. Regelmäßig um 20.30 Uhr die Tagesschau im zweiten Programm der RAI, eine besonders bei einfachen Leuten beliebte Nachrichtensendung, die vor allem aus vermischten Meldungen besteht: Unglücke, Unfälle, Verbrechen, das Leben der Stars und der Starlets. Und anschließend legt er sich zum Schlafen nieder.

»Wir haben eine Schlacht gewonnen«

Wer ist dieser Bernardo Provenzano, geboren 1933 in Corleone? Ein »normales Wesen«, wie sein Anwalt Francesco Marasà in Palermo im eleganten Studio in der Via Libertà behauptet, »ein gewöhnlicher Mensch wie hunderttausend andere auch«? Wohl kaum. Dagegen spricht seine Karriere vom Killer zum Padrino.

War er wirklich der Boss der Bosse oder nur eine Fassade, hinter der sich andere versteckten? Das Spiel um wirtschaftliche und politische Macht auf Sizilien, die Milliardengewinne der Cosa Nostra, die längst in internationale Finanzströme abgetaucht sind, lassen es nach Meinung von Autoren wie Giuseppe Lo Bianco und Sandra Rizzo kaum glaubwürdig erscheinen, dass dieser alte

Mann, der seinen Jägern in einem Feldhaus von Corleone mit 10 000 Euro in der Unterhose endlich ins Netz ging, noch entscheidende Fäden ziehen konnte. In ihrem Buch »*Il gioco grande*« (»Das große Spiel«) gehen sie von der These der »mafiösen Durchdringung der Politik« aus, in der kein Platz mehr für bauernschlaue Halbanalphabeten sei. Mehr noch: Der Padrino als Boss der Bosse verkörpere eine längst überholte Figur in der Geschichte der Mafia. Die Personalisierung der verbrecherischen Macht, die Königsrolle, diene nur zur Mystifikation des Verbrechens.

Der Historiker Salvatore Lupo warnt ebenfalls davor, die Cosa Nostra auf das Bild von einem Bernardo Provenzano zu reduzieren, der zwischen Ricotta und Zichoriensalat von einem Stall zum nächsten hetzte, um sich dort inmitten von Feldern und Wäldern zu verstecken, und der dann und wann Botschaften und Segensgrüße auf kleinen Zetteln verschickte. Auch Saddam Hussein sei in einem Kellerloch aufgestöbert worden, doch seine Machtmaschine habe zuvor ein ganzes Land aus den Palästen Bagdads heraus terrorisiert.

Lupo glaubt dabei nicht an die Rolle eines *capo dei capi*, die Provenzano von Riina und Bagarella übernommen haben soll. Die Mafia, so der Historiker, funktioniere nicht wie eine Monarchie im 18. Jahrhundert. Cosa Nostra sei eine viel zu komplexe Organisation, die sich aus verschiedenen und sich teilweise kontrastierenden Gruppen zusammensetze, als dass sie von einem obersten Chef streng hierarchisch geführt werden könnte. Bernardo Provenzano trat vielleicht in der Rolle eines anerkannten Vermittlers auf, als eine Art Vorsitzender eines Schiedsgerichts – als mehr jedoch nicht. Und auch Umberto Santino schreibt Don Binnu eher eine »Medien- denn eine Machtrolle« zu.

Dem widersprechen Ermittler und Staatsanwälte, beispielsweise Michele Prestipino. Bernardo Provenzano habe sich die Autorität zur Führung der Cosa Nostra während der Jahre an der Seite Totò Riinas erworben. Ohne eine durchsetzungsfähige Führungsperson hätte die Organisation, die nach Riinas verfehlter Bombenstrategie orientierungslos geworden sei, keinen neuen

Kurs finden können. Diese Aufgabe habe Provenzano eindrucksvoll ab Mitte der neunziger Jahre erfüllt. Man solle sich nicht vom oft versöhnlichen Ton seiner Pizzini täuschen lassen. Diese Briefe und Botschaften würden zugleich zeigen, dass in der Sache, wenn es etwa um geschäftliche Anweisungen ging, kompromisslose Beschlüsse gefasst worden seien. Und bis zum Tag seiner Verhaftung habe man sich an Bernardo Provenzano gewandt, wie man sich an einen Chef richten würde: in der Sprache von Untergebenen, die um Rat, Hilfe oder Entscheidungen nachsuchten.

Pietro Grasso, der leitende Staatsanwalt der nationalen Antimafia-Behörde, ist sich angesichts seiner Emittlungen ebenfalls sicher, dass Bernardo Provenzano der Kopf der sizilianischen Mafia war. Allerdings sollte man nun nicht glauben, dass mit seiner Verhaftung und der darauf folgenden Festnahme weiterer wichtiger Persönlichkeiten der Cosa Nostra die sizilianische Mafia besiegt sei. »Das ist eine Illusion, die wir sofort ablegen müssen. Wir haben eine Schlacht gewonnen, aber nicht den Krieg.« Die Geschichte habe gelehrt, dass es der Organisation nach Phasen des Niedergangs immer wieder gelungen sei, sich neu zu organisieren, »und sie jeweils stärker wurde als zuvor«.

Der Sprung über den Großen Teich

Eines der Probleme, die Don Binnu bis zuletzt beschäftigt hatten, war die Rückkehr der »Amerikaner« (siehe viertes Kapitel, Seite 124). Die Corleonesen hatten Anfang der achtziger Jahre versucht, den alten »Mafia-Adel« von Palermo, allen voran die Familie Inzerillo, im wahrsten Sinne des Wortes auszurotten. »Von denen«, hatte Totò Riina getönt, »soll auf der Welt nicht mal der Same übrig bleiben.« Nach der Ermordung Totuccio Inzerillos im April 1981 mussten weitere 26 Angehörige des Bosses von Passo Rigano sterben. Dann konnte mit jenen Inzerillos, die es geschafft hatten, in die USA zu entkommen, wo sie zu der New Yorker Familie Gambino verwandtschaftliche Beziehungen unterhielten, ein Kompromiss geschlossen werden. Die Corleonesen stellten die Gewalttaten unter der Bedingung ein, dass die Inzerillos sich in Zukunft nicht mehr in Palermo blicken ließen.

Anfang der Jahrtausendwende waren sie dann doch wieder da. Den Widerstand alter Corleonesen wie Antonio Rotolo versuchte Salvatore Lo Piccolo auszuräumen, der sich durch ein Bündnis mit den Amerikanern eine Stärkung seiner Position in Palermo versprach. Und auch Don Binnu schien für diese Entwicklung offen. Denn das hätte die Krönung seiner Laufbahn werden können: die Aufhebung der letzten Tabus der Corleonesen, der endgültige Bruch mit den Strategien Riinas und die Öffnung der Palermitaner Cosa Nostra hin zu jener von New York, was auch einen Wiedereinstieg in lukrative Überseegeschäfte bedeutet hätte.

So versuchte Provenzano, langjährige Weggenossen wie Rotolo hinzuhalten, als sich die Inzerillos allmählich zurück nach Palermo wagten und ihre alten Wohnungen und Häuser wieder in Besitz nahmen. Und mit ihnen kehrten auch die anderen Familien zurück, die Totò Riina zwanzig Jahre zuvor aus der Stadt getrieben hatte, als er sich zum absoluten Herrscher von Palermo hochkämpfte: die Familie der Spatolos und die der Boscos, die Familie der Di Maggios und einige Mitglieder der Gambinos. Im Gegenzug schickte der Padrino Unterhändler in die Neue Welt: etwa seinen Vertrauten Bernardo Riina aus Corleone, der später als Provenzanos Bote zwischen dem Wohnhaus seiner Familie und dem Unterschlupf bei der Montagna dei Cavalli fungierte (siehe erstes Kapitel, Seite 47). Im Januar 2006, drei Monate vor der Festnahme seines Chefs, gründete Bernardo Riina in New York zusammen mit seinem Sohn eine Handelsfirma. Bereitete Don Binnu den geschäftlichen Sprung über den Großen Teich vor?

Nach der Verhaftung des Padrino zeichneten die Ermittler Gespräche auf, denen zufolge Antonio Rotolo angeblich plante, den Sohn von Salvatore Lo Piccolo zu entführen, um auf diese Weise zu demonstrieren, wer in Palermo das Sagen habe.

Die Justiz war schneller, Rotolo und andere wanderten hinter Gitter. Doch allein die Androhung einer Entführung war eine tödliche Beleidigung für Lo Piccolo. Bis zum Frühsommer 2007 lastete ein Jahr lang eine seltsame Ruhe über Palermo – bis Anfang Juni, als Rotolos Statthalter im Noce-Viertel regelrecht hingerichtet wurde. Er starb, als er die Polizeistation verließ, auf der er sich regelmäßig melden musste. Die Killer jagten ihm mehrere Kugeln in die Brust und vergaßen auch den Gnadenschuss in den Nacken nicht, während die Frau des Opfers, die auf der gegenüberliegenden Straßenseite im Auto gewartet hatte, ohnmächtig der Hinrichtung beiwohnen musste. Dann verschwanden die Mörder auf einem Motorroller.

Man musste kein Mafia-Experte sein, um das Attentat als ein klares Signal von Salvatore Lo Piccolo an seine Gegner zu deuten. Ein paar Monate später, im November 2007, ging dann Lo Piccolo zusammen mit einigen Getreuen (darunter auch sein Sohn Sandro) der Polizei ins Netz. Wurde er verraten? War das die Antwort der Alt-Corleonesen? Der Jubel der Öffentlichkeit über eine ganze Reihe von weiteren Erfolgen der Ermittlungsbehörden, darf aber nicht darüber hinwegtäuschen, dass das organisierte Verbrechen vor allem eine Wirtschaftsmacht ist. Und die scheint ungebrochen. »Die Cosa Nostra ist angeschlagen, aber noch lange nicht k. o.«, kommentierte Gian Carlo Caselli (in der Zeitschrift »Narcomafie« 1/2008) nach der Festnahme von Salvatore Lo Piccolo.

»Forza Mafia«

Was ist Mafia? Der Untersuchungsrichter Giovanni Falcone erzählte: »1980 besuchte einer meiner Kollegen in Rom den berühmten Frank Coppola, der gerade verhaftet worden war, und provozierte ihn: ›Signor Coppola, was ist eigentlich die Mafia?‹ Der alte Coppola hatte schon viel erlebt, dachte einen Augenblick nach und sagte schließlich: ›Herr Richter, hier gibt es drei Staatsanwälte, die Oberstaatsanwalt werden wollen. Der erste ist sehr intelligent, der zweite wird von den Regierungsparteien unterstützt, und der dritte ist dumm. Welcher von den dreien wird gewählt? Der Dumme. Das ist Mafia.‹«

Fassen wir den aktuellen Stand zusammen. Wie stellt sich die Cosa Nostra heute dar? Die Ermittler beschreiben ihren Aufbau mit dem Bild konzentrischer Kreise. Im Mittelpunkt stehen die *affilati*, die mit Schwur aufgenommenen Mitglieder. In rund 140 »Familien« auf Sizilien sind das an die 5000 Uomini d'onore, von denen etwa 3000 bis 4000 in der Stadt und der Provinz Palermo agieren (etwa 500 von ihnen konnten im vergangenen Jahr verhaftet werden). Diesen Kern umgibt ein zweiter Kreis aus direkten Verwandten und engen Freunden der Ehrenmänner, die mehr oder weniger an die Regeln der Cosa Nostra gebunden sind wie die Ehrenmänner selbst. Darauf folgt ein dritter Ring von Kriminellen, die sich der Cosa Nostra nahe fühlen und alles daransetzen, von ihr als »vollwertige« Mitglieder aufgenommen zu werden. Ihnen schließen sich die kleinen Kriminellen (die sich auf Glücksspiel, Drogenverkauf, einfache Erpressungen oder Wucher »spezialisiert« haben) an, die ein preiswertes Ganovenheer bilden, aus dem die Cosa Nostra bei Bedarf Personal heranzieht. Alle diese Kreise zusammen aber liegen inmitten des breitesten und in einem gewissen Sinn für den Kern wichtigsten Ringes: der Grauzone der *borghesia mafiosa*, des mafiösen Bürgertums, in der sich legale und illegale Schichten der Gesellschaft vermischen und die Brücken von der Mafia zur Politik geschlagen werden. Diese Angehörigen des mafiösen Bürgertums, deren Zahl beispielsweise Staatsanwalt Antonio Ingroia auf mehr als 100 000 Personen schätzt, begehen nicht unbedingt Straftaten, schaffen aber ein Umfeld, in dem Gesetzesverstöße leichter durchzuführen sind.

Da mag es lächerlich klingen, wenn es der Polizei zum Beispiel im Sommer 2006 im Rahmen der sogenannten »Aktion Gotha« gelang, in Palermo 45 Personen auf einen Streich festzunehmen. Doch handelte es sich teilweise um Schlüsselfiguren wie Filippo Guttadauro, den Bruder des ehemaligen Bosses von Brancaccio, Giuseppe Guttadauro. Staatsanwalt Pietro Grasso erklärte daraufhin, dass jetzt »die Beziehungen zwischen den Mafia-Familien, dem Unternehmertum und der Politik in Palermo noch deutlicher zutage treten«.

Im Dezember wurde dann der ehemalige Gesundheitsdezernent der Stadt Palermo, Mimmo Miceli in erster Instanz zu acht Jahren Gefängnis wegen Kollaboration von außen mit der Mafia verurteilt, weil er als Verbindungsmann zwischen Cosa Nostra und Politik (vor allem der kleinen christdemokratischen Partei UDC des ehemaligen Regionalpräsidenten Totò Cuffaro) aufgetreten war. Cuffaro selbst wurden Kontakte zu einzelnen Mafiosi nachgewiesen, wie das Treffen mit einem Strohmann von Bernardo Provenzano im Hinterzimmer eines Geschäftes für Herrenunterwäsche von Bagheria. Den Wählern war das offensichtlich gleichgültig, sie bestätigten ihn 2006 bei der Wahl zum Regionalpräsidenten in seinem Amt. Die Justiz zeigte sich weniger großzügig: Im Januar 2008 verurteilte das zuständige Gericht von Palermo Salvatore Cuffaro wegen Verbindungen zu einzelnen Ehrenmännern in erster Instanz zu einer Haftstrafe von fünf Jahren. Um einem Amtsenthebungsverfahren zuvorzukommen, trat er zurück – kandidierte aber bei den Wahlen zum italienischen Landesparlament im April 2008 auf der UDC-Liste für den Senat (die zweite römische Kammer) und wurde gewählt. An die Stelle des Regionalpräsidenten rückte Raffaele Lombardo aus Catania, der die durch den Rücktritt von Cuffaro notwendige Neuwahl als Kandidat der Mitte-Rechts-Parteien Forza Italia, UDC und anderen mit großem Stimmenvorsprung gewann.

Ohne im Einzelnen auf die Vorwürfe gegen den ehemaligen Präsidenten der Region Sizilien und einige seine engsten Mitarbeiter einzugehen (solange keine endgültige Verurteilung ausgesprochen wurde, gilt sowieso die Unschuldsannahme), belegt doch grundsätzlich die zunehmende Einbeziehung auch von höchsten Regionalpolitikern in die Untersuchungen der für Mafia-Verbrechen zuständigen Staatsanwaltschaft die Verquickung von politischer und mafiöser Sphäre. So wurde im April 2007 ein früherer Vizepräsident der Region wegen Korruption in Haft genommen.

Und können sich Parteien wie Forza Italia oder die UDC Totò

Cuffaros sich auch nicht dagegen wehren, dass sie von der Cosa Nostra favorisiert werden, so ist es auf der anderen Seite geradezu offensichtlich, dass aus ihren Reihen mehr Politiker in mafiöse Machenschaften verstrickt sind als die aus den Reihen anderer Parteien. »Forza Mafia« kommentierte bitter die Zeitschrift *Antimafia Duemila* diese Tatsache angesichts des wiederholten Wahlerfolgs der genannten Parteien bei der Kommunalwahl auf Sizilien im Frühjahr 2007.

Einer wie Tommaso Buscetta hatte diese Entwicklung vorausgesehen. Ende der achtziger Jahre glaubte er noch, durch seine Zusammenarbeit mit Giovanni Falcone zur Zerschlagung der Mafia beitragen zu können. Kurz vor seinem Tod im Jahr 2000 musste er jedoch resigniert feststellen: *»La mafia ha vinto«*, die Mafia habe gewonnen, weil sie sich gleichsam nach und nach in die Gesellschaft verflüchtige und keine politischen Verbindungen mehr brauche, da sie selbst Politik geworden sei.

Das »Ende« der Cosa Nostra

Die Geschichte der Cosa Nostra bietet Stoff für Tragödien, die an die Königsdramen von William Shakespeare erinnern: an den Krieg der Rosen und die Familienfehden der Lancaster und York. Wie bei Shakespeare geht es bei der Mafia um persönliche Macht, Reichtum und die Macht im Staat – in ihrem Parallelstaat wie in dem, den sie parasitär nutzt, um sich zu bereichern.

Wer wird der neue König von England, wer der Padrino der Cosa Nostra? Matteo Messina Denaro aus Trapani, der in die Familie Guttadauro eingeheiratet hat, sich ohne großes Aufsehen in der Region nach Bündnispartnern umsieht und in Palermo die enttäuschten Corleonesen hinter sich bringen könnte?

Aber benötigt die sizilianische Mafia überhaupt noch ein charismatisches Oberhaupt? Möglich scheint Beobachtern auch eine Entwicklung hin zu einer Situation wie in Kalabrien. Jede Familie wird sich in Zukunft vor allem um die eigenen Geschäfte kümmern. Gemeinschaftseinrichtungen wie die Kommissionen, die lange dem Diktat der Corleonesen unterworfen waren, werden der Vergangenheit angehören. An ihre Stelle wird eine Art krimineller Föderalismus treten, so wie ihn vereinzelte Mafia-Gruppen zwischen Agrigent und Gela – die sogenannte Stidda – schon seit Langem fordern (und die deshalb von Provenzano gnadenlos verfolgt wurden).

Als drittes Szenarium bietet sich das eines neuen Krieges an, in dem die Unterlegenen von einst blutige Rache an den damaligen Siegern nehmen. Die Amerikaner sind zurückgekehrt, und vielleicht wird in zwanzig, dreißig Jahren die Herrschaft der Corleonesen nur noch eine Episode in der langen Geschichte der Cosa Nostra sein, die begann, als ein paar Bauern aus der Provinz sich mit klugen Allianzen und mit Waffengewalt gegen die finanzstarken Städter aus Palermo durchsetzen konnten. Waffen gegen Geld: Vielleicht ist das der entscheidende Unterschied zwischen Ober- und Unterwelt. In der einen setzt sich immer die Finanzkraft durch, in der anderen hat das Faustrecht die Oberhand. Bernardo Provenzano war der letzte Pate einer Epoche, in der die Mafia noch Unterwelt war, und der erste, der sie auf den langen und stillen Marsch durch die Institutionen geschickt hat.

Und die Antimafia, die jungen Leute von Addiopizzo und die Kooperativen mit Tomaten und Wein aus mafiafreiem Boden? Politiker wie Leoluca Orlando, Wissenschaftler und Aktivisten wie Umberto Santino – wirken sie nicht angesichts der tatsächlichen Kräfteverhältnisse sympathisch obsolet? Und doch sind sie die einzige Hoffnung, auf die sich bauen lässt. Die Repression seitens des Staates, der Einsatz der Justiz- und der Polizeikräfte, ist die Voraussetzung, um die Organisation in die Defensive zu zwingen, ihre Führer aus dem Verkehr zu ziehen und das Verbrechen einzudämmen. Aber es werden immer neue Führer nachwachsen, neue »Marktlücken« aufgetan und alte wiederentdeckt werden, solange nicht die Gesellschaft in einem Selbstreinigungsprozess in der Lage ist, sich von den kriminellen Elementen zu befreien.

Padre Giacomo Ribaudo, lange Jahre Gemeindepriester in der Altstadt von Palermo, sagt in dem Buch »*Dall'altare contro la mafia*« (»Vom Altar gegen die Mafia«): »Ich bin ein Mann der Kultur, ein Priester. Vor allem bin ich ein überzeugter Anhänger einer Idee von Stuart Mill, der glaubte, es sei die größte Strafe für die Schurken, wenn sie sich durch die Ehrlichen kontrolliert wüssten. Also, meiner Meinung nach kann man eine wirkliche Revolution gegen die Mafia auf kulturellem Niveau machen. Wenn die Leute anfangen, sich darüber klar zu werden, dass die Mafia zu einem bestimmten Flügel der Gesellschaft gehört, der krank ist, wenn die Leute verstehen werden, dass es sich nicht um ein physiologisches, um ein natürliches, sondern um ein pathologisches Phänomen der Gesellschaft handelt, dann wird der gesunde Teil der Gesellschaft reagieren und entsprechende Schnitte vornehmen. Wenn der gesunde Teil der Gesellschaft reagieren kann, wird es die Mafia nicht mehr geben. Dann stirbt sie von allein ab.«

Giovanni Falcone blieb skeptisch – und zugleich hoffnungsvoll: »Man muss sich klar werden, dass man es noch lange mit dem organisierten Verbrechen in der Art der Mafia zu tun haben wird. Noch lange, ja, aber nicht ewig. Denn die Mafia ist ein menschliches Phänomen, und wie alles Menschliche hat sie einen Anfang, einen Höhepunkt und wird auch ein Ende haben.«

Die Frage ist nur: Wann und zu welchem Preis?

Dank

Neben den in den Quellenhinweisen genannten Gesprächspartnern bin ich für wertvolle Hinweise, Anregungen, Kritik, Offenheit, praktische Unterstützung, sprachliche Korrekturen oder herzliche Gastfreundschaft dankbar: Vittoria Alliata, Michele Anselmi und der Associazione Parco Lampedusa, Pietro Busetta, Antonio Castro und der Kooperative Placido Rizzotto, Salvatore Cernigliaro und der Kooperative Solidaria, Libera Dolci und ihrem Mann Carlo Romano, Paul Eubel und seiner Frau Maria Teresa, Francesco Forgione, Marco Fragonara, Francesco Galante und den *ragazzi* von Addiopizzo, Pina Grassi, Jörn von Hansen, Giovanni Impastato und Marina Montuori von der Casa di Peppino, Johannes Jacob, Dieter Löbbert, Antonio Lo Bello, Ivanhoe Lo Bello, Peppino Lo Bianco, Giuseppe Lo Giudice, Giuseppe Maniaci und dem Team von Telejato, Francesco Marasà, Donato Masciandaro, Pietro Messina, Pierluigi Mirenda, Rosanna Montalto, Jürgen Peters, Salvo Palazzolo, Calogero Parisi und der Coop Lavoro e non solo, Wiebke Petersen und der Tenuta di Donnafugata, Giovanna Pirrotta, Cesare Scaffidi, Heidi Sciacchitano und den Mitarbeitern des Goethe-Instituts von Palermo, Antonella Sgrillo, Lia Verdina, der *Süddeutschen Zeitung* sowie den Feature-Redaktionen des DLF und des NDR für die Unterstützung bei den Reisen nach Palermo und Umgebung. Und natürlich Lidia, Gianna und Mara. *Mille grazie.*

Glossar

Aglieri, Pietro. Geboren 1959 in Palermo. Ausbildung im Priesterseminar von Monreale, trug wegen seines Hangs zu guter Kleidung den Spitznamen *u' signurinu* (»das Herrchen«). Wurde mit Unterstützung der Corleonesen Capomandamento von Santa Maria di Gesù (Palermo), Verbündeter von Provenzano 1995. Bei seiner Verhaftung 1997 wurde eine Votivkapelle in seinem Versteck entdeckt.

Andreotti, Giulio. Geboren 1919 in Rom. Christdemokratischer Politiker und Schriftsteller, sieben Mal Ministerpräsident Italiens (zuletzt 1991/92), Senator auf Lebenszeit seit 1991. Prozess wegen Mafia-Verbindung (letzte Instanz 2004): Freispruch (teilweise wegen Verjährung), Prozess wegen Anstiftung zum Mord am Journalisten Carmine Pecorelli (letzte Instanz 2004): Freispruch.

Atria, Rita. Geboren 1973 in Partanna (TP). Tochter eines Capomafia, der 1985 ermordet wurde. Rebellierte gegen ihre Familie und vertraute sich Staatsanwalt Paolo Borsellino an. Nach dessen Ermordung 1992 suchte Rita in Rom, wo sie sich versteckt hielt, den Freitod.

Badalamenti, Gaetano (»Tano«). Geboren in Cinisi 1923. Knotenpunkt im Drogenhandel mit Amerika. In den siebziger Jahren Triumvirat an der Spitze der Cosa Nostra zusammen mit Bontate und Riina, gab Mord an Peppino Impastato in Auftrag, 1978 aus der Cosa Nostra ausgeschlossen, 1984 in Madrid festgenommen, in die USA ausgeliefert und dort zu 45 Jahren Haft wegen der »Pizza Connection« verurteilt. 2004 in einem Gefängnis von New Jersey gestorben.

Bagarella, Antonina (»Ninetta«). Grundschullehrerin, Ehefrau von Totò Riina, Mutter von vier Kindern, die sie, vorwiegend im Untergrund lebend, allein erzog und unterrichtete, lebt in Corleone.

Bagarella, Calogero. Gehörte zu den »Jungtürken« des Mafia-Clans von Luciano Liggio. Älterer Bruder von Leoluca und Antonina, gestorben beim Blutbad in dem Viale Lazio (Palermo 1969).

Bagarella, Leoluca. Geboren 1942 in Palermo, Killer und später Führungs-figur der Corleonesen. Erschoss u. a. 1979 den Commissario Boris Giuliano, als dieser einen Koffer voller Dollarnoten (die Zahlung einer Drogenliefe-rung) sicherstellte und außerdem Bagarellas Unterschlupf entdeckte. Nach der Verhaftung seines Schwagers Totò Riina im Januar 1993 kurzfristig an der Spitze der Cosa Nostra. In Haft seit Juni 1995.

Bartolotta Impastato, Felicia. Geboren 1916 in Cinisi (PA). Verheiratet mit dem Mafioso Luigi Impastato, Mutter von Giuseppe (»Peppino«) und Gio-vanni. Gestorben 2004 in Cinisi.

Bellavia, Enrico. Journalist in Palermo der Tageszeitung *la Repubblica* und anderer Medien.

Berlusconi, Silvio. Geboren 1936 in Mailand. Unternehmer und Politiker. Gründer der Partei Forza Italia 1993, viermal Ministerpräsident zwischen 1994 und 2008. Mehrfach angeklagt, bislang immer freigesprochen wegen Unschuld oder Verjährung, zurzeit (2008) laufen zwei Prozesse wegen Fi-nanzvergehen und Bestechung.

Bonanno, Joseph (»Joe«). Geboren 1905 in Castellamare del Golfo. Nach Aus-wanderung Boss des stärksten Mafia-Clans von New York. Knüpfte nach 1945 Verbindungen zu den Familien seines Geburtsortes und Palermo, Au-tor einer zunächst annonym erschienenen Autobiographie (*»A Man of Ho-nour«*), bis auf eine kleine Geldstrafe (450 Dollar) straffrei bis zum Tod. Gestorben Tucson (USA) 2002.

Bontate (auch Bontade), Stefano. Geboren 1938 in Palermo. Wohlhabend, bereits der Vater war ein einflussreicher Mafioso. Capo der Familie Santa Maria di Gesù (Palermo-Villagrazia), angesehener Freimaurer, machte rie-sige Gewinne im Drogenhandel und schützte den Bankier Michele Sindona. Starke Position in der Kommission. Ermordet von den Corleonesen an sei-nem Geburtstag, 23. 4. 1981 (Beginn des zweiten Mafia-Kriegs).

Borsellino, Paolo. Geboren 1940 in Palermo. Amtsrichter, dann u. a. Unter-suchungsrichter im Antimafia-Pool, bereitete zusammen mit Giovanni Fal-cone den ersten Mammutprozess 1986/87 vor. Nach der Justizreform 1988 Oberstaatsanwalt von Marsala, danach erneut in Palermo. Ermordet am 19. 7. 1992 in Palermo.

Brusca, Giovanni. Geboren 1957 in Palermo. Entstammt einer alten Mafia-Familie aus San Giuseppe Jato unweit von Corleone. Bernardo Brusca, Gio-vannis Vater, beherbergte jahrelang den flüchtigen Totò Riina. Giovanni wurde mit über 100 Morden Riinas gefürchtetster Killer, u. a. verantwortlich für den Tod von Falcone. Festgenommen 1996, entschloss sich zur Zusammenarbeit mit der Justiz.

Buscetta, Tommaso. Geboren 1928 in Palermo. Mitglied der Familie »Porta Nuova«. »Boss zweier Welten« weil er sowohl in Südamerika als auch in Sizilien aktiv war, gehörte zu den Unterlegenen im zweiten Mafia-Krieg 1981–83. In Brasilien 1983 verhaftet und nach Italien ausgeliefert, wurde er wichtigster Zeuge für Giovanni Falcone im ersten Mammutprozess gegen die Mafia 1986/87. Nach Verbüßung einer kurzen Haftstrafe lebte er bis zu seinem Tod im Jahr 2000 in den USA.

Calderone, Antonino. Geboren 1935 in Catania. Die Familie gehörte zu den Unterlegenen im zweiten Mafia-Krieg (sein Bruder Giuseppe, Mitglied der Cupola, wurde 1978 ermordet), Flucht nach Nizza, wo er 1986 verhaftet wurde. Zusammen mit Buscetta einer der ersten wichtigen Mitarbeiter der Justizbehörden.

Calò, Giuseppe (»Pippo«). Geboren 1931 in Palermo. Capomafia des Clans Palermo-Porta Nuova, trug den Beinamen »Kassenwart der Mafia«, weil er größere Geldwäscheoperationen organisierte. hielt Verbindungen zu Verbrecherbanden in Rom, neofaschistischen Untergrundorganisationen und zur Loge P2 von Licio Gelli. Wurde 1985 verhaftet.

Cammarata, Diego. Geboren 1951 in Palermo. Jurist und PR-Fachmann. Koordinator der Forza Italia in der Provinz Palermo, 2001 zum Bürgermeister gewählt, Wiederwahl 2007.

Cannella, Tullio. Betreiber eines Touristendorfs bei Cefalù. Seit den 80er-Jahren Mitglied des Clans der Brüder Graviano in Brancaccio. Organisator der Bewegung Sicilia Libera. Verhaftet 1995, seitdem Mitarbeiter der Justiz.

Caponnetto, Antonino. Geboren 1920 in Caltanissetta. 1954 Justilaufbahn, bewarb sich nach der Ermordung von Chinnici nach Palermo, gründete hier den »Pool Antimafia« (Leitung bis 1988). Gestorben 2002 in Florenz.

Caselli, Gian Carlo. Geboren 1939 in Alessandria. Justizlaufbahn, untersuchte in den 80er-Jahren in Turin terroristische Verbrechen (Brigate Rosse), 1993–99 Oberstaatsanwalt in Palermo, führte Anklage im Andreotti-Prozess, danach u. a. in Brüssel bei Eurojust, 2005 durch ein Gesetz ad personam von der Bewerbung als leitender Staatsanwalt der nationalen Antimafia-Behörde ausgeschlossen.

Cassisa, Salvatore. Geboren 1921 in Trapani. Erzbischof von Monreale 1978–1997. Mehrere Anklagen wegen Mafia-Verbrechen mussten fallen gelassen werden.

Cernigliaro, Salvatore. Leiter der Coop Solidaria, die in Palermo Angehörige von Mafia-Opfern betreut.

Chinnici, Rocco. Geboren 1925 in Misilmeri (PA). Justizlaufbahn, leitender Untersuchungsrichter von Palermo nach der Ermordung Terranovas, Vorgesetzter von Giovanni Falcone. Ermordet mit zweien seiner Leibwächter 1983 in Palermo.

Ciancimino, Vito. Geboren 1924 als Sohn eines Barbiers in Corleone. Techniker (Geometer). Karriere in der DC, 1959–64 Baudezernent von Palermo, 1970 für zwei Monate Bürgermeister von Palermo, 1984 verhaftet wegen Mitgliedschaft in der Mafia, 1985 Ausschluss aus der DC, nach 1992 angeblich Mittler für Verhandlungen zwischen Staat und Cosa Nostra, 2002 verurteilt in letzter Instanz zu 13 Jahren Haft, im November 2002 in seiner römischen Wohnung eines natürlichen Todes gestorben.

Ciotti, Luigi. Geboren 1945 in Pieve di Cadore (BL). 1972 in Turin zum Priester geweiht, Kardinal Pellegrino gab ihm »die Straße« als Pfarrgemeinde. Engagiert u. a. in der Antidrogen-Bewegung, Gründer des Gruppo Abele, Aktivist im Kampf gegen die Mafia, Gründer der Dachorganisation Libera.

Contorno, Salvatore. Geboren 1946 in Palermo. Von Beruf Schlachter, wurde mit 29 Jahren von der Familie Santa Maria di Gesù aufgenommen, im Zigarettenschmuggel und Drogenhandel aktiv, als Verbündeter von Bontate entkam er 1981 einem Anschlag der Corleonesen, die daraufhin über 30 Verwandte von ihm töteten. 1982 zum ersten Mal verhaftet, seit 1984 Mitarbeiter der Justizbehörden, komplettierte die Aussagen von Buscetta.

Cortese, Renato. Geboren 1964 in Catanzaro. Jurastudium. In der Polizei seit 1992, Leiter des Gruppo Duomo (Spezialeinheit zur Festnahme von Provenzano) bis 2006, zurzeit Kriminalrat bei der SCO, einer nationalen PS-Einheit in Rom.

Costa, Gaetano. Geboren in Caltanissetta 1916. Oberstaatsanwalt von Palermo, ermordet 1980 in Palermo, nachdem er 60 Anträge auf Haftbefehle gegen Mafiosi unterschrieben hatte (was seine untergebenen Staatsanwälte verweigert hatten).

Craxi, Bettino. Geboren 1934 in Mailand. Politiker des Partito Socialista Italiano (PSI), zweimal Ministerpräsident zwischen 1983 und 1987, im Finanz- und Korruptionsskandal »Mani pulite« zu 28 Jahren Haft verurteilt, 1994 Flucht nach Tunesien. Gestorben 2000 in Hammamet.

Cuffaro, Salvatore (»Totò«). Geboren 1958 in Raffadali (AG). Arzt (Radiologe) und Politiker in der Tradition der DC, 1994 Mitglied des Regionalparlaments, mehrfacher Wechsel zwischen linkem und rechtem Lager, 2001 als Kandidat einer Mitte-rechts-Koalition zum Regionalpräsidenten gewählt, Wiederwahl 2006, Rücktritt Februar 2008 nach Verurteilung in erster Instanz zu fünf Jahren Haft wegen Mafiakontakten; im April 2008 gewählt als Senator.

Dalla Chiesa, Alberto. Geboren 1920 in Saluzzo (CN). Carabinieri-Laufbahn bis zum General, Präfekt in Palermo ab Mai 1982, ermordet 3. 9. 1982 in Palermo.

De Caprio, Sergio. Carabinieri-Offizier (Deckname »Capitano Ultimo«), leitete die Festnahme von Riina 1993. Angeklagt wegen Unterstützung der Mafia (verzögerte Durchsuchung der Riina-Villa), freigesprochen 2006.

De Giorgi, Salvatore. Geboren 1930 in Vernole (Apulien). Kardinal und Erzbischof von Palermo 1996–2006.

Dell'Utri, Marcello. Geboren 1941 in Palermo. Jurastudium, Mitarbeiter von Silvio Berlusconi, organisierte den Aufbau der Forza Italia 1993. Mehrfach Abgeordneter, ab 2006 (wiedergewählt 2008) Senator der Forza Italia. Verurteilt in Turin in letzter Instanz zu zweieinhalb Jahren Haft wegen Finanzvergehen, 1984 in Palermo in erster Instanz zu neun Jahren wegen Unterstützung der Mafia von außen. In Mailand ist ein weiteres Verfahren wegen Erpressung anhängig.

Di Cara, Piergiorgio. Geboren 1967 in Palermo. Commissario Capo (Hauptkommissar) und Schriftsteller.1994–2001 Mitglied einer Spezialeinheit der Polizei zum Aufspüren flüchtiger Mafiosi (Verhaftung u. a. von Riina 1996), Autor mehrerer Kriminalromane.

Di Cristina, Giuseppe. Geboren 1923 in Riesi (CL). Capomafia seines Heimatorts, Verbündeter der Brüder Calderone aus Catania und Gegner der Corleonesen, 1977 Informant der Carabinieri, 1978 erschossen an einer Bushaltestelle in Palermo.

Di Maggio, Baldassare (»Balduccio«). Geboren in San Giuseppe Jato. Fahrer von Totò Riina, verhaftet Anfang Januar 1993, gab den entscheidenden

Hinweis zur Festnahme von Riina. Bezeugte das Treffen Andreotti/Riina im Herbst 1987, beging während seiner Zeit als Pentito weitere Straftraten, Abbruch der Vergünstigungen 1999, in Haft.

Di Matteo, Santino. Geboren in Altafonte (PA). Gehörte zum Clan der Corleonesen, bereitete u. a. den Anschlag auf Falcone vor. Verhaftet 1993, danach Mitarbeiter der Justizbehörden. Im Dezember 1993 wurde sein elfjähriger Sohn Giuseppe im Auftrag von Giovanni Brusca entführt und nach 779 Tagen Gefangenschaft erdrosselt. Der Körper des Jungen wurde in Salzsäure aufgelöst. Santino di Matteo lebt nach der Verbüßung einer Haftstrafe heute auf freiem Fuß in Altafonte.

Dickie, John. Historiker und Journalist. Unterrichtet italienische Geschichte an dem University College of London.

Dolci, Danilo. Geboren 1924 bei Triest. Soziologe, verließ nach dem Krieg die Universität und ging nach Sizilien. Beschreibung der Lebensverhältnisse durch Interviews mit der Bevölkerung, gewaltfreie Aktionen u. a. zum Bau eines Deiches im Jato-Tal, Antimafia-Aktivitäten, mehrfach verhaftet, Gründung einer Schuleinrichtung (mäeutische Methode) bei Partinico. Gestorben 1997 in Partinico.

Falcone, Giovanni. Geboren 1939 in Palermo. Amtsrichter, dann Untersuchungsrichter im Antimafia-Pool, bereitete zusammen mit Paolo Borsellino den ersten Mammutprozess 1986/87 vor, danach leitender Beamter im Justizministerium. Ermordet am 23. 5. 1992 in Capaci bei Palermo.

Fanfani, Amintore. Geboren 1908 in Pieve S. Stefano (AR), christdemokratischer Politiker, sechsmal Ministerpräsident zwischen 1954 und 1987, gestorben 1999 in Rom.

Fava, Giuseppe. Geboren 1925 in Palazzolo Acreide. Journalist, Schriftsteller (*»Ehrenwerte Leute«*) und Drehbuchautor (»Palermo oder Wolfsburg«). Machte die Verbindung vom Clan Santapaola und fünf Bauunternehmern sowie die Deckung durch die Lokalpolitik öffentlich. Ermordet im Januar 1984 in Catania.

Franchetti, Leopoldo. Geboren 1847 in Livorno. Liberaler Politiker und Intellektueller, Mediterranist und Förderer pädagogischer Einrichtungen (Montessori-Schulen). Zusammen mit Sonnino Autor einer ersten unabhängigen Untersuchung über die Mafia nach einer Reise durch Sizilien 1875/76. Gestorben 1917 in Rom.

Gambetta, Diego. Geboren 1952 in Turin, Soziologe in Oxford.

Garibaldi, Giuseppe. Geboren 1807 in Nizza. Politischer Abenteurer und Freiheitskämpfer in Südamerika und Italien (»Held zweier Welten«). Gab mit seinem »Zug der Tausend« der italienischen Einheitsbewegung entscheidende Impulse, als er 1860 Sizilien besetzte, wo er einige Monate als »Diktator« herrschte und schließlich das unteritalienische Festland von der Bourbonenherrschaft befreite. Gestorben 1882 auf Caprera (Sardinien).

Gelli, Licio. Geboren 1919 in Pistoia. Unternehmer und Organisator der Geheimloge P(ropaganda)2, die mit illegalen Methoden einen Plan zur »Wiedergeburt Italiens« verfolgte, entdeckt 1981, stellte sich nach der Flucht ins Ausland der italienischen Justiz, verurteilt zu mehreren Haftstrafen (u. a. wegen des Bankrotts der Ambrosiano-Bank Calvis), lebt zurzeit unter Hausarrest in der Toskana, Autor von rund zwei Dutzend Lyrikbüchern.

Genco Russo, Giuseppe. Geboren in Mussomeli (CL) 1893. Padrino von Mussomeli und wichtiger Vertreter der Cosa Nostra der Provinz Caltanissetta, »klassischer« Mafioso mit der Karriere vom Bauernsohn zum Landbesitzer, Vetreter der Democrazia Cristiana, Spitzname »Unsere Gina Lollobrigida«. Gestorben in seinem Heimatort 1976.

Giuffrè, Antonino (»Nino«). Geboren 1945 in Caccamo (PA), Spitzname Manuzza (»hässliches Händchen«), weil nach einem Jagdunfall seine rechte Hand verstümmelt blieb. Begann Mafia-Karriere als Kellner von Michele Greco, durch Hilfe Riinas Capomandamento von Caccamo-Bagheria, enger Mitarbeiter von Provenzano und Organisator seiner Fluchtbewegungen. Verhaftet im April 2002, seitdem Zusammenarbeit mit den Justizbehörden, bislang letzter wichtiger Pentito.

Gozzo, Domenico. Staatsanwalt, Mitglied der DDA (Direzione distrettuale antimafia) Palermo.

Grassi, Libero. Geboren 1924 in Catania. Umzug der Familie nach Palermo, unternehmerische Tätigkeiten im Raum Mailand, 1955 Heirat mit der Architektin Pina Maisano in Palermo, politische Aktivitäten in der Republikanischen Partei PRI, Aufbau einer Textilfabrik in Palermo, ab 1979 Drohungen durch die Mafia, weil Grassi Schutzgeldzahlungen verweigerte, Januar 1991 offener Brief gegen die Mafia, Auftritte im Fernsehen, erschossen im August 1991.

Grasso, Pietro. Geboren 1945 in Palermo. Leitender Staatsanwalt der zentralen Antimafia-Behörde DNA (Procuratore Nazionale Antimafia) und davor Oberstaatsanwalt von Palermo (1999–2005)

Graviano, Giuseppe. Zusammen mit seinem Bruder *Filippo* bis zur Festname 1997 Capomafia von Brancaccio. U.a. Auftraggeber für den Mord an Padre Puglisi.

Greco, Michele. Geboren 1924 in Palermo. Vertreter der weit verzweigten Blutsfamilie (Bagheria, Ciaculli und Palermo), Capofamiglia von Croceverdi-Giardini (Ciaculli), liebte den Umgang mit der Oberschicht Palermos, 1978 Chef der Kommission, Spitzname *il papa* (»der Papst«). Unterstützte die Corleonesen, u.a. Auftraggeber des Mordes an Chinnici. 1986 verhaftet, 2008 im Gefängnis (Rom) gestorben.

Guttadauro, Giuseppe. Chirurg, Nachfolger der Brüder Graviano als Capomafia von Brancaccio, hatte gute Beziehungen zur sizilianischen Regionalregierung, verhaftet 2002. Sein Bruder *Filippo* (verhaftet 2006) galt als Verbindungsmann zwischen Provenzano und Messina Denaro.

Ilardo, Luigi (»Gigi«). Capomafia aus der Provinz Caltanissetta. Wurde 1993 Informant der Carabinieri. Ermordet am Mai 1996 in Catania, kurz bevor er offiziell als Pentito ins staatliche Schutzprogramm aufgenommen werden konnte.

Impastato, Giuseppe (»Peppino«). Geboren 1948 in Cinisi. Der Vater und weitere Verwandte gehörten zum Mafia-Clan von Gaetano Badalamenti. Rebellierte als Jugendlicher gegen die Mafia, gründete u.a. einen Radiosender, von dem aus er den Badalamenti-Clan angriff, und kandidierte auf der Liste einer Linkspartei für den Gemeinderat. Während des Wahlkampfs in Cinisi im Mai 1978 entführt und ermordet, was als Selbstmord dargestellt wurde. Erst 2001 bzw. 2002 konnten die verantwortlichen Mafiosi (u.a. Badalamenti) wegen der Ermordung Impastatos verurteilt werden.

Ingroia, Antonio. Staatsanwalt, Schüler von Falcone und Borsellino, Mitglied der DDA (Direzione distrettuale antimafia) Palermo.

Inzerillo, Salvatore (»Totuccio«). Geboren 1944 in Palermo. Capomafia des Rigano-Clans, Cousin von Carlo Gambino (Boss der New Yorker Cosa Nostra), 1978 Mitglied der Kommission, verbündet mit Bontate. Erschossen von den Corleonesen in Palermo im Mai 1981.

La Barbera, Angelo. Geboren 1924 in Palermo. Capomandamento von Palermo-Mitte in den 50er- und 60er-Jahren. Unterlegen im ersten Mafia-Krieg gegen die Grecos und andere (Salvatore La Barbera, ein Bruder, wurde 1963 ermordet). Festgenommen 1964, gestorben im Gefängnis von Perugia 1975.

La Torre, Pio. Geboren in Palermo 1927. Mitglied der kommunistischen Partei, Abgeordneter von 1972 an, regte Antimafia-Gesetze wie das zur Enteignung von Mafia-Besitz an, 1981 Regionalvorsitzender des PCI in Sizilien. Ermordet 1982 zusammen mit seinem Fahrer Rosario Di Salvo.

Liggio (auch Leggio), Luciano (»Lucianeddu«). Geboren 1929 in Corleone. Löste sich von der Familie des Michele Navarra, den er 1958 ermordete. Capo des Clans der Corleonesen. Verhaftet 1974, gestorben 1993 in einem Gefängnis auf Sardinien.

Lima, Salvatore (»Salvo«). Geboren 1928 in Palermo. Jurastudium, politische Karriere in der DC, zusammen mit Ciancimino verantwortlich für die Betonisierung der Stadt im Bauboom der 60er-Jahre, Bürgermeister von Palermo 1959–63 und 1965–68, später Abgeordneter zunächst in Rom und dann in Straßburg. Verbindungsmann zu Giulio Andreotti. Erschossen im Auftrag Riinas im März 1992.

Lipari, Giuseppe (»Pino«). Geboren 1935 in Campofiorito, Techniker des ANAS (staatliches Straßenbauamt), Finanzberater der Cosa Nostra, zunächst von Badalamenti, dann von Riina und vor allem von Provenzano. Verurteilt im ersten Mammutprozess, in den 90er-Jahren wieder auf freiem Fuß (zuletzt »Minister für öffentliche Arbeiten« der Cosa Nostra), wieder verhaftet 1997, zwei Jahre später erneut frei, abermals verhaftet im Januar 2002, zurzeit im Gefängnis.

Lo Bianco, Giuseppe. Geboren 1960 in Palermo. Journalist u. a. für die Nachrichtenagentur ANSA und für *L'Espresso.*

Lo Bue, Giuseppe. Geboren 1978 in Corleone. Arbeitskollege von Angelo Provenzano, verheiratet mit einer Nichte von Bernardo Provenzano, zusammen mit seinem Vater Calogero wichtiger Kontaktmann in der Kette zum letzten Versteck des Padrino. Verhaftet 2006.

Lo Piccolo, Salvatore. Geboren 1942 in Palermo. Maßgeblicher Capomandamento von Palermo-West (Tommaso Natale und San Lorenzo) mit Einflussbereich bis nach Capaci und Cinisi (Mandamento Resuttana). Gute USA-Beziehungen, näherte sich in den 90er-Jahren Provenzano an, stand jedoch in Kontrast zu traditionellen Corleonesen-Anhängern wie Antonio Rotolo. Nach 23 Jahren im Untergrund zusammen mit seinem Sohn Sandro (geboren 1975) im November 2007 verhaftet. Galt als möglicher Nachfolger Provenzanos in Konkurrenz zu Matteo Messina Denaro.

Lo Verso, Girolamo. Psychologe, unterrichtet an der Universität Palermo.

Lodato, Saverio. Journalist in Palermo für die Tageszeitung *l'Unità.*

Luciano (eigentl. Lucania), Salvatore Charles (»Lucky«). Geboren 1887 in Lercara Friddi (PA). Nach der Auswanderung in die USA Karriere bis an die Spitze der amerikanischen Cosa Nostra. Angebliche Zusammenarbeit mit der CIA zur Vorbereitung der Landung der Alliierten auf Sizilien 1943. Von den USA ausgewiesen nach Italien, organisierte die Zusammenarbeit zwischen der sizilianischen Mafia und der neapolitanischen Camorra. Gestorben 1962 in Neapel.

Lupo, Salvatore. Historiker, Universität Palermo.

Mangano, Vittorio. Geboren 1940 in Palermo. Ehrenmann der Familie Palermo-Porta Nuova, 1973–75 Stallmeister der Berlusconi-Villa in Arcore bei Mailand, 1995 festgenommen und verurteilt wegen Mordes. Gestorben 2000 im Gefängnis von Palermo.

Maniaci, Giuseppe. Leiter des TV-Senders Telejato in Partinico.

Mannoia, Francesco Marino. Geboren in Palermo 1951. Spitzname *Mozzarella* oder *il Chimico* (»der Chemiker«). Betrieb zunächst für Bontate eine große Heroinraffinerie, wechselte dann zu den siegreichen Corleonesen. Nach der Verhaftung 1989 Zusammenarbeit mit den Justizbehörden, aus Rache wurden seine Mutter, seine Schwester und seine Tante ermordet. Hauptzeuge im Andreotti-Prozess. Lebt heute mit seiner Familie unter dem Schutz des FBI in den USA.

Marasà, Francesco. Rechtsanwalt, war Verteidiger u. a. von Mafiosi wie Vittorio Mangano, wurde selbst wegen Mitarbeit von außen zugunsten der Mafia angeklagt, jedoch 2002 freigesprochen. Seit 2006 gesetzlicher Vertreter von Bernardo Provenzano.

Marchese, Vincenzina. Heiratete Leoluca Bagarella 1991. Als ihr Bruder Pino Marchese 1992 festgenommen und reuiger Mitarbeiter der Justiz wurde, nahm sie sich aus Scham das Leben.

Martelli, Claudio. Geboren 1943 in Gessate (MI). Politiker des PSI, enger Mitarbeiter von Bettino Craxi, 1989 stellvertretender Ministerpräsident unter Andreotti, 1991 Justizminister. Wurde im Finanz- und Korruptionsskandal »Mani pulite« verurteilt, anschließend kurzfristig Europaparlamentarier, Rücktritt von der Politik 2005, arbeitet als Journalist.

Mattarella, Piersanti. Geboren 1935 in Castellammare del Golfo (PA). Christdemokratischer Politiker, Präsident der Region Sizilien von 1978 bis zu seiner Ermordung durch die Mafia im Januar 1980 in Palermo.

Messina, Maria Filippa. Geboren 1965. Nach der Verhaftung ihres Mannes Antonino Ciutorino 1992 Capomafia einer Familie in Calatabiano (CT), verhaftet 1995, verurteilt zu 8 Jahren Haft, war bislang die einzige Frau, die unter erschwerten Haftbedingungen (§ 41 b) gefangen gehalten wurde.

Messina, Pietro. Journalist in Palermo, Mitarbeiter u. a. der geopolitischen Zeitschrift *Limes.*

Messina Denaro, Matteo. Geboren 1962 in Castelvetrano (TP). Der Vater Francesco M. D. (gestorben 1998 im Untergrund) galt als Mafia-Patriarch des Ortes. Matteo, seit 1994 mit Haftbefehl gesucht, hat eine Blitzkarriere vom Killer zum Geschäftsmann (im Bereich öffentliche Aufträge, aber auch Drogenhandel u. a.) hinter sich, Capomandamento von Trapani, wegen USA-Verbindungen »Außenminister der Cosa Nostra« genannt. Liebt schnelle Autos und schöne Frauen, ein Zögling von Provenzano und ein möglicher Nachfolger.

Messineo, Francesco. Geboren 1946 in Palermo. Jurist. Seit dem Juli 2006 Oberstaatsanwalt von Palermo, Nachfolger von Pietro Grasso.

Miceli, Domenico (»Mimmo«). Geboren 1965 in Palermo. Arzt und Politiker. 1993 zum ersten Mal in das Stadtparlament von Palermo gewählt, 2001 Assessor (Stadtrat) für Gesundheitspolitik, Rücktritt 2003 und Verhaftung wegen Mitarbeit von außen mit der Mafia. Nach einem Urteil (erste Instanz 2006) Verbindungsmann zwischen Cosa Nostra und christdemokratischen Kreisen um den ehemaligen Regionalpräsidenten Totò Cuffaro.

Mori, Cesare. Geboren in Pavia 1871. Karriere bis zum Polizeipräsidenten u. a. in Turin und Trapani. Ab 1925 Präfekt von Palermo, bekämpfte mit teilweise illegalen Mitteln die Mafia, 1929 abberufen und Ernennung zum Senator. Gestorben in Udine 1942.

Mori, Mario. Geboren 1939 in Postumia bei Triest. Carabinieri-Offizier, 1992/93 Leiter der Spezialeinheit ROS, führte 1992 Gespräche mit Ciancimino, zuletzt (2001/2006) Direktor des zivilen Geheimdienstes SISDE. Angeklagt wegen Unterstützung der Mafia (verzögerte Durchsuchung der Riina-Villa), freigesprochen 2006.

Natoli, Luigi. Geboren 1857 in Palermo. Journalist und Schriftsteller (*»I Beati Paoli«*). Gestorben 1941 in Palermo.

Navarra, Michele. Geboren 1905 in Corleone, Arzt und Chef des Krankenhauses, Padrino des lokalen Mafia-Clans, den er ab 1943 aufbaute, verantwortlich für Dutzende von Ermordungen, mehrfach durch den italienischen Staat ausgezeichnet, erschossen von Luciano Liggio in Corleone 1958.

Notarbartolo, Emanuele. Geboren 1834 in Palermo. Marchese di Sangiovanni. Ausbildung in Paris und London. Großgrundbesitzer und rechtsliberaler Politiker, Bürgermeister von Palermo 1873–76, anschließend Gouverneur des Banco di Sicilia. 1882 von der Mafia entführt und wieder freigelassen. Ermordet 1893 im Zug von Termini Imerese nach Palermo im Auftrag der Mafia.

Oliva, Ernesto. Journalist in Palermo für die RAI.

Orlando, Leoluca. Geboren 1947 in Palermo. Nach Jurastudium u. a. in Heidelberg Professor für öffentliches Recht. 1978–80 jur. Berater von Piersanti Mattarella bis zu dessen Ermordung. Bürgermeister von Palermo 1985–90 und 1993–2000, außerdem Europaabgeordneter. Unterlegen bei den Wahlen zum Regionalpräsidenten von Sizilien 2001 und zum Bürgermeister von Palermo 2007. Gründer und Leiter des Istituto per il Rinascimento Siciliano, zurzeit Parlamentsabgeordneter.

Palazzolo, Saveria Benedetta. Geboren 1945 in Cinisi (PA), Lebensgefährtin von Bernardo Provenzano, ging 1973 in den Untergrund, brachte zwei Kinder, Angelo (geboren 1976) und Francesco Paolo (1983), zur Welt und lebt seit 1992 zurückgezogen in Corleone.

Palazzolo, Salvo. Journalist der Tageszeitung *la Repubblica* und anderer Medien in Palermo.

Palizzolo, Raffaele. Stadtrat von Palermo in den 70er-Jahren des 19. Jhs., hohe Stellungen in regionalen Unternehmen (u. a. Banco di Sicilia), Parlamentsabgeordneter, verbunden mit der Mafia-cosca von Villabate, 1899 Entzug der parlamentarischen Immunität und angeklagt wegen Anstiftung zum Mord an Notarbartolo, 1904 in letzter Instanz freigesprochen, 1908 Amerikabesuch, kurz darauf in Palermo gestorben.

Pappalardo, Salvatore. Geboren 1918 in Villafranca Sicula (AG). Kardinal und Erzbischof von Palermo 1970–96. Gestorben in Palermo 2006.

Parisi, Calogero. Leiter der Coop Lavoro e non solo auf ehemaligem Mafia-Besitz in Corleone und Umgebung.

Paternostro, Dino. Gewerkschaftssekretär der CGIL in Corleone. Journalist und Autor

Prestipino, Michele. Staatsanwalt, Mitglied der DDA (Direzione distrettuale Antimafia) Palermo, entscheidend beteiligt beim Aufspüren des letzten Verstecks von Provenzano und dessen Festnahme.

Provenzano, Bernardo (»Binnu«). Geboren 1933 in Corleone. Laufbahn vom Killer bis zum Padrino (1995 als Nachfolger von Leoluca Bagarella). Brachte die Cosa Nostra mit einer »Pax mafiosa« aus den Schlagzeilen. Lebte, von der Polizei gesucht, 43 Jahre im Untergrund. Verhaftet am 11. 4. 2006, zuzeit im Hochsichrheitstrakt des Gefängnisses von Terni (Umbrien) sowie in Novara (Piemont).

Provenzano, Simone. Bruder von Bernardo. Arbeitete viel im Ausland. 1967 stöberte ihn Interpol in der Schweiz auf, weil er in Italien wegen verschiedener Anklagen in Zusammenhang mit der Mafia gesucht wurde, doch die Ermittlungen wurden eingestellt. Lebte danach viele Jahre als Gastarbeiter in Willich bei Düsseldorf und kehrte Ende 2005 zurück nach Corleone.

Puglisi, Giuseppe (»Pino«). Geboren 1937 in Palermo. Priesterweihe 1960. 1991 Gemeindepfarrer in Brancaccio, ermordet am 15. 9. 1993 in Palermo.

Puzo, Mario. Geboren 1920 als Sohn italienischer Einwanderer in New York. Schriftsteller. Gestorben 1999 in Long Island.

Ribaudo, Giacomo. Priester in Palermo (Chiesa della Magione) und in der Antimafia engagiert, leitet außerdem das kleine katholische TV-Network Teleregina.

Riina, Bernardo. Kontaktmann zum letzten Versteck von Provenzano, nicht verwandt mit Totò Riina, gründete im Januar 2006 ein Unternehmen in den USA. Verhaftet April 2006.

Riina, Salvatore (»Totò«). Geboren 1930 in Corleone. Nachfolger von Liggio an der Spitze der Corleonesen, Chef der Cosa Nostra, verantwortlich für die Gewaltwelle der 80er- und 90er-Jahre, festgenommen im Januar 1993, zurzeit in Opera (bei Mailand) in Haft.

Rizza, Sandra. Geboren 1962 in Palermo. Journalistin der Nachrichtenagentur ANSA.

Rizzotto, Placido. Geboren 1914 in Corleone, im antifaschistischen Widerstand aktiv, Gewerkschaftsführer, ermordet 1948 von Luciano Liggio.

Rotolo, Antonino. Geboren 1941 in Palermo. Capomandamento von Palermo-Paglierelli, eingesetzt von Provenzano. Verhaftet 2006.

Ruffini, Ernesto. Geboren 1888 in San Benedetto Po (Lombardei). Kardinal und Erzbischof von Palermo 1945–70. Gestorben 1976 in Palermo.

Russo, Angela. Geboren 1908 in Palermo. Spitzname *nonna eroina* (»Heroinoma«). Organisierte Drogenhandel. Festgenommen 1982.

Salvo, Antonino (»Nino«). Stammte wie sein Cousin *Ignazio* (dessen Vater Capomafia von Salemi war) aus der Provinz Trapani. Zusammen mit Ignazio Betreiber einer privaten Gesellschaft zur staatlichen Steuererhebung, Aufstieg in die Klasse der Superreichen Siziliens. Mitglieder der Mafia und enge Beziehungen zur Regionalpolitik. In Palermo verbündet mit dem Bontate-Clan, was ihnen die Feindschaft der Corleonesen einbrachte. Kontakte mit Andreotti. 1984 zum ersten Mal verhaftet. Nino starb 1986 in Bellinzona (Tessin) eines natürlichen Todes, Ignazio wurde 1992 von einem Mafia-Kommando unter der Führung von Giovanni Brusca ermordet.

Sangiorgi, Ermanno. Stammte aus der Emilia-Romagna. Polizeipräsident von Palermo für einige Jahre von 1898 an. Verfasser mehrerer Berichte, in der die Struktur der Mafia geschildert wird, wie sie Buscetta 70 Jahre später bestätigt

Santapaola, Benedetto (»Nitto«). Geboren 1938 in Catania. Wuchs auf einer Schule der Salesianer auf, schloss sich aber bald der Mafia an. Verbündete sich in den 70er-Jahren mit den Corleonesen und schaltete in Catania die bis dahin führende Gruppe um Giuseppe Calderone (ermordet 1978) aus, dessen Bruder und Stellvertreter Antonino flüchten konnte. Unter Santapaolas blutigem Regime wurde u. a. der Journalist Giuseppe Fava ermordet. Seit seiner Festnahme 1993 in Haft.

Santino, Umberto. Soziologe. Gründer und Leiter des Centro Siciliano Impastato (CDS) in Palermo zur Erforschung und Dokumentation der Mafia.

Sciascia, Leonardo. Geboren 1921 in Racalmuto (AG), Schriftsteller. 1979–83 als Unabhängiger Abgeordneter auf einer Liste des Partito Radicale. Gestorben 1989 in Palermo.

Siino, Angelo. Geboren 1944 in San Giuseppe Jato. Sammt aus wohlhabenden Verhältnissen, Mitglied der DC, Freimaurer, stand zunächst Stefano Bontate nahe, dann aus alter Freundschaft zur Familie Brusca den Corleonesen, organisierte für Riina das Geschäft der öffentlichen Ausschreibungen (»System Siino«). 1991 zum ersten Mal verhaftet, 1995 auf freiem Fuß, 1997 wieder verhaftet und seitdem Mitarbeiter der Justizbehörden.

Sonnino, Sidney. Geboren 1847 in Pisa. Diplomat und Politiker, zusammen mit Franchetti Autor einer ersten unabhängigen Untersuchung über die Mafia nach einer Reise durch Sizilien 1875/76, später kurzfristig Ministerpräsident und Außenminister. Gestorben 1922 in Rom.

Spera, Bernardo. Geboren 1933, Capomandamento von Belmonte Mezzagno (PA), enger Vertrauter von Provenzano, untergetaucht 1993, verhaftet 2001.

Terranova, Cesare. Geboren 1921 in Palermo. Justizlaufbahn und Abgeordneter der kommunistischen Partei, führte 1974 als Staatsanwalt Anklage im Prozess gegen Luciano Liggio, 1979 leitender Untersuchungsrichter in Palermo. Ermordet im September 1979 in Palermo.

Tomasi di Lampedusa, Giuseppe. Geboren 1896 in Palermo. Fürst von Lampedusa, Herzog von Palma e Montechiaro, Schriftsteller (*»Der Leopard«*). Gestorben 1957 in Palermo.

Turrisi Colonna, Nicolò. Geboren 1817 in Palermo. Baron und Großgrundbesitzer, Bruder der Lyrikerin Giuseppina und der Malerin Annetta. Garibaldi ernannte ihn 1860 zum Befehlshaber der Nationalgarde von Palermo, später Senator des Reichs, in den 1880er-Jahren zweimal Bürgermeister von Palermo, verfasste 1864 eine Studie über die »Öffentliche Sicherheit von Palermo«, eine der ersten Analysen der Mafia. Gestorben 1889 in Palermo.

Vitale, Leonardo. Geboren 1941 in Palermo. Mitglied der Familie von Altarello di Baida, 1972 verhaftet, 1973 wieder auf freiem Fuß, stellte sich kurz darauf den Carabinieri, um aus einer psychischen Krise heraus grundlegende Aussagen über die Mafia zu machen. Einweisung in ein Irrenhaus bei Messina. Kurz nach seiner Freilassung im Dezember 1984 in Palermo erschossen.

Vizzini, Calogero (»Don Calò«). Geboren 1877 in Villalba (PA). Halbanalphabet, unter dem Faschismus wegen Mafia-Beziehungen in der Verbannung, von der alliierten Militärverwaltung 1943 als Bürgermeister eingesetzt, gute Beziehungen zur Kirche. Einer der angesehensten Mafiosi, gründete zusammen mit Lucky Luciano eine Süßwarenfabrik, häufte in den letzten zehn Jahren seines Lebens ein Vermögen von mehreren Milliarden Lire (umgerechnet mehrere Millionen Euro) an. Gestorben 1954 in Villalba.

Zingales, Leone. In Palermo Journalist der Tageszeitung *La Sicilia* und der Nachrichtenagentur AGI.

Quellen und Literatur allgemein

a) Gespräche des Autors mit

Roberto Alajmo (Schriftsteller), Palermo, April 2007
Renato Cortese (Polizist), Rom, Februar 2007
Piergiorgio Di Cara (Polizist), Palermo, Februar 2007
Giovanni Falcone (Untersuchungsrichter), Palermo, April 1988.
Pietro Grasso (Staatsanwalt), Rom, Februar 2007
Giovanni Impastato (Aktivist Antimafia), Cinisi, Februar 2007
Antonio Ingroia (Staatsanwalt), Palermo, Dezember 2005/September 2006
Girolamo Lo Verso (Psychologe), Palermo, Dezember 2005
Salvatore Lupo (Historiker), Palermo, Januar 2007
Donato Masciandaro (Wirtschaftswissenschaftler), Mailand, Dezember 2005
Dino Paternostro (Gewerkschafter), Corleone, September 2006
Michele Prestipino (Staatsanwalt), Palermo, Januar 2007/Mailand, März 2007
Leoluca Orlando (Politiker), Palermo, November 2005
Umberto Santino (Soziologe und Historiker), Palermo, Dezember 2005,
  sowie September 2006
Leonardo Sciascia (Schriftsteller), Recalmuto, April 1988

b) Literatur allgemein

John Dickie: Cosa Nostra – Die Geschichte der Mafia. S. Fischer, Frankfurt/
  Main 2006
Giovanni Falcone, Marcelle Padovani: Inside Mafia. Herbig, München 1992
Diego Gambetta: La mafia siciliana. Einaudi, Torino 1992. Deutsch: Die
  Firma des Paten – Die sizilianische Mafia und ihre Geschäftspraktiken. dtv,
  München 1993
Saverio Lodato: Venticinque anni di mafia – C'era una volta la lotta alla ma-
  fia. Rizzoli, Milano, terza edizione 2004
Salvatore Lupo: Storia della mafia. Donzelli Editore, Roma 1996. Deutsch:
  Die Geschichte der Mafia, Albatros, Düsseldorf 2005.
Ernesto Oliva, Salvo Palazzolo: Bernardo Provenzano – Il ragioniere di Cosa
  nostra. Rubbettino, Soveria Mannelli/CZ 2006
Umberto Santino: Storia del movimento antimafia – Dalla lotta di classe
  all'impegno civile. Editori Riuniti, Roma 2000

Literaturhinweise zu den einzelnen Kapiteln

Einleitung

Roberto Alajmo: Palermo è una cipolla. Laterza, Bari/Roma 2005. Deutsch: Palermo sehen und sterben. Hanser, München 2007

Enrico Bellavia, Silvana Mazzocchi: Iddu – La cattura di Bernardo Provenzano. Baldini Castoldi Dalai, Milano 2006

Henning Klüver: Gebrauchsanweisung für Italien. Piper, München, 2002

–: Sizilien. Merian Super Reisen. Gräfe und Unzer, München 1992

Limes, Rivista italiana di geopolitica – Come mafia comanda. Gruppo Editoriale L'Espresso, Roma, No 2/2005

Mario Puzo: Der Pate. Rowohlt, Reinbek bei Hamburg, Neuausgabe 2001

Roberto Saviano: Gomorra. Viaggio nell'impero economico e nel sogno di dominio della camorra. Mondadori, Milano 2006. Deutsch: Gomorrha. Reise in das Reich der Camorra. Hanser, München 2007

Leonardo Sciascia: »Sicilia e sicilitudine«. In: La corda pazza – Scrittori e cose della Sicilia. Einaudi, Torino 1982. Deutsch in: Mein Sizilien. Wagenbach, Berlin 1995

Außerdem: http://www.narcomafie.it

1. Die Spur der Wäsche: Jagdszenen in Corleone

Marco Amenta: Il fantasma di Corleone (Buch plus DVD). Rizzoli, Milano 2006

Enrico Bellavia, Silvana Mazzocchi: Iddu – La cattura di Bernardo Provenzano, a. a. O. (siehe Einleitung)

Danilo Dolci: Spreco. Einaudi, Torino 1962. Deutsch: Vergeudung. EVZ-Verlag, Zürich 1965

Antonio D'Orrico: »Gita a Corleone«. In: *Corriere della Sera magazine*. RCS, Milano, 6. 6. 2006

Saverio Lodato: Dall'altare contro la mafia – Inchiesta sulle chiese di frontiera. Rizzoli, Milano 1994

Dino Paternostro: »Un delitto politico-mafioso – Senza colpevoli«. In: *narcomafie* No. 3/2007. Editori Gruppo Abele Periodici, Torino

Außerdem: http://www.cittanuove-corleone.it

2. Leichen pflastern ihren Weg: Eine ganz aktuelle Geschichte

Sandro Attanasio: Gli anni della rabbia – Sicilia 1943–1947. Mursia, Milano 1984

Joseph Bonanno: Uomo d'onore. Mondadori, Milano 1983

Leopoldo Franchetti: Condizioni politiche e amministrative della Sicilia. Firenze 1877, Neuauflage: Donzelli, Rom 2000

–: Politica e mafia in Sicilia – Gli inediti del 1876. Bibliopolis, Roma 1995

Lucio Galluzzo: Tommaso Buscetta – L'uomo che tradì se stesso. Musumeci, Aosta 1984. Deutsch: Das gebrochene Schweigen – Tommaso Buscetta, Mafia-Capo und Verräter. Jugend und Volk, München 1985

Friederike Hausmann: Garibaldi – Die Geschichte eines Abenteurers, der Italien zur Einheit verhalf. Wagenbach, Berlin 2005

Peter Kammerer: »Gründerjahre und mehr über die Herren Peachum und Mackeath«. In: Peter O. Chotjewitz: Malavita – Mafia zwischen gestern und morgen. Kiepenheuer & Witsch, Köln 1984

Martin Kehr: Der sizilianische Separatismus. Reimer Verlag, Berlin 1984

Luigi Malerba: Le galline pensierose. Einaudi, Torino 1969. Deutsch: Die nachdenklichen Hühner. Wagenbach, Berlin 1984

Giuseppe Carlo Marino: I padrini. Newton Compton editori, Roma 2001

Michele Pantaleone: Mafia e politica. Einaudi, Torino 1978

Sidney Sonnino: I contadini in Sicilia. Firenze 1877. Neuauflage: Vallecchi, Firenze 1974

Giuseppe Tomasi di Lampedusa: Il Gattopardo. Feltrinelli, Milano 1956. Deutsch: Der Leopard. Piper, München 1965

Sebastiano Vassalli: Il cigno. Einaudi, Torino 1996. Deutsch: Der Schwan. Piper, München 1996

3. Lehrjahre eines Padrino: Die Provenzano-Story (I)

Pino Arlacchi: Gli uomini del disonore – La mafia siciliana nella vita del grande pentito Antonino Calderone. Mondadori, Milano 1992. Deutsch: Mafia von innen – Das Leben des Don Antonino Calderone. S. Fischer, Frankfurt/Main 1993

Joseph Bonanno: Uomo d'onore, a. a. O. (siehe Kapitel 2)

Giorgio Chinnici, Umberto Santino: L'omicidio a Palermo e provincia. CDS, Palermo 1986

Pietro Grasso, Francesco La Licata: Pizzini, veleni e cicoria – La mafia prima e dopo Provenzano. Feltrinelli, Milano 2007

Henner Hess: Mafia – Zentrale Herrschaft und lokale Gegenmacht. J. C. B. Mohr, Tübingen 1970

Giuseppe Carlo Marino: I padrini – Fatti, segreti, e testimonianze di Cosa Nostra attraverso le sconcertanti biografie dei suoi protagonisti. Newton Compton editori, Roma 2001

Saverio Lodato: Ho ucciso Giovanni Falcone – La confessione di Giovanni Brusca. Mondadori, Milano 1999

–: La mafia ha vinto – Intervista con Tommaso Buscetta. Mondadori, Milano 1999

Leone Zingales: Il padrino ultimo atto – Dalla cattura di Provenzano alla nuova mafia. Alberti editore, Reggio Emilia 2006

Außerdem:

http://www.bernardoprovenzano.net

4. »Pax mafiosa«: Die Provenzano-Story (II)

Enrico Bellavia, Salvo Palazzolo: Voglia di mafia – Le metamorfosi di Cosa nostra da Capaci a oggi. Carocci, Roma 2004

Gian Carlo Caselli, Antonio Ingroia (a cura di Maurizio De Luca): L'eredità scomoda – Da Falcone ad Andreotti sette anni a Palermo. Feltrinelli, Milano 2001

Henner Hess: Mafia – Zentrale Herrschaft und lokale Gegenmacht, a. a. O. (siehe Kapitel 3)

Henning Klüver: »Feinde der Freunde. Nach den Monsterprozessen muss sich die Mafia neu organisieren«. In: Profil, Nr. 31/1988, Wien

Salvo Palazzolo, Michele Prestipino: Il codice Provenzano. Laterza, Bari/Roma 2007

Alberto Vannucci: »La ›governance‹ mafiosa della corruzione – Dal sistema degli appalti agli scambi politici«. In: http://www.sispe.it (Società Italiana di Scienze Politiche), Catania 2006

Leone Zingales: Il padrino ultimo atto – Dalla cattura di Provenzano alla nuova mafia, a. a. O. (siehe Kapitel 3)

5. Der heilige Schwur: Die Mafia intern

Pino Arlacchi: Mafia von innen – Das Leben des Don Antonino Calderone, a. a. O. (siehe Kapitel 3)

Alessandra Dino: La mafia devota. Chiesa, religione, Cosa Nostra. Laterza, Bari/Roma 2008

Pietro Grasso, Francesco La Licata: Pizzini, veleni, cicoria – La Mafia prima e dopo Provenzano. Prefazione di Emanuele Macaluso, a. a. O. (siehe Kapitel 3)

Saverio Lodato: Dall'altare contro la mafia, a.a.O. (siehe Kapitel 1)

Girolamo Lo Verso (Hrsg.): La Mafia dentro – Psicologia e psicopatologia di un fondamentalismo. Franco Angeli, Milano 2002

Luigi Natoli: Der Bastard von Palermo – Der Roman der Beati Paoli. Mit einem Nachwort von Umberto Eco. Aufbau Verlag, Berlin 1996

Anna Puglisi: Donne, mafia e antimafia – Quaderno del Centro Impastato Palermo. Di Gerolamo, Trapani 2005

Sandra Rizza: Una ragazza contro la mafia – Rita Atria, morte per solitudine. La Luna Edizioni, Palermo 1993. Deutsch: Ein Mädchen gegen die Mafia. dtv, München 1994

Außerdem:

http://www.ritaatria.it

6. Der verräterische Kuss: Mafia und Politik

Pino Arlacchi: Mafia von innen – Das Leben des Don Antonino Calderone, a. a. O. (siehe Kapitel 3)

Gian Carlo Caselli, Antonio Ingroia: L'eredità scomoda, a. a. O. (siehe Kapitel 4)

Francesco Forgione: Amici come prima – Storie di mafia e politica nella Seconda Repubblica. Editori Riuniti, Roma 2004

Pietro Grasso, Francesco La Licata: Pizzini, veleni, cicoria – La Mafia prima e dopo Provenzano, a. a. O. (siehe Kapitel 3)

Giuseppe Lo Bianco, Sandra Rizza: Il gioco grande – Ipotesi su Provenzano. Editori Riuniti, Roma 2006

Salvatore Lupo: Che cos 'è la mafia – Sciascia e Andreotti, l'antimafia e la politica. Donzelli editore, Roma 2007

Peter Müller: Die Mafia in der Politik. Verlag C.H. Beck, München 1990

Michele Pantaleone: Mafia e politica, a. a. O. (siehe Kapitel 2)

Alberto Vannucci: »La ›governance‹ mafiosa della corruzione – Dal sistema degli appalti agli scambi politici«, a. a. O. (siehe Kapitel 4)

7. Allein gegen die Mafia? – Justiz und Polizei

Antonino Caponnetto: I miei giorni a Palermo – Storie di mafia e giustizia raccontato a Saverio Lodato. Garzanti, Milano 1992

Gian Carlo Caselli, Antonio Ingroia: L'eredità scomoda, a. a. O. (siehe Kapitel 4)

Piergiorgio Di Cara: Isola Nera. edizioni e/o, Roma 2002. Deutsch: Schwarzer Sand. Goldmann, München 2004

–: L'anima in Spalla. Edizioni e/o, Roma 2004

Pietro Grasso, Francesco La Licata: Pizzini, veleni, cicoria. La Mafia prima e dopo Provenzano, a. a. O. (siehe Kapitel 3)

Gruppo Abele: Dalla mafia allo Stato – I pentiti: analisi e storie. EGA Editore, Torino 2005

Pio La Torre: Le ragioni di una vita. De Donato, Palermo 1982

Außerdem:

http://www.fondazionechinnici.it

http://www.digilander.libero.it/inmemoria/pool_antimafia.htm

http://www.antoninocaponnetto.it

8. »Addiopizzo« und roter Wein: Zivilgesellschaft und Antimafia

Felicia Bartolotta Impastato: La mafia in casa mia – Intervista a cura di Anna Puglisi e Umberto Santino. La Luna, Palermo 2003

Felice Cavallaro: Il modello mafioso e la società globale. Manifestolibri, Roma 2004

Danilo Dolci: Spreco, a. a. O. (siehe Kapitel 1)

–: Banditi a Partinico. G. Laterza, Bari 1955. Deutsch: Banditen in Partinico. Walter Verlag, Olten 1962

–: Inchiesta a Palermo. Einaudi, Torino 1957. Deutsch: Umfrage in Palermo. Walter Verlag, Olten 1959

Eva Gründel, Heinz Tomek: Richtig Reisen Sizilien. DuMont Buchverlag, Köln 1987 (3. Auflage 1997)

Leopoldo Franchetti: Condizioni politiche e amministrative della Sicilia a. a. O. (siehe Kapitel 2)

Giuseppe Impastato: Lunga è la notte – Poesie, scritti, documenti. A cura di Umberto Santino. csd quaderni, Palermo 2006

Barbara Müller: Danilo Dolci – Gewaltfrei für soziale Gerechtigkeit. In: http://www.friedenskooperative.de

Leoluca Orlando: »La nuova antimafia«. In: Come mafia comanda. Limes, a. a. O. (siehe Einleitung)

–: Der sizilianische Karren – Geschichten. Amman, Zürich 2004

–: Ich sollte der nächste sein. Zivilcourage – die Chance gegen Korruption und Terror. Herder, Freiburg i. Brsg. 2002

Umberto Santino: La borghesia mafiosa – Materiali di un percorso d'analisi. csd quaderni, Palermo 1994

–: Oltre la legalità – Appunti per un programma di lavoro in terra di mafie. csd appunti, Palermo, terza edizione 2002

Außerdem:

http://www.addiopizzo.org

http://www.camera.it/_bicamerali/antimafia/home.htm

http://www.centroimpastato.it

http:// www. danilo1970.interfree.it/dolci.html

http://www.libera.it

http://www.nandodallachiesa.it

http://www.solidariaweb.org

Nachwort: Der letzte Pate?

Antimafia Duemila: Informazioni su Cosa Nostra e organizzazioni criminali connesse. Sant'Elpidio a Mare (AP), No 2/2007

Attilio Bolzoni, Giuseppe D'Avanzo: »La riconquista dell'America è la nuova sfida di Cosa Nostra«. In: La Repubblica, Rom, 12. 7. 2007

Limes, Rivista italiana di geopolitica: Come mafia comanda, a. a. O. (siehe Einleitung)

Giuseppe Lo Bianco, Sandra Rizza: Il gioco grande, a. a. O. (siehe Kapitel 6)

Saverio Lodato: Dall'altare contro la mafia, a. a. O. (siehe Kapitel 1)

–: La mafia ha vinto. Intervista con Tommaso Buscetta, a. a. O. (siehe Kapitel 3)

Narcomafie. Mensile di legalità, diritti, cittadinanza. Torino, No 1/2008

Roberto Scarpinato: »Bernardo Provenzano e le armi di distrazione di massa«. In: *MicroMega.* Gruppo Editoriale L'Espresso, Roma No 3/2005

Umberto Santino: »Borghesia mafiosa e società contemporanea«. Vortrag auf der Tagung »Mafia e potere« der Magistratura Democratica, Palermo 2005. In: http://www.centroimpastato.it

Personenregister

Orts- und Sachregister

279

DNA siehe Direzione generale
   antimafia
»Drei Finger« siehe Personen-
   register, Coppola, Frank
Drogen(/-handel/-händler/
   -geschäft) 23 f., 67, 71 ff., 78,
   91, 97 ff., 101, 110, 117, 142,
   145, 149 f., 166, 180, 189,
   192, 215 f., 243
DS siehe Mehrheitsflügel, sozial-
   demokratischer

Ehebruch 58, 139
Ehre 12, 35, 59, 77, 83, 93, 140,
   200, 208, 235
Ehrenkodex 76
Ehrenmänner 23, 67, 73 f., 77 f.,
   80 ff., 90, 92, 110, 118, 122 f.,
   131 ff., 135 f., 139, 144, 166,
   180, 198 f., 243
Einigung Italiens 55, 132, 156
Einwanderung, illegale 117
Elend, soziales 207
Emilia-Romagna 64
Enteignung siehe Konfiszierung
Erde, verbrannte (*Terra bruciata*)
   42 ff.
Erpressungen 24, 78, 220, 231,
   243

»Familie«, Basiseinheit (Cosa
   Nostra) 77
Faschismus/Faschisten (siehe auch
   MSI) 13, 35, 66 ff., 74, 158,
   184, 213
Fasci siciliani siehe Bauern-
   bewegung, sizilianische
Feudalismus 55
Finanzmafia 21
Finanzpolizei (siehe auch
   Polizei/-kräfte) 72
Finanzströme, internationale 238
Fininvest 178, 180

Firmenkartelle (siehe auch
   Kartelle, System der) 118
Florenz 12, 61, 105, 175, 195
»Flug des Padrino« 97
Florio (Unternehmerfamilie) 71
Föderalismus, krimineller 245
Forlì 190 f.
Forza Italia (Partei) 177, 179 f.,
   231, 235, 244
Fratellanze (»Bruderschaften«) 138
Freimaurer(ei) 60, 99, 138, 162,
   189
Freisprüche 37, 64, 82, 88, 91,
   104, 167 ff., 204, 214
Freizeitkultur 234
»French Connection« 72, 97
Freundschaft 68, 77, 235
»Frühling von Corleone« 41

Gabellotti 56 f.
Gambino (Familie/Clan) 240 f.
Geheimbünde (siehe auch
   Carbonari) 134, 137 f.
Geheimdienst(aktivitäten; SISDE)
   69, 174, 176
Geldwäsche 74, 91, 98, 117, 231
Gerechtigkeit (soziale) 52, 135,
   199, 206, 210
Gewerkschaften/Gewerkschafter
   31 f., 34, 36 f., 187, 229, 235
Giornale di Sicilia (Tageszeitung)
   127, 134, 195, 220
»Giovine Italia« 138
Glücksspiel 243
Greco (Familie/Clan) 72, 74, 97,
   101
Gruppo Abele 201
»Gruppo Duomo« 42 f, 45, 130,
   205
Güterverwaltung, Zentralstelle 230
Guttadauro (Familie/Clan) 245

Abbildungsnachweis

1 Corbis Images, Düsseldorf (Angelo Giampiccolo)
2 Peter Parlar, Berlin
3 Peter Parlar, Berlin
4 Picture Alliance, Frankfurt/dpa
5 Corbis Images, Düsseldorf/dpa (Achim Scheidemann)
6 Bilderberg, Hamburg (Berthold Steinhilber)
7 Alessandro Fucarini
8 AP Photo, Frankfurt
9 Alinari, Firenze
10 Alessandro Fucarini
11 Alessandro Fucarini
12 Picture Alliance, Frankfurt/Costa/MAXPPP
13 Corbis Images, Düsseldorf/Bettmann
14 Corbis Images, Düsseldorf/Bettmann
15 Corbis Images, Düsseldorf/Bettmann
16 Corbis Images, Düsseldorf/Arthur Rothstein
17 Corbis Images, Düsseldorf/Bettmann
18 Corbis Images, Düsseldorf/Bettmann
19 Corbis Images, Düsseldorf/Bettmann
20 Agentur Focus, Hamburg/Magnum Photos (Ferdinando Scianna)
21 Corbis Images, Düsseldorf (Vittoriano Rastelli)
22 Agentur Focus, Hamburg/Magnum Photos (Ferdinando Scianna)
23 Centro Siciliano di Documentazione »Giuseppe Impastato« (CSD), Palermo
24 Associated Press, Frankfurt
25 Corbis Images, Düsseldorf/Sygma (Gianni Giansanti)
26 Alinari, Firenze
27 Alessandro Fucarini
28 Alessandro Fucarini
29 Alessandro Fucarini
30 Alessandro Fucarini
31 Reuters, Hamburg/Reuters photographer
32 Picture Alliance, Frankfurt/ANSA/dpa-Bildarchiv
33 Picture Alliance, Frankfurt/ANSA/dpa-Bildarchiv
34 Picture Alliance, Frankfurt/ANSA/dpa-Report